INSTRUCTOR'S ANNOTATED EDITION

Siempre adelante

A Brief Course for Intermediate Spanish

Jorge H. Cubillos

University of Delaware

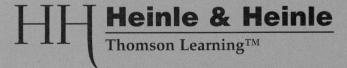
Heinle & Heinle
Thomson Learning™

United States / Australia / Canada / Denmark / Japan / Mexico / New Zealand
Philippines / Puerto Rico / Singapore / Spain / United Kingdom

Acquisition Director, **Wendy Nelson**
Marketing Manager, **Stephen Frail**
Senior Production & Developmental Editorial Supervisor, **Esther Marshall**
Developmental Editor, **Helen Richardson**
Publisher, **Vincent P. Duggan**
Associate Marketing Manager, **Kristen Murphy-LoJacono**
Production Editor, **Sarah Cogliano**
Compositor, **Susan Gerould, Perspectives**
Interior Designer, **Susan Gerould, Perspectives**
Cover Designer, **Ha Nguyen**
Printer, **R.R. Donnelley**

Heinle & Heinle Publishers
20 Park Plaza
Boston, MA 02116

For permission to use material from this text, contact us:

web	**www.thomsonrights.com**
fax	1-800-730-2215
phone	1-800-730-2214

UK/EUROPE/MIDDLE EAST:
Thomson Learning
Berkshire House
168-173 High Holborn
London, WC1V 7AA, United Kingdom

AUSTRALIA/NEW ZEALAND:
Nelson/Thomson Learning
102 Dodds Street
South Melbourne
Victoria 3205 Australia

CANADA:
Nelson/Thomson Learning
1120 Birchmount Road
Scarborough, Ontario
Canada M1K 5G4

LATIN AMERICA:
Thomson Learning
Seneca, 53
Colonia Polanco
11560 México D.F. México

ASIA (excluding Japan):
Thomson Learning
60 Albert Street #15-01
Albert Complex
Singapore 189969

JAPAN:
Thomson Learning
Palaceside Building, 5F
1-1-1 Hitotsubashi, Chiyoda-ku
Tokyo 100 0003, Japan

SPAIN:
Thomson Learning
Calle Magallanes,
28015–Madrid
Espana

Cubillos, Jorge H.
    Siempre adelante : a brief course for intermediate Spanish / Jorge
H. Cubillos. —2nd ed.
       p. cm.
    English and Spanish.
    Includes index.
    ISBN 0-8384-0531-2. — ISBN 0-8384-054g-5 (ppbk.)
    1.   Spanish language Textbooks for foreign speakers—English.
I. Title.
PC4129.E5C83 lggg
    488.2'421—dc21   99-37425

Printed in the United States of America

1 2 3 4 5 6 7 8 9 03 02 01 00

ISBN: 0-8384-0531-2 (student text)
ISBN: 0-8384-0549-5 (instructor's annotated edition)

Siempre adelante

SECOND EDITION

Objectives of *Siempre adelante,* Second Edition

- To respond to students' need and interest in Spanish language and culture
- To solidify intermediate-level proficiency in Spanish
- To create a fun, contemporary, and interesting context for meaningful communication between one's own culture and the Spanish-speaking world

Chapter organization

Siempre adelante, **Second Edition,** is a content-driven, intermediate program that sets a strong foundation for success in higher-level Spanish courses and serves as a comprehensive capstone course for students finishing their study of Spanish. Vocabulary, grammar, skill development, and culture are fully and creatively integrated into cohesive thematic units. Students use language in different ways throughout the book, integrating a process approach.

Section	Emphasis
Para empezar	Speaking
Entremos en materia	Reading and Culture
Mosaico cultural	Listening and Culture
Actividad(es) de expansión	Writing

Vocabulary acquisition

Following an activity-based chapter opener containing photos, chapter objectives, and advanced organizer reading skills, each chapter of *Siempre adelante* begins with a full-page presentation of active vocabulary. The expansive vocabulary sections in the *Cuaderno de ejercicios* and the web page (**http://siempre.heinle.com**) help students practice these new words in a variety of formats and exercise types. Students are encouraged to acquire additional vocabulary that is relevant to them through glosses and in mini lists accompanying readings.

Grammar

In keeping with *Siempre adelante's* flexibility, the handy and concise *Referencia gramatical* section at the back of the book can be used for independent study outside of class, or in warm-up activities at the beginning of each class. Students can read the *Estructuras* within the *Referencia gramatical* and practice each grammar point by completing the self-check activities in the workbook, on the web at **http://siempre.heinle.com,** or in the new, chapter-by-chapter *Auto-prueba* that follows each grammar presentation.

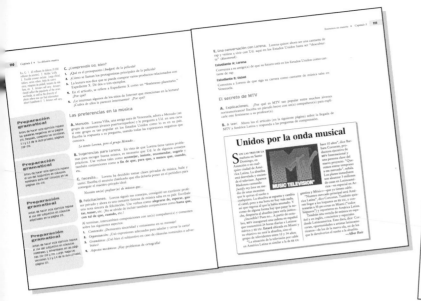

Activities

With an emphasis on communicative activities that move students well into the intermediate level, *Siempre adelante* includes an abundance of high-interest personalized activities aimed at increasing students' motivation towards language study. These activities move students away from mechanical tasks typical of the novice level and into more complex narrative and descriptive tasks, as well as to the expression of their own ideas, opinions, and emotions in open-ended communicative activities. Students practice grammar and vocabulary outside of class (on the web site and in the workbook/lab manual). In class you can check for accuracy with the *Auto-prueba* and then spend class time guiding students to use the language.

Speaking

Siempre adelante focuses on the communicative nature of language and requires meaningful student-to-student and teacher-to-student interaction. Every chapter begins fittingly with *Para empezar,* a jump-start section designed to get students talking. This section familiarizes students with the chapter theme and reviews and practices the grammar and vocabulary required for the content-driven *Entremos en materia* section. You'll also find a wealth of meaningful pair and group activities, as well as suggestions for role-play activities.

Reading

Rich in diverse reading formats, tasks, and strategies, *Siempre adelante's* activities lead students to interact with statistics, cartoons, graphics, newspaper articles, short stories, poems, and novel excerpts. Since reading is at the core of the program, students' skills are developed both in the main text's *Entremos en materia* section and in the On-line Reading Assistant through extensive prereading preparation, application of reading strategies that are transferrable to other subjects, and macro and micro decoding activities. All of the readings were selected to be of cultural value at an appropriate linguistic level. They also allow students to explore current events and serve as a springboard for communication.

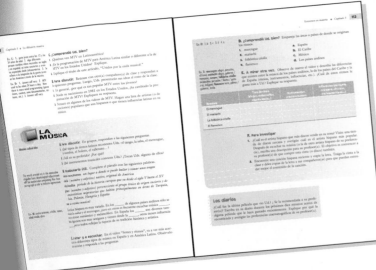

Listening

Exposure to authentic language as a precondition for language acquisition is an important principle of this program. The accompanying *Mosaico cultural* video is a rich source of authentic aural and cultural input. Filmed on location in Spain, Mexico, Puerto Rico, Bolivia, Costa Rica, and the United States, the video features interviews with Spanish speakers expressing their thoughts about themselves and their cultures. Topics of these video sections include Cervantes and Frida Kahlo, the growing presence of Latinos in the United States, food traditions, and environmental issues, among others.

Writing

Writing skills are developed with the support of *Atajo* in all of the *Actividad(es) de expansión*. The writing tasks of this final section synthesize the content of each chapter. The *Diario* dialogue journal emphasizes a process approach through strategy application, drafting, and peer editing activities.

Culture

Siempre adelante provides extensive authentic texts that expand students' knowledge of the Hispanic world. As culture is one of the organizing principles of this text, a priority is the development of cultural empathy and awareness. The program explores present-day Hispanic culture in Latin America, Spain, and in the United States thus focusing on the realities of the contemporary Spanish-speaking world. The combination of readings, *Mosaico cultural* video, and the web site brings culture alive.

Changes to the Second Edition

NEW! http://siempre.heinle.com, the companion web site to the text *Siempre adelante,* boasts a wealth of over 600 grammar and vocabulary activities.

NEW! The new **On-line Reading Assistant** located on the web at http://siempre.heinle.com offers students unparalleled support with reading strategies, special instructions for web-based reading, outside links that connect students to a better understanding of the context in which the literary selections were written, a pop-up vocabulary feature, plus closed- and open-ended comprehension questions with an innovative text-based feedback feature.

IMPROVED! The *Estructuras* section has become part of a new *Referencia gramatical*. 25% more example sentences have been added to the *Referencia gramatical* to illustrate complex grammar points. A new *Auto-prueba* self-check section gives students more opportunities to practice the structures within each chapter and can also be used in-class as a quick check of students' mastery.

IMPROVED! *Siempre adelante, 2/e* has added new readings such as *La expediente X*. Pre- and post-reading activities have been thoroughly revised to ensure that they can easily be completed in class.

IMPROVED! In response to reviewer and teacher comments, the *Siempre adelante Cuaderno de ejericios* has many more meaningful self-correcting exercises that can be completed in class as a jump start or as homework to reinforce the material presented in the classroom.

The ancillaries

The *Siempre adelante* ancillaries are carefully crafted to provide you and your students the flexibility you need in your one-semester intermediate Spanish course. Whether you want to focus more on reading, writing, culture, listening, grammar, vocabulary, or speaking, or if your students simply need more practice, *Siempre adelante* has the most ancillaries of any one-semester program to address your specific needs.

On-line Reading Assistant Created by a *Siempre adelante* user, the on-line assistant delivers extensive reading, analyzing, vocabulary, and comprehension support for the literary readings in the text.

http://siempre.heinle.com Web site links learners to cultural resources on the WWW and an on-line grammar and vocabulary self-test.

Workbook/Lab Manual Aimed at fostering independent learning, the *Cuaderno de ejercicios/Manual de laboratorio* focus is on structures, lexical development, and listening practice. Many new meaningful practice activities have been added to the second edition!

Lab Tapes Four, sixty-minute lab tapes provide the listening practice for the *Cuaderno de ejercicios/Manual de laboratorio.*

Video The *Mosaico cultural* video is integrated with every chapter and is a key source of aural and cultural input. Featuring segments called *Sones y ritmos, Profesiones y oficios,* and *Bestias y animales,* just to name a few, this video was shot on location in Spain, Mexico, Puerto Rico, Bolivia, Costa Rica, and the United States.

Testing Program Offers instructors ideas on how to assess students' progress in all five skills. This testing program was designed to be flexible and to fit the needs of each instructor and program. Instructors can pick and choose from the materials provided to design an exam to fit their needs or they can substitute other activities that best reflect their goals. The **Testing Program** includes seven chapter tests and three cumulative exams plus the accompanying audio scripts and answer keys. All test items are linked by theme and context to those found in the main text and focus on functional language use.

Atajo Integrated with the *Actividad(es) de expansión* that appear at the end of each chapter, the *Atajo Writing Assistant for Spanish* supports the development of writing skills.

Please see the Table of Contents on page iii for page references of these items.

SCOPE AND SEQUENCE

Chapter Title and Cultural Theme	Reading	Vocabulary	Strategies	Functions	Video	Grammar
Capítulo preparatorio: El estudio del español *The study of a foreign language*	• Consejos para estudiantes de español como segunda lengua • *Lo que hay que saber acerca de los programas de intercambio*	• Las especialidades	• Skimming for the main idea of a passage • Scanning for specific information • Using the dictionary efficiently	• Greetings • Giving and requesting information • Expressing obligation • Talking about plans for the future		• Question words • *Hay* • *Deber* • Pronouns • Paraphrastic future
Capítulo 1: Ésta es mi gente *Family values in the Spanish-speaking world today*	• Aniversarios • *Del frente con amor* • *Valores que los adultos inculcan* • *Los mayores peligros para los hijos* • Estadísticas sobre la familia hispana en los Estados Unidos • *Naranjas*	• Los miembros de la familia • Las relaciones • La vida en familia • Los problemas en las relaciones • El estado civil • Los quehaceres domésticos	• Identifying the sequence of events in a story • Identifying and describing characters • Paraphrasing and summarizing	• Expressing likes and dislikes • Discussing habitual actions in the present	Las mascotas en la familia	• *Gustar* • Present indicative • Reflexive constructions

Please see the Table of Contents on page iii for page references of these items.

Chapter Title and Cultural Theme	Reading	Vocabulary	Strategies	Functions	Video	Grammar
Capítulo 2: Los jóvenes *Issues affecting young people in the Hispanic world today*	• *El molde original* • *¿Venganza?* • *Los escolares de Castilla y León empiezan a fumar con 13 años* • *Los escolares empiezan cada vez antes a fumar y a consumir drogas ilegales*	• Descripción física • Descripción del carácter	• Identifying the opinion of the author and how it is supported	• Describing • Comparing	Personajes inovidables	• Prepositions • Comparatives • Superlatives • Ser / Estar • Present progressive
Capítulo 3: Nostalgia *Hispanic immigrants in the United States*	• *Estadísticas sobre la inmigración hispana hacia los Estados Unidos* • *El otro lado* • *Ballet mexicano nacido en Texas* • *Al rescate de la antigüedad* • *Una colección de todos* • *Raining backwards*	• Antes de salir de su país • Al llegar al país nuevo	• Review and integration (identifying and describing characters, themes, and sequence of events)	• Talking about events in the past	Latinos en los Estados Unidos	• Preterite • Imperfect • Present perfect

Please see the Table of Contents on page iii for page references of these items.

Chapter Title and Cultural Theme	Reading	Vocabulary	Strategies	Functions	Video	Grammar
Capítulo 4: Estás en tu casa *Hispanic culinary tradition*	• *Cambio* • *Etiqueta* • *Como agua para chocolate*	• Expresiones de cortesía • Despedidas • Expresiones para dar las gracias • Expresiones para dar disculpas • Las recetas • Los condimentos • La preparación • La mesa	• Review and integration (identifying and describing characters, themes, and sequence of events)	• Extending, accepting, and rejecting invitations • Giving and following advice and instructions	La comida hispana	• Present subjunctive in noun clauses • Commands • Passive *se* for giving instructions • *Por / Para*
Capítulo 5: La difusión masiva *Mass media in Hispanic countries (TV / Music / Film)*	• *Reparación* • *El español dedica una media de siete horas diarias a los medios de información* • *Fenómeno ¡Expediente X! La verdad esta en la calle* • *Tele-Menú*	• Los medios de comunicación • Las comunicaciones • Tipos de programas • Ritmos latinos • Otros ritmos • Recognizing argumentative organization	• Expressing opinions, doubts, and emotions	La música	• Negative words • Present subjunctive in noun, adjective, and adverbial clauses

Please see the Table of Contents on page iii for page references of these items.

Chapter Title and Cultural Theme	Reading	Vocabulary	Strategies	Functions	Video	Grammar
Capítulo 5: La difusión masiva contd.	• Unidos por la onda musical • El mariachi que llega hasta Hollywood • Agua, chocolate y un amor difícil					
Capítulo 6: Una carrera lucrativa Education, training, and employment opportunities for young Hispanics today	• Estadísticas sobre la fuerza laboral hispana en los Estados Unidos • Anuncios clasificados • Salarios medianos • A la vanguardia • Aprendices de pobre	• Los estudios postsecundarios • El mercado laboral	• Recognizing argumentative organization (review)	• Talking about the future • Talking about hypothetical situations	Profesiones y oficios	• Future • Conditional • Imperfect subjunctive
Capítulo 7: La integración interamericana NAFTA and its impact on the labor force, ecology, and politics	• México y Estados Unidos eliminarán sus aranceles • El sueño americano • La mujer latinoamericana protagonista • ¿Es amigo de la naturaleza? • Credo	• La economía • La política • La ecología	• Identifying and interpreting figurative language (similes and metaphors)	• Expressing opinions • Reporting information	La conservación de la naturaleza	• Passive voice • Passive se

Sample Syllabus for *Capítulo preparatorio* and *Capítulo uno* of **Siempre adelante**, Second Edition

The syllabus that follows is created for a course that meets 50 minutes a day, 5 days a week for approximately 70 class hours; however, it can easily be adapted to accommodate different class schedules by combining or eliminating assignments and activities.

The daily class themes, student assignments, and suggested in-class activities are derived from the **Siempre adelante** textbook, **Cuaderno de ejercicios/Manual de laboratorio**, *Mosaico cultural* video, Testing Program, and web site. All activities that coincide with the daily class themes are presented in the syllabus, therefore it is left to the discretion of the individual instructor to select those activities which best meet the needs of the class.

Testing options for **Siempre adelante** include chapter tests, cumulative tests (the option used in the syllabus below), oral examinations and/or presentations. The oral presentations can be based on the *Para empezar* exercises found throughout the textbook.

Special thanks to Ms. Courtney Bradley, Dr. América Martínez-Lewis, Ms. Jennifer Giuliani, and Dr. Hans-Jörg Busch for their contribution to this syllabus.

A complete version of this syllabus can be found at **http://siempre.heinle.com**.

Day/Chapter	Class Themes	Assignments Due	Suggested In-class Activities
	Online materials to accompany *Siempre adelante*: Grammar and Reading Assistants **http://siempre.heinle.com**		
Day 1 **Capítulo Preparatorio**	General introduction to the course Getting to know your classmates and instructor		• Warm-up: Getting to know your classmates and instructor (game/activity) • Hand out syllabus and explain course in detail (syllabus, class goals, book format, workbook use, web site, composition writing process and use of *Atajo, Univisión*) • Discuss chapter goals and pictures pp. 2–3 • Review *Vocabulario* p. 4 • Begin Ex. A p. 5
Day 2	Getting to know your classmates and instructor Grammar review: Question words, *Hay*, demonstratives, possessives	Study *Vocabulario* p. 4 Study *Estructuras* I–IV pp. 154–157 and complete the corresponding *Auto-prueba* and web activities as a self-check	• Finish Ex. A p. 5 • Do Ex. B p. 5 • ***Assign first part of Ex. C p. 5 for next class**
Day 3	How to learn a foreign language Grammar review: direct object pronouns, indirect object pronouns, *Deber*	Write a 100 word composition as instructed in Ex. C p. 5 Study *Estructuras* V–VII pp. 157–160 and complete the corresponding *Auto-prueba* and web activities as a self-check Prepare list for Ex. A p. 6 Do Ex. C p. 7 Read article p. 7 (Ex. D) Do Ex. E, F p. 8	• Do second part of Ex. C p. 6 (then have 3–4 students read their compositions aloud) • Check Ex. A p. 6 • Do Ex. B p. 7 • Check Ex. C p. 7 • Discuss article p. 7 • Check Ex. E, F p. 8 • Do Ex. G p. 8 • ***Assign *Los diarios* p. 9 for next class**

Day 4	*Univisión* Hispanic TV	Do *Los diarios* p. 9 Do *La televisión hispana* p. 9	• ***Collect *diarios*** • Check *La televisión hispana* p. 9 • **Suggestion:* Show a taped video segment from *Univisión* and integrate into class discussion. Then do a follow-up activity for video segment. • ***Assign *Recursos en la red* p. 9 for the next class**
Day 5	Choosing a study abroad program Use of a bilingual dictionary	*Recursos en la red* list due (p. 9) Do Ex. J1, J2 p. 14 Do Ex. C p. 11 Do Ex. A p. 10 Read article p. 11 (Ex. D) Do Ex. E *Paso 1* p. 12	• ***Collect *Recursos en la red* list p. 9 (compile list to distribute to students)** • Do Ex. A p. 10 (have students discuss in groups) • Discuss Ex. B p. 10 • Check Ex. J1, J2 p. 14 • Do Ex. J3 p. 14 • Check Ex. C p.11 • Discuss article p. 11 • Check Ex. E *Paso 1* p. 12 • Do Ex. E *Pasos 2 & 3* p. 12 • Do Ex. F p. 12, as time allows
Day 6	Study abroad Grammar review: plans for the future	Study *Estructuras* VIII pp. 160–161 and complete the corresponding *Auto-prueba* and web activities as a self-check Do Ex. G p. 12	• ***Collect Ex. G p. 12** • Discuss Ex. A p. 10 • Ask students what they learned about study abroad programs to Hispanic countries offered by their university (Ex. G p. 12) • Use "plans for the future" expressions to discuss students' own study abroad plans • ***Assign Ex. H p. 12 for next class** • **Suggestion:* Show sample ads from university study abroad programs
Day 7	Choosing a study abroad program	Do Ex. H p. 12 Review grammar and vocabulary from chapter by revisiting the *Auto-prueba* and web site activities	• ***Collect Ex. H p. 12** • Do #1 or #2 of Ex. I p. 13 **Suggestions for role-play activities:* brainstorm appropriate vocabulary; create possible dialogues; practice in pairs; present dialogues to the class; give feedback to peers. • ***Possible composition topic: *Actividad de expansión* p. 15**
Day 8 **Capítulo uno**	Describing family and family life Grammar review: present tense, reflexive verbs, *Gustar*	Study *Vocabulario* p. 18 Do **Cuaderno de ejercicios** Ex. A, C, E pp. 1, 3 Study *Estructuras* I–III pp. 166–174 and complete the corresponding *Auto-prueba* and web activities as a self-check Do **Cuaderno de ejercicios** Ex. 1.1–1.5 pp. 4–6 Do **Manual de laboratorio** *Diciéndolo* p. 7 **Bring pictures of family members and pets to class**	• Discuss chapter goals & pictures pp. 16–17 • Review *Vocabulario* p. 18 • Check **Cuaderno de ejercicios** Ex. A, C, E pp. 1, 3 • Check **Cuaderno de ejercicios** Ex. 1.1–1.5 pp. 4–6 • Do Ex. A, B p. 19

Day 9	Disagreements at home Plans for the future	Do **Cuaderno de ejercicios** Ex. B, D, F pp. 1–3 Do **Manual de laboratorio** Escuchándolo pp. 7–10 Prepare to discuss Ex. C p. 19	• Check **Cuaderno de ejercicios** Ex. B, D, F pp. 1–3 • Do Ex. C p. 19 • Do Ex. E p. 20 (have students edit each others' paragraphs)
Day 10	Disagreements at home	Review grammar and vocabulary from chapter by revisiting the *Auto-prueba* and web site activities	• Do Ex. D p. 20
Day 11	Married life	Prepare to discuss Ex. A p. 21 Read *Los avisos* pp. 21–22 (Ex. B) Do Ex. C p. 22 Prepare to discuss Ex. A pp. 22–23 Read letter p. 23 (Ex. B) Do Ex. C p. 24 (not #5)	• Do Ex. A p. 21 • Discuss *Los avisos* pp. 21–22 • Check Ex. C p. 22 • Do Ex. D p. 22 • Do Ex. A pp. 22–23 • Discuss letter p. 23 • Check Ex. C p. 24 • Do #5 of Ex. C p. 24 as a written assignment or class discussion • ***Assign *Los diarios* p. 24 for next class**
Day 12	**VIDEO** Animals in Hispanic Society	Do *Los diarios* p. 24 Prepare Ex. A p. 29 for class discussion Do Ex. B p. 29	• ***Collect *Los diarios*** • Discuss Ex. A p. 29 • Check Ex. B p. 29 • Show **Mosaico cultural** video (*Bestias y animales*) • Do Ex. C p. 30 • Do Ex. D p. 30, and discuss the students' opinions about bullfighting • Do Ex. E p. 30
Day 13	Hispanic family values	Prepare list for Ex. A p. 24 Do Ex. B pp. 24–25 Prepare list for Ex. A p. 25 Do Ex. B p. 25 Do *Paso 1* of *Naranjas* Reading Assistant found at **http://siempre.heinle.com**	• Check Ex. B pp. 24–25 • Compare lists for Ex. A p.24 and Ex. A p. 25 and answers to Ex. B p. 25, in groups • Do Ex. C pp. 26–28 • Do Ex. D, E, F pp. 28–29, as time allows • Review pre-reading information from *Paso 1* of *Naranjas* Reading Assistant found at **http://siempre.heinle.com**
Day 14	*Naranjas*	Do Ex. B pp. 31–32 Do *Pasos 2 & 3* of *Naranjas* Reading Assistant found at **http://siempre.heinle.com** Do Ex. D–F p. 34	• Discuss Ex. A p. 31 • Check Ex. B pp. 31–32 • Begin discussion of *Naranjas*, pp. 32–34 • Check Ex. D-F p. 34
Day 15	*Naranjas* The importance of family among Hispanic immigrants	Do *Paso 4* of *Naranjas* Reading Assistant found at **http://siempre.heinle.com** Do Ex. G p. 34	• Check Ex. G p. 34 • Finish discussion of story • Do Ex. H p. 35 as a class discussion • ***Possible composition topic: *Actividad de expansión* p. 35**

ABOUT THE AUTHOR

Jorge H. Cubillos is a native of Colombia and received his Ph.D. in Second Language Acquisition from the Pennsylvania State University. At the present time he is an Assistant Professor at the University of Delaware where he supervises Elementary and Intermediate Spanish instruction, as well as the training of teaching assistants. Besides *Siempre adelante,* he is the author of numerous materials for the teaching and learning of Spanish, among them:

- *Temas*, a technology and input-driven Introductory Spanish program that prepares students for the workplace and the global community

- "Technology: A step forward in the teaching of foreign languages?" appearing in *The Coming of Age of the Profession; Issues and Emerging Ideas for the Teaching of Foreign Languages*

- *Mundos Hispanos* interactive multimedia CD-ROM for Intermediate Spanish

SECOND EDITION

Siempre adelante

A Brief Course for
Intermediate Spanish

Jorge H. Cubillos

University of Delaware

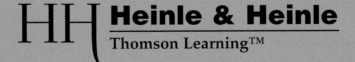

Heinle & Heinle
Thomson Learning™

United States / Australia / Canada / Denmark / Japan / Mexico / New Zealand
Philippines / Puerto Rico / Singapore / Spain / United Kingdom

Acquisition Director, **Wendy Nelson**
Marketing Manager, **Stephen Frail**
Senior Production & Developmental Editorial Supervisor, **Esther Marshall**
Developmental Editor, **Helen Richardson**
Publisher, **Vincent P. Duggan**
Associate Marketing Manager, **Kristen Murphy-LoJacono**
Production Editor, **Sarah Cogliano**
Compositor, **Susan Gerould, Perspectives**
Interior Designer, **Susan Gerould, Perspectives**
Cover Designer, **Ha Nguyen**
Printer, **R.R. Donnelley**

Heinle & Heinle Publishers
20 Park Plaza
Boston, MA 02116

For permission to use material from this text, contact us:

web	www.thomsonrights.com
fax	1-800-730-2215
phone	1-800-730-2214

UK/EUROPE/MIDDLE EAST:
Thomson Learning
Berkshire House
168-173 High Holborn
London, WC1V 7AA, United Kingdom

AUSTRALIA/NEW ZEALAND:
Nelson/Thomson Learning
102 Dodds Street
South Melbourne
Victoria 3205 Australia

CANADA:
Nelson/Thomson Learning
1120 Birchmount Road
Scarborough, Ontario
Canada M1K 5G4

LATIN AMERICA:
Thomson Learning
Seneca, 53
Colonia Polanco
11560 México D.F. México

ASIA (excluding Japan):
Thomson Learning
60 Albert Street #15-01
Albert Complex
Singapore 189969

JAPAN:
Thomson Learning
Palaceside Building, 5F
1-1-1 Hitotsubashi, Chiyoda-ku
Tokyo 100 0003, Japan

SPAIN:
Thomson Learning
Calle Magallanes,
28015–Madrid
Espana

Cubillos, Jorge H.
    Siempre adelante : a brief course for intermediate Spanish / Jorge
H. Cubillos. —2nd ed.
        p. cm.
    English and Spanish.
    Includes index.
    ISBN 0-8384-0531-2. — ISBN 0-8384-054g-5 (ppbk.)
    1.   Spanish language Textbooks for foreign speakers—English.
I. Title.
PC4129.E5C83 lggg
    488.2'421—dc21   99-37425

Printed in the United States of America

1 2 3 4 5 6 7 8 9 03 02 01 00

ISBN: 0-8384-0531-2 (student text)

CONTENIDO

PREFACE

How can we advance learners beyond the basic language requirements and prepare them for advanced Spanish courses? Is it possible to motivate the general student population to continue the study of Spanish beyond introductory courses? How can we design an intermediate course that fits the needs of both continuing learners and those who won't continue beyond this course? Can such a course be taught effectively, given existing time constraints (one semester in many cases)? Teachers and administrators of Spanish programs today struggle with these very questions. This textbook is an attempt to provide some solutions.

The fundamental pedagogical assumption behind the design of *Siempre adelante* is that the transition into the intermediate proficiency level (as defined by ACTFL) requires extensive exposure to diverse forms of authentic language, along with increased opportunities to use the target language in a creative and meaningful way in both oral and written form. In other words, the intermediate level requires a kind of language practice that goes beyond the memorized "I-centered" contexts characteristic of the novice level. In the seven chapters that comprise *Siempre adelante*, students will be able to explore high-interest, contemporary issues confronting Spanish speakers, in a way that elicits naturally the linguistic skills and structures proper to the intermediate level. Students using *Siempre adelante* will be given opportunities to practice communicating in Spanish by performing increasingly more complex narrative and descriptive tasks throughout the program, and by attempting activities that require expressing personal opinions and hypothesizing, two features that will be more fully developed at the next proficiency level.

The **content-based classroom activities** developed in the book's main chapters are supported by a concise grammar review section in the last third of the textbook. This section is referenced in the seven content chapters that precede it. This handy *Referencia gramatical* is supported by an array of self-check exercises aimed at fostering independent learning skills in the workbook and web page. The self-check exercises in the text, workbook, and web site offer written practice and systematic testing of discrete items.

The **main text** is developed to be effectively covered in one semester. It has been divided into the following sections:

- A series of chapters presenting several culturally-relevant content areas that offer a wide variety of activities for communicating meaningful written and spoken language.

- A concise grammar review and self check that is cross-referenced throughout each chapter and provides students with the linguistic support necessary to carry out communicative activities.

The **first portion** of the book is divided into an introductory *Capítulo preparatorio* and seven chapters. Each chapter includes several authentic texts (both written and aural) to serve as springboards for oral and written classroom activities.

The **second part** of this textbook is the *Referencia gramatical*. It features *Estructuras*, copious examples and sample sentences that contextualize the grammatical structures within the topic of the matching chapter of the text, and an *Auto-prueba* self-check quiz to practice all the grammar points. The workbook and web site, **http://siempre.heinle.com,** provide hundreds of additional self-check exercises for independent homework assignments. Appendices include verb paradigms and a Spanish/English glossary.

The *Estructuras* within the *Referencia gramatical* section contain concise grammar explanations in English of selected structures that are the focus of each chapter. Content-based activities within the chapters concentrate solely on these common structures of Spanish with which American students need the most practice. The selection of these core structures was made while keeping in mind the time constraints of a typical one-semester intermediate program and the actual structural needs of a student emerging from the novice level.

The *Cuaderno de ejercicios/Manual de laboratorio* has been revised in response to user feedback to include many more opportunities for structure and vocabulary practice. This *Cuaderno* serves to prepare students effectively for the in-class activities of the main text.

ACKNOWLEDGMENTS

I would like to thank Heinle & Heinle for making this second edition possible, and in particular, Vince Duggan (Vice President), Wendy Nelson (Senior Acquisitions Editor) and Stephen Frail (Marketing Manager) for their continued support and encouragement of my materials development efforts.

My gratitude and congratulations also go to the production team: Helen Richardson, Developmental Editor; Esther Marshall, Senior Production Services Coordinator; Sally Cogliano, Project Manager; and Sue Gerould, Interior Designer and Compositor who did a terrific job at putting all the pieces together. Bravo!

Finally, I would like to thank the many colleagues around the country whose ideas and professional feedback guided the revision process of *Siempre adelante*. In particular, I want to acknowledge the invaluable contributions of Jason Duncan and Travis Bradley of the Pennsylvania State University. This edition owes much to their talent and expertise. Also I want to thank the other members of the Penn State Editorial Board: Gretchen Sunderman, Timothy Woolsey, and Felipe Pieras who generously offered their input and creative insights.

To all, my sincere thanks.

Jorge H. Cubillos

The publisher and author would like to thank the following people who reviewed *Siempre adelante* at various stages of development. Their comments were much appreciated.

Enrica J. Ardemagni, *Indiana University Purdue University Indianapolis*

Rose Brougham, *Western Michigan University*

Emilio Castañeda, *Saginaw Valley State University*

Donna Kinman Cays, *University of Missouri, St. Louis*

Xuchitl N. Coso, *Georgia Perimeter College*

Michelle Evers, *University of Kansas*

Donald B. Gibbs, *Creighton University*

Barbara González-Pino, *University of Texas at San Antonio*

Sergio Guzmán, *Community College of Southern Nevada*

Robert M. Mee, *Delta College*

Michael Morris, *Northern Illinois University*

Lisa Nalbone, *University of Central Florida*

Eduardo Negueruela, *West Virginia University*

Orlando Ocampo, *Le Moyne College*

Harland Rall, *Abiline Christian University*

George R. Shivers, *Washington College*

Carrnen Vigo-Acosta, *Mesa Community College*

Mary Frances Wadley, *Jackson State Community College*

Siempre adelante

**A la memoria de mi madre,
doña Carmen de Cubillos**

http://siempre.heinle.com

This preparatory chapter is intended to create a positive and supportive classroom atmosphere, a crucial precondition for language acquisition. Take time to acquaint students with the book and with your expectations for the course.

Photos introduce the topic of each chapter. Encourage your students to analyze and discuss these images. Use the suggested questions to promote oral interaction and to activate useful vocabulary.

CAPÍTULO PREPARATORIO

EL ESTUDIO DEL ESPAÑOL

En este capítulo Ud. va a

- conocer mejor a sus compañeros(as) y a su profesor(a)
- leer y discutir las estrategias de aprendizaje (*learning*) de una lengua extranjera
- leer e investigar acerca de los programas de estudio en el extranjero
- expresar sus propósitos (planes) para este semestre

Estrategias de lectura

- cómo identificar la idea principal y algunas de las ideas secundarias en un texto
- cómo hacer un uso más eficiente del diccionario bilingüe

¿Le gustaría estar en esta clase?

Vocabulario

Las especialidades	*Majors*
Las artes	***Art***
cerámica	*Ceramics*
diseño (industrial)	*Design (Industrial Design)*
pintura	*Painting*
Las ciencias	***Sciences***
astronomía	*Astronomy*
biología marina	*Marine Biology*
bioquímica	*Biochemistry*
estadística	*Statistics*
física	*Physics*
informática	*Computer Science*
matemáticas	*Mathematics*
química	*Chemistry*
Los estudios legales	***Legal Studies***
justicia criminal	*Criminal Justice*
leyes / derecho	*Law*
Las humanidades	***The Humanities***
antropología	*Anthropology*
arqueología	*Archeology*
ciencias políticas	*Political Science*
comunicaciones	*Communications*
filosofía	*Philosophy*
geografía	*Geography*
historia	*History*
lingüística	*Linguistics*
literatura	*Literature*
periodismo	*Journalism*
religión	*Religion*
sicología	*Psychology*
sociología	*Sociology*
trabajo social	*Social Work*
La ingeniería	***Engineering***
ingeniería civil	*Civil Engineering*
ingeniería eléctrica	*Electrical Engineering*
ingeniería industrial	*Industrial Engineering*

La salud	*Health*
educación física	*Physical Education*
enfermería	*Nursing*
fisioterapia	*Physiotherapy*
medicina	*Medicine*
medicina deportiva	*Sports Medicine*
nutrición	*Nutrition*
odontología	*Dentistry*
veterinaria	*Veterinary Medicine*
Los servicios y el comercio	***Services and Commerce***
administración de empresas (negocios)	*Business / Business Administration*
contaduría, contabilidad	*Accounting*
economía	*Economics*
marketing	*Marketing*
finanzas	*Finance*
hotelería y turismo (hostelería)	*Hotel Management*
publicidad	*Advertising*
Expresiones útiles	***Useful Expressions***
bueno...	*well...*
este...	*uh...*
indeciso(a)	*undecided*
pues...	*well...*
posiblemente...	*perhaps / maybe...*
¡Vale!	*Okay! (in Spain)*

This vocabulary is for recognition, not full control. Let students know that it is included to facilitate the completion of their first communicative activity.

PARA EMPEZAR

A. Vamos a conocernos.
El primer día de clases es una buena oportunidad para conocer mejor a los otros miembros del grupo. Busque a alguien que no conozca, hágale las siguientes preguntas y, ¡no se olvide de tomar apuntes para poder presentarlo(la) al resto de la clase!

1. ¿Cómo se llama?

2. ¿De dónde es?

3. ¿Cuál es su especialidad?

4. ¿Qué piensa hacer después de completar sus estudios en la universidad?

5. ¿Vive con su familia, en una residencia universitaria o en un apartamento?

6. Dígame dos adjetivos que le describan como persona.

7. ¿Qué hizo durante las vacaciones?

8. ¿Estudia solamente o también trabaja? ¿Cuántas horas? ¿Dónde? ¿Qué hace?

9. ¿Qué hace en su tiempo libre?

10. ¿Le gusta la televisión? ¿Cuál es su programa favorito?

11. ¿Le gusta el cine? ¿Qué tipo de películas ve generalmente? ¿Ha visto una buena película recientemente? ¿Cuál?

12. En su opinión, ¿cuál de estos problemas es el más grave que enfrenta nuestra sociedad? ¿Por qué?

la contaminación ambiental	el sexismo
el crimen	el SIDA (*AIDS*)
el desempleo	el racismo
las drogas	los sin hogar (gente sin casa)
la guerra nuclear	la violencia
el hambre	...

Al terminar su entrevista presente un resumen (*summary*) de las respuestas de su compañero(a) al resto de la clase. Tome apuntes sobre las diferentes presentaciones, porque al terminar, Ud. va a tener que escribir un informe sobre las características y opiniones de sus compañeros(as) de clase.

B. ¿Y el (la) profesor(a)?
Ahora prepare en su cuaderno una serie de tres o cuatro preguntas para conocer mejor a su profesor(a). Al terminar, cada estudiante va a leer una de sus preguntas y todos van a tomar apuntes sobre las respuestas del (de la) profesor(a) para completar su informe escrito.

C. Mi clase de español.
Basándose en lo que ha aprendido de sus compañeros(as) y su profesor(a), escriba en su cuaderno un informe acerca de su clase de español. Incluya la siguiente información:

- número de estudiantes
- especialidades más comunes
- características de algunas de las personas que conoció
- información sobre su profesor(a)

Preparación gramatical

Repase (*Review*) las secciones de preguntas, los posesivos, los demostrativos, la **a** personal, el uso de los pronombres de objeto directo e indirecto y de **hay** en las páginas 154–159. Después, complete las secciones I–VI de la *auto-prueba*, páginas 162–164.

Nota:

En todas las actividades en grupo es conveniente usar la forma "tú" para charlar con su compañero(a), puesto que (*given that* or *since*) es más informal.

Para empezar acquaints students with the theme and reviews basic vocabulary and grammar required for the content-driven *Entremos en materia* section. The pace and number of exercises from this section (and from the *Cuaderno de ejercicios*) should reflect the needs of your individual class.

Nota:

¡No repita ninguna de las preguntas de otro(a) estudiante!

Study of grammatical structures is intended as independent homework. Students should read the *Estructuras* section and do the *Auto-prueba* and the self-check activities in the workbook on their own. Since this approach may not be familiar to students, explain and discuss it. To facilitate the approach, incorporate self-check activities into the warm-up phase at the beginning of each class.

Every chapter has at least one writing task with peer editing activities. Encourage your students to offer one another feedback using the checklist provided. The range of grammatical and mechanical checkpoints will increase as students become more familiar with this technique.

For #3 in Activity C, remind students that they can consult pages 155-159 to find more information about these structures.

Intercambie (*Exchange*) su composición con la de otra persona, lea su descripción de la clase y responda a las siguientes preguntas.

1. ¿Contiene toda la información necesaria? ¿Habló en términos generales acerca de sus compañeros(as), sus especialidades, sus características más sobresalientes y también sobre el (la) profesor(a)?

2. ¿Tiene la composición una introducción y una conclusión?

3. ¿Detecta Ud. algunos problemas con el uso de *hay, los posesivos, la a personal* o *los pronombres*?

Muéstrele (*Show*) sus comentarios a su compañero(a) y reciba los que él o ella ha preparado para Ud. Revise su composición y entréguesela (*hand it in*) a su profesor(a) en la próxima clase.

Preparación gramatical

Repase la manera de dar consejos usando el verbo auxiliar "deber", página 160. A continación, complete la sección VII de la *auto-prueba*, páginas 164–165.

ENTREMOS EN MATERIA

Consejos para estudiantes de español como segunda lengua

This section constitutes the core of the program. Students interact with aural and written input and apply it to comprehension and expansion activities. Language is acquired from this combination of meaningful input and production-oriented activities.

Each thematic unit is organized around a text (written or audiovisual). To facilitate comprehension, each text is accompanied by a set of prereading / listening activities and by reading / listening tasks / strategies. Comprehension checks and expansion activities follow.

A. Cómo aprender un idioma extranjero.   ¿Qué cree Ud. que se necesita para aprender mejor un idioma extranjero? Prepare una lista de cinco o más ideas.

Para aprender bien un idioma o una lengua extranjera debemos...

1. *asistir y participar activamente en la clase,*

2. ...

B. ¿Tienen Uds. las mismas ideas? Compare las ideas que escribió en la Actividad A con las de otro(a) estudiante. ¿Tienen Uds. las mismas ideas? Prepárense para presentar algunas de sus ideas a la clase.

C. Vocabulario útil. Las siguientes palabras son importantes para la comprensión de la próxima lectura. Al lado de cada definición, escriba la letra de la palabra correspondiente. Consulte el diccionario si es necesario.

Ex. C: 1. b 2. e 3. d 4. a 5. c

_____ **1.** pagar dinero para el uso temporal de algo

_____ **2.** cuando hay duda, vacilación o indecisión

_____ **3.** persona que vive y estudia en otro país

_____ **4.** creado o producido para un propósito específico

_____ **5.** hacer algo bueno; obtener un buen resultado

a. diseñado

b. alquilar

c. tener éxito

d. estudiante de intercambio

e. incertidumbre

Estrategias de lectura

Concéntrese en entender la **idea principal** de cada párrafo. Busque los consejos específicos que da el autor en cada párrafo. No traduzca palabra por palabra.

D. A leer. Lea el siguiente texto sobre estrategias de estudio. Prepárese a contestar las preguntas de comprensión.

Consejos para estudiantes de español como segunda lengua

Aunque no existen fórmulas mágicas para aprender el español, vale la pena tener en cuenta las siguientes recomendaciones de muchos estudiantes que han tenido éxito en su propósito de aprender una lengua extranjera.

Primero: Ud. debe organizarse y experimentar. Determine cuáles son sus metas personales y qué necesita hacer para alcanzarlas. Planee un **horario** regular de estudio y **manténga**lo durante todo el semestre. Recuerde que si estudia con frecuencia tendrá más éxito que si estudia solamente antes de cada examen. Ah, y no tenga miedo de tomar **riesgos**. Su imaginación y creatividad le ayudarán a progresar.

Segundo: Ud. debe buscar oportunidades para practicar la lengua. ¿Cuántos años le ha tomado aprender inglés?, ¿cuántas horas habla o escucha su lengua nativa cada día? Si Ud. quiere aprender bien el español, debe tomar la iniciativa y buscar la manera de complementar lo que aprende en los cincuenta minutos de clase con otros materiales que de seguro existen en su universidad. Por ejemplo, Ud. puede ir a la biblioteca y leer revistas o periódicos hispanos, puede mirar los programas de televisión en español, o también puede alquilar videos y películas. Hágase amigo(a) de un(a) estudiante de intercambio, practique con su profesor(a) durante sus horas de oficina, o simplemente practique en el laboratorio de lenguas con las computadoras y los videos diseñados especialmente para el aprendizaje del español. Hay muchos recursos a su **alcance. ¡Aprovéchelos!**

Tercero: No le tenga miedo a la incertidumbre. Ud. debe aprender a usar la información del contexto para entender las palabras o expresiones que no conoce y también debe acostumbrarse a hacer preguntas. **Adivinar** o cometer errores no es un crimen. Por el contrario, Ud. puede aprender mucho de sus errores (y recuerde que su profesor[a] está allí para ayudarle a salir adelante).

¡Buena suerte!

Strategy instruction is mostly implicit. However, explicit references to strategies explored in each chapter are made in the *Estrategias de lectura* notations. Point out these strategies and the activities that follow to students. These activities directly apply to the featured strategy.

horario, *schedule*
mantener, *to maintain, to keep*

riesgos, *risks*

el alcance, *reach /* **aprovechar,** *to take advantage of*

adivinar, *to guess*

E. ¿Comprendió Ud. bien?   Escriba **"C"** (cierto) o **"F"** (falso) en frente de cada frase de acuerdo con la información en el texto.

_____ **1.** Para aprender bien una lengua extranjera es mejor estudiar por muchas horas cada día.

_____ **2.** Nunca es bueno tomar riesgos en la clase de español. Es mejor no experimentar.

_____ **3.** Es bueno practicar la conversación con amigos o ver la televisión hispana con frecuencia.

_____ **4.** El contexto le puede ayudar a entender el significado de palabras desconocidas.

_____ **5.** Nunca debe hacer preguntas. Los otros estudiantes van a pensar que Ud. es estúpido(a).

F. Las ideas principales.   Complete el siguiente cuadro con la idea principal de cada párrafo en sus propias palabras.

Párrafo	Idea(s) principal(es)
Primero	
Segundo	
Tercero	

G. Recomendaciones.   Basándose en su experiencia y la lectura anterior, prepare unas recomendaciones para los siguientes estudiantes.

• **Estudiante 1:** No comprende al (a la) profesor(a) cuando habla rápidamente en español.

   Este estudiante debe...

• **Estudiante 2:** Recibe malas notas en sus composiciones porque no sabe bien la gramática.

   Este estudiante debe...

• **Estudiante 3:** Tiene problemas cuando habla porque no sabe suficiente vocabulario.

   Este estudiante debe...

• **Estudiante 4:** Lee sus lecturas (*readings*) para la clase de español pero no comprende mucho.

   Este estudiante debe...

Consejos prácticos para facilitar el aprendizaje del español

Los diarios

Para aprender a escribir con más fluidez, Ud. va a practicar una forma de escritura libre denominada *diario*. El objetivo es comunicar sus ideas de la mejor manera posible, pero sin la preocupación de una nota por la precisión gramatical. (Su profesor[a] no va a corregir sus errores, a menos que Ud. lo solicite.) Por diez minutos cada vez, Ud. va a escribir un mensaje para su profesor(a). (Se le recomienda que use un cuaderno azul [*Blue Book*].) En este primer intercambio, Ud. puede hablar de cualquier tema: su familia, sus clases, su vida personal o algo interesante que pasa en la universidad. También puede hacerle preguntas a su profesor(a) sobre su vida o sobre algo que Ud. no entienda en la clase. Recuerde que no se busca la perfección. Se busca fundamentalmente la comunicación. En unos días, su profesor va a contestar a su mensaje y Ud. podrá escribir otro, hasta completar ocho mensajes y respuestas este semestre.

Freestyle writing activities have a positive impact on students' fluency and motivation towards writing in the foreign language. In each chapter a *Diario* section establishes a two-way communication channel between you and your students. Encourage them to talk about their life and to ask questions or direct comments to you, and vice versa. Do not check grammar, unless meaning is obscure or students have specifically requested such feedback. Both instructor and student interests drive a true dialog journal. However, in experimental trials of these materials, a more guided approach based on suggested themes helped some instructors focus student attention on the writing task. Choose either the free format or the more guided one suggested in each chapter. Given the potential of this activity, you may want to use it at least once every other chapter.

La televisión hispana

Investigue cuáles son los canales hispanos de televisión en su área. Mire un noticiero (*newscast*) hispano y prepare un breve resumen de las noticias más importantes para presentarlas y discutirlas en la próxima clase. Responda brevemente también a las siguientes preguntas.

Exposure to authentic language is a precondition for language acquisition and a program goal. Since opportunities for such exposure exist in the U.S. today, encourage students to seek out sources of Spanish. Students will benefit from your assistance in pointing out sources available in your area.

1. ¿Qué dificultades tuvo para comprender este programa de televisión?

2. ¿Qué estrategias recomienda para otros estudiantes que quieran entender mejor los programas de televisión en español?

Recursos en la red

Hoy día, se puede encontrar un montón de recursos sobre el mundo hispano en la red. Ud. puede enterarse de lo que sucede en el mundo hispano a través de Internet. Es posible buscar información sobre muchos temas de interés para el (la) estudiante de español. Para empezar, busque el URL (localizador de recursos uniformes) de la página de bienvenida (*homepage*) de dos periódicos hispánicos publicados en español. Escriba los enlaces (*links*) en una hoja de papel y entréguesela a su profesor(a) en la próxima clase. Usando esta información, su profesor(a) les puede suministrar una lista de los URL compilados por todos los estudiantes.

Puerta de embarque, Aeropuerto Internacional de Miami

Lo que hay que saber acerca de los programas de intercambio

A. Para discutir. Responda a las siguientes preguntas y luego discuta sus respuestas con un(a) compañero(a). Prepárense para presentar un informe de sus conclusiones.

- ¿Le gusta a Ud. viajar?
- ¿Adónde le gustaría ir de vacaciones?
- ¿Cuáles son las ventajas de viajar a otros países?
- ¿Qué problemas pueden tener las personas que viajan al extranjero?
- ¿Le gustaría a Ud. ir a España o a Hispanoamérica a estudiar español? ¿Por qué?

B. Las ventajas y desventajas de estudiar en el extranjero. Basándose en su opinión y/o su experiencia personal, prepare una lista de por lo menos cinco ventajas (*advantages*) y desventajas (*disadvantages*) de los programas de estudio en el extranjero. Luego, formen grupos de cuatro estudiantes y hagan un resumen de sus ideas comunes para presentarlas al resto de la clase. Usen el siguiente cuadro como guía.

Ventajas	Desventajas
1.	1.
2.	2.
3.	3.
4.	4.
5.	5.

C. Vocabulario útil. Aquí hay algunas palabras importantes para la comprensión de la próxima lectura sobre programas de intercambio. Escriba delante de cada definición la letra de la palabra correspondiente. Consulte su diccionario si así lo requiere.

a. la estancia   **c.** antelación   **e.** la familia de acogida
b. la empresa   **d.** el desplazamiento   **f.** proporcionar

____ **1.** entidad o compañía responsable de la organización del programa

____ **2.** tiempo que permanece alguien en un lugar

____ **3.** anticipación

____ **4.** personas que reciben en su casa a un estudiante de intercambio

____ **5.** ir o viajar de un lugar a otro

____ **6.** suministrar, ofrecer

D. A leer. El siguiente texto contiene recomendaciones para los estudiantes españoles que quieren estudiar idiomas en el extranjero. Léalo y prepárese a contestar las preguntas de comprensión.

Estrategias de lectura

Concéntrese en identificar **datos específicos** en el texto. Use el título y los subtítulos como guía.

Lo que hay que saber acerca de los programas de intercambio

Factores que se deben tener en cuenta antes de escoger un programa

Empresa o agencia

- Si funciona todo el año.
- Si posee una experiencia acreditada en este tipo de servicios.
- Si posee coordinadores locales de consulta en España y en el país en el que va a estudiar su hijo(a).
- Qué funciones tienen estos coordinadores (por ejemplo, si ejercen servicio de tutoría, si realizan informes de progreso, etc.).
- Si el programa realiza actividades académicas, culturales y recreativas con los alumnos durante su estancia en dicho país.
- Si con la antelación y diligencia suficientes proporcionan datos acerca de:
  – Desplazamientos (avión, tren, barco) y la compañía que los va a realizar.
  – Seguros que garantizan el viaje.
  – Las características de la familia de acogida.
  – Tipo de centro en el que se va a estudiar.
- Si ofrecen garantías de regreso anticipado, cuando las circunstancias lo requieran.

Fuente: El país.

Familia de acogida

- El número de miembros que la componen, sus edades y el idioma de conversación habitual.
- La profesión de los padres o, en su defecto, de los responsables o tutores.
- El tipo de vivienda en la que habitan (rural, urbana, aislada...).
- Sus creencias (políticas, religiosas), costumbres y aficiones.
- El tipo de alimentación.
- Las posibles prestaciones que su hijo(a) tiene que cumplir a cambio de alojamiento.
- Si va a ser el único de habla española en esa familia.
  NOTA: No olvide la importancia que tienen todos estos datos a la hora de proporcionar una tranquilidad afectiva a su hijo(a) durante su estancia en el extranjero, ya que la familia de acogida se convierte, circunstancialmente, en su familia.

Centro de estudios

- La distancia que existe dentro del centro de estudios a la vivienda habitual y el medio de locomoción que debe utilizar.
- El número de estudiantes españoles(as) que asistirán al mismo centro.

E. ¿Cuáles son los factores más importantes? La lectura anterior nos da una serie de ideas que se deben considerar antes de escoger un programa de intercambio. En su opinión, ¿cuáles son los cuatro aspectos más importantes desde el punto de vista del estudiante que se mencionan en la lectura?

Paso 1: Escriba sus cuatro ideas en una hoja de papel.

Paso 2: Compárelas con las de un(a) compañero(a) de clase. ¿Tienen Uds. las mismas ideas?

Paso 3: Prepárense para presentar sus ideas a la clase. ¿Han elegido todos los estudiantes las mismas ideas?

Ex. F: *Suggested answers:*

- Find out if the company organizing the program has enough experience, works year round, has program coordinators abroad and in the home country, provides all the necessary information about departures, insurance, programs, schools, and the families involved.

- Gather information about the host families.

- Investigate the location of the language institute in the host country and the number of students from the same country.

F. Preparativos. Basándose en el texto anterior, haga una lista de las diez cosas más importantes que debe hacer una persona antes de viajar a estudiar lenguas en el extranjero. Discuta sus respuestas con dos compañeros(as).

G. Los programas de estudio en el extranjero. Investigue sobre los programas de estudio en países hispanos que ofrece su universidad (u otra institución en los Estados Unidos). Prepare un pequeño informe para la clase sobre su programa favorito. (Si no tiene acceso a ninguna información, ¡use su imaginación!)

¡Un programa ideal!	
Destino	
Tiempo	
Número de clases y créditos	
Prerequisitos *(Requirements)*	
Costo	
Actividades especiales	

Students can use the sample ad provided here as a model or example for Activity H. The instructor may also bring a few ads from other study abroad programs to use as models or discuss with the class.

H. Publicidad. Ahora prepare un anuncio para un programa de estudios en el extranjero. Incluya toda la información necesaria para hacer más atractivo este programa a los posibles candidatos.

ESCUELA DE IDIOMAS "NERJA"
CURSOS DE ESPAÑOL
PARA GRUPOS E INDIVIDUALES
DURANTE TODO EL AÑO
ESTANCIAS DE 2 A 24 SEMANAS
OFRECEMOS PROGRAMAS VARIADOS
INTENSIVOS,PROFESORES,NEGOCIOS,EXAMENES OFICIALES
ACTIVIDADES CULTURALES Y SOCIALES
EXCURSIONES,COCINA,BAILE FLAMENCO,FIESTAS,DEPORTES...
ALOJAMIENTOS : FAMILIAS Y APARTAMENTOS.
Pídanos información detallada:

ESCUELA DE IDIOMAS "NERJA".
C/Almirante Ferrandiz 73, Aptado.46.
29780 NERJA-MALAGA-ESPAÑA
Tfno: 34 5 252 16 87 Fax: 34 5 2 52 21 19
E-Mail: idnerja@gandalf.leader.es.

En la Costa del Sol, en un pueblo andaluz de 15ooo habitantes al lado del mar y rodeado de montañas.A cincuenta minutos del aeropuerto de Málaga.La Escuela está situada en el centro, en una casa típica con amplio jardín.Todo " a unos pasos ".

I. En busca de información. Con otro(a) estudiante preparen las siguientes situaciones. Algunos grupos presentarán sus diálogos al resto de la clase.

1. Una llamada

Estudiante A

Ud. desea estudiar español en el extranjero. Llame a la oficina de programas internacionales y haga todas las preguntas necesarias para tomar una decisión.

Estudiante B

Ud. es un representante de la oficina de programas internacionales. Responda en detalle a las preguntas de este estudiante.

2. Una entrevista

Estudiante A

Ud. desea estudiar español en el extranjero. Llame a su familia de acogida y haga todas las preguntas necesarias para preparar su viaje (número de personas en la familia, lugar donde viven, descripción de la casa, costumbres, expectativas, etc.).

Estudiante B

Ud. es miembro de una familia de acogida y ha recibido una llamada telefónica de un futuro estudiante de intercambio. Responda en detalle a sus preguntas y hágale también algunas preguntas a él o ella para conocerlo(la) mejor.

In each chapter you will find suggestions for role-play activities. These communicative exchanges constitute about 50% of the activities suggested for oral exams in the Test Bank.

J. El uso eficaz del diccionario bilingüe. El diccionario bilingüe puede ser una herramienta (*tool*) muy práctica cuando se usa inteligentemente y con moderación. (Recuerde que no se recomienda buscar todas las palabras desconocidas y que es mejor a veces tratar de adivinar su significado basándose en el contexto.)

1. Busque en su diccionario el significado de la palabra *seguro*. ¿Qué abreviaturas encuentra antes de cada grupo de equivalencias? ¿Qué significan estas abreviaturas? ¿Qué otras designaciones y abreviaturas encuentra Ud. en palabras vecinas como *seguridad* o *seleccionar*? Complete el cuadro con la información correspondiente.

Abreviatura	Significado	Abreviatura	Significado	Abreviatura	Significado
adj.	adjetivo	*conj*		*vt*	
adv		*f*		*vi*	
(Am.)		*m*		*vr*	
Otras abreviaturas					

2. Para decidir entre las diferentes definiciones que ofrece el diccionario, es importante comprender el contexto en que se encuentra la palabra en cuestión. En la lectura, "Lo que hay que saber acerca de...", encontramos la palabra *seguro* en la frase: "*Seguros* que garantizan el viaje".

   a. ¿Se trata entonces (la palabra *seguros*) de un adjetivo, un adverbio o un nombre masculino?

   b. ¿Cuál de los siguientes significados es el que corresponde a este contexto: *adj* sure; *adv* surely o *m* insurance?

3. Identifique ahora el significado de las siguientes palabras de acuerdo al contexto en que son usadas en la lectura. Marque con un círculo la equivalencia más apropiada.

realizar	*vt* to carry out	*vi* to realize	*vr* to become fulfilled
regreso	*m* return	*(eccl.)* to regress	
miembro	*m* member	*m* limb	
vivienda	*f* dwelling	*f* way of living	
prestación	*f* loan	*f* service	

ACTIVIDAD DE EXPANSIÓN

En este capítulo, se han mencionado varias estrategias acerca del aprendizaje del español. Escriba una composición de por lo menos 100 palabras con sus planes para mejorar su español este semestre. Incluya algunas de las siguientes ideas:

—recursos de la red que va a usar (páginas de bienvenida, salas de conversación,...)

—periódicos o revistas disponibles en la biblioteca que quiere leer durante el semestre

—canales de televisión con programación en español en la zona donde vive

—maneras de mejorar su habilidad para hablar, leer, escribir y comprender el español

—otras ideas acerca del aprendizaje del español

En su composición, use los siguientes conectores para crear transiciones entre sus ideas:

además	*moreover, besides*	**primero**	*first*
además de	*in addition to, besides*	**segundo**	*second*
después	*after, afterwards, later, next*	**también**	*also, too*
entonces	*then, and so*	**tampoco**	*neither, not either*
finalmente	*finally*	**tercero**	*third*
pero	*but*	**y**	*and*

Writing skills are developed with the support of *Atajo*. Introduce students to this software, and give them an opportunity to discover its many helpful features. This composition is intended to give them a chance to learn about the program, on the basis of a real, but not terribly demanding, task.

Preparación gramatical

Repase la sección "Planes para el futuro", de la página 160. Después, complete la sección VIII de la *autoprueba*, página 165.

Phrases/Functions: Writing an introduction; linking ideas; writing a conclusion

Vocabulary: Studies; university

Grammar: Verbs: future with *ir*

Since the writing tasks of this final section summarize the content of each chapter, the whole chapter can be viewed as a set of prewriting activities. You may want to support the task with additional brainstorming or organizational activities. All writing should be done in drafts, and instructor feedback should foster editing skills. Depending on the time constraints of your program, you may also want to include peer editing activities.

¿Qué ve Ud. en estas fotos?   ¿Qué tienen en común? ¿Cuáles son sus diferencias?

CAPÍTULO

1

ÉSTA ES MI GENTE

En este capítulo Ud. va a

- hablar de su familia
- expresar sus preferencias en relación a los quehaceres del hogar
- discutir sus planes para el futuro
- aprender acerca de la situación actual de la familia hispana en los Estados Unidos
- identificar algunos de los valores y también algunos de los problemas de las familias hispanas hoy en día

Estrategias de lectura

- cómo identificar la secuencia de eventos en una narración
- cómo identificar y describir los personajes principales en un cuento

¿Cuál se parece más a su familia?

17

Vocabulario

Los miembros de la familia — *Family Members*

el (la) acudiente	*guardian*
el (la) hermanastro(a)	*stepbrother (sister)*
el (la) hijo(a) adoptivo(a)	*adoptive son (daughter)*
el hijo único	*only child*
la madrastra	*stepmother*
el (la) medio-hermano(a)	*half brother (sister)*
el padrastro	*stepfather*
el padre (la madre) soltero(a)	*single parent*
los padres	*parents*

Las relaciones — *Relationships*

el (la) amante	*lover*
el (la) compañero(a)	*companion*
el (la) compañero(a) de clase	*classmate*
el (la) compañero(a) de cuarto	*roommate*
el (la) esposo(a)	*husband (wife)*
la mascota	*pet*
el (la) novio(a)	*boyfriend (girlfriend); groom (bride)*
el (la) prometido(a)	*fiancé (fiancée)*
salir juntos	*to go out with one another (date)*
vivir juntos (la unión libre)	*to live together*

La vida en familia — *Family Life*

abrazar	*to hug*
amar	*to love*
apoyar	*to support (emotionally)*
besar	*to kiss*
casarse	*to marry*
ceder	*to compromise*
colaborar	*to collaborate, help*
comprender	*to understand*
comunicar	*to communicate*
estar de acuerdo	*to be in accord*
llevarse bien (mal, más o menos)	*to get along*
mantener	*to support (financially)*
ser unido	*to be close*
soportar	*to put up with, bear*
el acuerdo prenupcial	*prenuptial agreement*
las cuentas	*bills*
el ingreso	*income*
los lazos familiares	*family ties*
el matrimonio	*marriage (wedding)*

Los problemas en las relaciones — *Problems in Relationships*

divorciarse	*to get divorced*
enojarse	*to get annoyed*
gritar	*to shout*
odiar	*to hate*
pelear	*to fight (argue)*
regañar	*to scold*
la deshonestidad, la falsedad, la falta de honradez	*dishonesty*
las enfermedades venéreas	*sexually transmitted diseases*
la infidelidad	*infidelity*
el madre (padre) solterismo	*single parenthood*
separarse	*to separate*
El SIDA	*AIDS*

El estado civil — *Marital Status*

casado(a)	*married*
comprometido(a)	*engaged*
divorciado(a)	*divorced*
separado(a)	*separated*
soltero(a)	*single*
viudo(a)	*widower (widow)*

Los quehaceres domésticos — *Household Chores*

arreglar	*to fix up*
aspirar (pasar la aspiradora)	*to vacuum*
cocinar	*to cook*
cortar el césped	*to mow the lawn*
cuidar del jardín	*to take care of the garden (yard)*
hacer la cama	*to make the bed*
hacer las compras	*to shop for groceries*
instalarse	*to get settled*
lavar	*to wash*
lavar los platos	*to do the dishes*
limpiar	*to clean*
mudarse	*to move*
planchar (la ropa)	*to iron (clothes)*
sacar la basura	*to take out the garbage (trash)*

This is intended as active vocabulary. The first activities of every chapter apply this expanded knowledge of the language. The vocabulary sections of the *Cuaderno de ejercicios* help students practice these new words.

PARA EMPEZAR

A. Mi familia. Descríbale a un(a) compañero(a) cómo es su familia.

- ¿Cuántas personas hay? ¿Cómo se llaman? ¿Hay alguna una mascota?

- ¿A qué se dedican?

- ¿Dónde viven?

- ¿Qué les gusta hacer juntos durante su tiempo libre?

- ¿Son una familia unida?

Si es posible, muéstre su campañero(a) una foto de su familia. Después, su compañero(a) va a describirle su familia. Luego, algunos estudiantes van a presentarle a la clase una descripción de la familia de su compañero(a).

B. La vida en familia. La vida en familia tiene muchas ventajas, pero también muchas responsabilidades. En grupos de tres estudiantes, expresen su opinión acerca de las siguientes actividades familiares. Un(a) estudiante hace las preguntas, otro(a) las contesta y el (la) tercero(a) escribe las respuestas. Al terminar, presenten un resumen de sus opiniones al resto de la clase.

MODELO:

> *Estudiante 1:* —Mary, ¿te gusta limpiar la casa?
> *Estudiante 2:* —No, no me gusta mucho.
> *Estudiante 3:* —A Mary no le gusta mucho limpiar su casa.
> *(escribe en su cuaderno)*

Me fascina...	ir de vacaciones (con la familia)
Me gusta...	celebrar las fiestas
No me gusta mucho...	cocinar
Me gusta solo un poco...	cortar el césped
Me enoja...	hacer las compras
Detesto...	lavar la ropa
	lavar los platos
	limpiar la casa
	pagar las cuentas
	sacar la basura
	ver televisión

C. Desacuerdos en la familia. En grupos, hablen acerca de las siguientes preguntas:

- ¿Cuáles son los temas de desacuerdo más comunes entre padres e hijos en general?

- ¿Cuál de ellos es el tema más común de desacuerdo entre Ud. y sus padres?

Preparación gramatical

Antes de comenzar este capítulo, repase la formación y el uso del presente indicativo en las páginas 166–172, los verbos reflexivos en las páginas 172–173, y el uso del verbo **gustar** en la página 174. Después, complete las secciones 1.1–1.5 de la *auto-prueba* en las páginas 175–177.

Study of grammatical structures is intended as independent homework. Students should read the *Estructuras* section and do the *Auto-prueba*, at the end of this textbook and the self-check activities in the workbook on their own. Since this approach may not be familiar to students, explain and discuss it. To facilitate the approach, incorporate self-check activities into the warm-up phase at the beginning of each class.

Para empezar acquaints students with the theme and reviews basic vocabulary and grammar required for the content-driven *Entremos en materia* section. The pace and number of exercises from this section (and from the ***Cuaderno de ejercicios***) should reflect the needs of your individual class.

D. Discusiones familiares entre padres e hijos. ¿Cuáles de las siguientes ideas mencionó su grupo en la Actividad C?

- la limpieza de la casa o de su cuarto
- las comidas
- las fiestas de entresemana (*weekdays*)
- la música
- la ropa

Pensando en todas las ideas ya discutidas, prepare con un(a) compañero(a) una representación de una discusión típica entre padres e hijos en una familia americana. Luego, algunos grupos van a presentar su dramatización al resto de la clase. Use ideas originales o la siguiente situación.

In each chapter, you will find suggestions for role-play activities.

Estudiante A

Es miércoles por la noche y Ud. quiere ir a una fiesta en casa de un amigo. Sus padres casi nunca le dejan salir los días de entresemana, pero tiene muchas ganas de ver a todos sus amigos en la fiesta y relajarse un ratito con ellos.

Estudiante B

(Madre o Padre). Su hijo(a) sólo puede salir los fines de semana. Recientemente, ha sacado malas notas y uno de sus profesores le ha llamado porque su hijo(a) no ha completado todas sus tareas. Por eso, tiene que quedarse en casa y estudiar durante la semana.

Peer editing activities are very effective in the development of writing skills. In every chapter you will find at least one writing task followed by specific peer editing activities. Encourage your students to offer helpful and supportive feedback to each other on the basis of the checklist provided. The range of grammatical and mechanical checkpoints suggested will increase as the course progresses and students become more familiar with this technique.

E. ¡Voy a ser un padre ideal!   Discutan en grupos sus respuestas a las siguientes preguntas.

1. ¿Quiere Ud. ser padre o madre de familia algún día?
2. Si lo desea, ¿qué tipo de padre o de madre va a ser? (Si no, ¿por qué no lo desea?)

Después de la discusión, escriba un párrafo sobre sus planes para el futuro. Indique si quiere ser padre o madre de familia, y si es así, comente sobre los siguientes aspectos.

- la disciplina de sus hijos
- sus amigos
- los quehaceres del hogar
- las fiestas
- su educación
- el dinero

Al terminar, intercambie su composición con un(a) compañero(a) y sigan las siguientes instrucciones para hacer la revisión de su contenido.

1. Lean y asegúrense de que tienen información sobre los seis temas sugeridos anteriormente.
2. Subrayen (*Underline*) los verbos que se refieren a acciones en el futuro.
3. Marquen con un círculo los usos incorrectos de la construcción **verbo auxiliar + infinitivo** para indicar **el futuro.**

Ahora intercambien de nuevo sus composiciones, hagan las revisiones necesarias y entreguen la composición a su profesor(a) en la próxima clase.

ENTREMOS EN MATERIA

Aniversarios

This section constitutes the core of the program. Students interact with aural and written input and apply it to comprehension and expansion activities. Language is acquired from this combination of meaningful input and production-oriented activities.

Una boda en San Miguel de Allende, México

A. El matrimonio: Hasta que la muerte los separe. Discutan en grupos las siguientes preguntas y luego presenten sus respuestas al resto de la clase.

1. ¿Cuál es el secreto para tener un matrimonio feliz?
2. ¿Por qué cree Ud. que algunos matrimonios duran poco y otros mucho?
3. ¿Cuál es la edad ideal para casarse? ¿Por qué?
4. ¿Cómo se celebran los aniversarios de bodas en este país?
5. ¿Sabe Ud. cuántos años ha estado casada una pareja que celebra sus bodas de plata? ¿Y de oro?

B. A leer. Ahora observe los siguientes avisos de la sección de "Sociales" de un periódico hispano de Miami.

Bodas de Ónix

Hasta su residencia en Rhode Island enviamos nuestras más cordiales felicitaciones para la gentil pareja formada por el señor Eduardo J. Salabert Puente y la señora Margaret Green de Salabert, con motivo de la grata fecha de sus Bodas de Ónix, dieciocho años de unión conyugal, en este día.

Bodas de Topacio

Largos años más de dichas y mutua comprensión le auguramos a la gentil pareja formada por el señor Ángel Domínguez Villar y señora Belinda Pesqueira de Domínguez, con motivo de la grata ocasión de sus Bodas de Topacio, veintidós años de unión matrimonial, más votos porque los años venideros le **deparen** todo género de bendiciones.

deparar, *to grant/offer*

Bodas de Perlas

En el día de hoy celebran la dichosa ocasión de sus Bodas de Perlas, treinta años de venturosa unión matrimonial, el estimado caballero señor Harvey E. Ondriezek y señora Clarita Medrano de Ondriezek, y con tal motivo nos complace felicitarlos **calurosamente** y desearle muchos años más de alegrías y bendiciones.

Bodas de Perfume

Hasta Tallahassee, Florida nos complace enviar nuestras felicitaciones muy especiales a la gentil pareja formada por el señor Daniel Ryan y señora Tatiana Moreno de Ryan, con motivo de la grata ocasión de sus Bodas de Perfume,

dieciséis años de unión conyugal, en esta fecha.

Bodas de Mimbre

Celebran la **fausta** ocasión de sus Bodas de Mimbre, diecisiete años de unión conyugal, el señor Ramón López y señora, Patricia Gelabert de López de gran estimación en los círculos cubanos. Para ellos, nuestra enhorabuena.

Bodas de Acero

Queremos felicitar de manera especial al señor Enrique Marcos Amoedo y señora, Mercy Castillo de Marcos, gentil pareja cubana, con motivo de sus Bodas de Acero, once años de unión matrimonial, hoy.

mimbre, *wicker*
fausta, *happy/ lucky*

calurosamente, *warmly*

acero, *steel*

Ex. C: acero = 11 años; perfume = 16; mimbre = 17; ónix = 18; topacio = 22; perlas = 30.

C. Los aniversarios.   Basándose en lo que ha leído sobre los aniversarios de bodas hispanas, complete la siguiente tabla.

Nombre del aniversario	Número de años
Bodas de acero	
Bodas de perfume	
Bodas de mimbre	
Bodas de ónix	
Bodas de topacio	
Bodas de perlas	

D. Para pensar y discutir en grupos.   Reúnanse en parejas y respondan a las siguientes preguntas.

1. ¿Tiene el periódico local una sección con anuncios similares?

2. ¿Por qué creen Uds. que los hispanos tienen tantos nombres y hacen tanta propaganda a estos aniversarios de bodas?

3. ¿Por qué creen Uds. que han durado tanto estos matrimonios hispanos?

4. ¿Cuáles son los factores más importantes para un matrimonio duradero?

Del frente con amor

A. ¿Matrimonio o profesión?   Reúnanse en grupos de tres o cuatro estudiantes y discutan las siguientes preguntas:

● ¿Creen Uds. que es fácil o difícil combinar el matrimonio con la vida profesional? ¿Por qué?

- ¿Qué efecto tiene sobre el matrimonio cuando uno de los cónyuges (*spouses*) tiene que pasar mucho tiempo lejos de casa debido a su trabajo?

- ¿Se les ocurre alguna manera de mantener un matrimonio unido cuando un miembro de la pareja está lejos de casa?

B. A leer. La siguiente carta muestra la experiencia de una joven pareja hispana durante la guerra del golfo Pérsico. El esposo ha escogido un trabajo en el ejército (*army*) y esta decisión ha tenido muchas repercusiones en su vida familiar.

Vocabulario:

caballería	*cavalry*	**ocupado(a)**	*busy*
copa mundial	*World Cup (soccer)*	**regimiento**	*regiment*
disfrutar	*to enjoy*	**rezar**	*to pray*
duro	*hard*	**tardar en**	*to take a long time; to*
extrañar	*to miss*		*take time to*

Each thematic unit is organized around a text (written or audiovisual). To facilitate comprehension, each text is accompanied by a set of pre-reading / listening activities and by reading / listening tasks / strategies. Comprehension checks and expansion activities follow.

Estrategias de lectura

Lea primero el texto de manera rápida. Trate de identificar las ideas principales (¿quién?, ¿cuándo?, ¿por qué?) y escríbalas en su cuaderno.

DEL FRENTE CON AMOR

Dora y su esposo Freddie Ordones

Me llamo Freddie Ordones y soy de San Antonio, Texas. Como pueden ver por la dirección del sobre me encuentro en Arabia Saudí. Mi unidad es de Ft. Bliss, Texas. Se le conoce como el Tercer Regimiento de Caballería Motorizada. Les escribo porque recibí el número de **Más** de diciembre; y tanto mi esposa Dora como yo disfrutamos mucho con la revista. Especialmente el número de verano sobre la Copa Mundial que nos ayudó a conocer más el fútbol.

Mi esposa y yo nos casamos hace poco, y ella se suscribió a **Más** pero quería que yo la recibiese también en mi unidad. Por eso ya he llenado mi solicitud y he mandado mi dirección para poder recibir la revista aquí en Arabia Saudí.

Dora, mi mujer, es mexicana de Veracruz. La conocí cuando estaba estacionado en Ft. Bliss. Yo la amo mucho y me siento orgulloso de ella porque ésta es la primera vez que estamos separados. Al principio ella estaba muy preocupada porque tardaba mucho en recibir mis cartas. Hace poco hablé con ella y se encuentra bien; me dice que trata de no estar tan triste y que se mantiene ocupada todo el tiempo para que los días se pasen rápido. Sé que todo esto es muy duro para ella; pero tenemos a Dios, y nuestro amor y fe nos hacen cada día más fuertes.

No sé cuánto tiempo voy a estar aquí. Mi unidad está a unas 80 millas al sur de Kuwait. Se supone que nos debemos mover más cerca de la frontera. Pero pase lo que pase, estaremos listos. Rezo todas las noches para que no se disparen balas y para que todos los soldados podamos regresar cuanto antes a casa junto a nuestras esposas.

Mi familia consiste de cinco hermanas y conmigo, cuatro hermanos. Mi padre murió en 1982 y mi madre tiene 76 años. Yo leo español pero no puedo escribirlo [carta traducida]. Mi esposa me escribe en español y yo le escribo a ella en inglés. Me pregunto si ustedes me podrían hacer un favor. Escriban a mi esposa Dora en español y díganle que estoy bien, que la extraño y que la amo mucho.

Cuídense y que Dios los bendiga.

SSG Freddie Ordones

Estrategias de lectura

Lea de nuevo el texto y trate ahora de identificar los detalles más importantes con la ayuda de las siguientes preguntas.

Ex. C: Freddie Ordones; San Antonio, Texas; Dora; Veracruz, Mexico; soldier; Ft. Bliss, Texas.

1. Arabia Saudí, está participando en "Desert Storm"   2. Dora está triste, los dos están preocupados   3. Rezan, escriben cartas   4. & 5. *Answers will vary.*

Free-style writing activities have a positive impact on students' fluency and motivation towards writing in the foreign language. In each chapter a *Diario* section establishes a two-way communication channel between you and your students. Encourage them to talk about their lives and to ask questions or direct comments to you, and vice versa. Do not check grammar, unless meaning is obscure or students have specifically requested such feedback. Both instructor and student interests drive a true dialog journal. However, in experimental trials of these materials, a more guided approach based on suggested themes helped some instructors focus student attention on the writing task. Choose either the free format or the more guided one suggested in each chapter. Given the potential of this activity, you may want to use it at least once every other chapter.

Possible follow-up question to pose to students: What values do you want your kids to have in the future?

C. ¿Comprendió Ud. bien?   Complete las siguientes frases con la información de la lectura. Vuelva a leer la lectura si es necesario. Después, conteste las preguntas.

- nombre del esposo
- lugar de nacimiento del esposo
- nombre de la esposa
- lugar de nacimiento de la esposa
- profesión del esposo
- lugar de residencia de la pareja

1. ¿Dónde está el esposo ahora? ¿Por qué está allí?
2. ¿Qué efecto ha tenido esta separación en su relación?
3. ¿Qué hace esta pareja para seguir adelante?
4. ¿Qué haría Ud. en una situación similar?
5. A base de esta lectura y de sus experiencias personales, ¿cuál es el secreto para tener un matrimonio o una relación feliz? Escriba un párrafo breve explicando la respuesta.

Los diarios

Por diez minutos escriba en su diario una descripción de su familia para su profesor(a). Cuéntele especialmente lo que más le gusta de su familia y por qué. Recuerde que también puede hacerle preguntas a su profesor(a) acerca de su familia o del material que se está estudiando en la clase.

Padres e hijos

A. ¿Qué valores le han inculcado (o enseñado) a Ud. sus padres?   Haga una lista de los valores que le han inculcado sus padres y compárela con la de un(a) compañero(a). Indiquen cuáles valores tienen en común.

- ahorrar dinero
- no ser sexista
- ser independiente
- no consumir drogas
- tener un trabajo
- ser honrado(a)
- tener éxito en los estudios
- tener éxito en los deportes
- ...

B. Los valores familiares de los españoles.   Ahora, observe el siguiente cuadro sobre los valores que los padres españoles les inculcan a sus hijos(as) y después, responda en su cuaderno a las siguientes preguntas. Al terminar, discuta sus respuestas con otros(as) dos compañeros(as) y presenten un informe de sus conclusiones al resto de la clase.

1. ¿Cuáles son los valores más importantes que los padres españoles les enseñan a sus hijos hoy en día?
2. ¿Cuál sería el perfil (*profile*) de un hijo español modelo?
3. De acuerdo con los padres españoles, ¿cuáles son los peligros más graves que enfrentan sus hijos en la actualidad?

4. ¿Encuentra Ud. algunas diferencias entre las preocupaciones de los padres españoles y las de los padres norteamericanos? Explique.

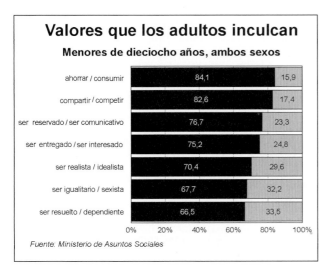

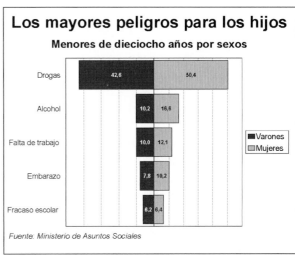

Estadísticas sobre la familia hispana en los Estados Unidos

A. Los problemas de la familia. ¿Cuál de las siguientes razones cree Ud. que explica la separación o el divorcio? Al terminar, compare su lista con la de tres de sus compañeros(as) y decidan cuál es la principal causa del divorcio en este país. Preparen un informe de sus decisiones para presentarlo al resto de la clase.

- falta de amor
- aburrimiento
- infidelidad
- deshonestidad
- otra(s) causa(s)—especifique
- inmadurez
- ignorancia
- falta de valores morales
- falta de paciencia

En nuestra opinión, la causa principal del divorcio es _____ porque...

B. ¿Estereotipos? Las siguientes frases opinan sobre la situación de la familia hispana en este país. Indique si cree que son ciertas (**C**) o falsas (**F**). Compare sus respuestas con las de por lo menos tres de sus compañeros(as). Haga un informe para la clase y trate de ver si existe un consenso respecto a las ideas sobre la familia hispana en su clase.

The objective of this activity is to elicit possible stereotypes that students may have about Hispanic families in the U.S. In reality, none of these general statements accurately describes the present situation of this population.

_____ **1.** Las familias hispanas son muy grandes.

_____ **2.** Las familias hispanas son muy pobres.

_____ **3.** El divorcio es muy común entre los hispanos.

C. A leer: Las estadísticas muchas veces reflejan información importante sobre la sociedad. A continuación, hay cuatro gráficos que suministran información acerca de las familias hispanas en los Estados Unidos. Formen grupos de tres o cuatro estudiantes. Cada grupo tiene que leer con cuidado una de las tablas y preparar una presentación de la información para compartir con la clase. Usen las preguntas debajo de cada gráfico como una guía para la presentación.

Economía

Ingreso promedio por familia hispánica, comparado con el nivel nacional y otros grupos étnicos (1975-90)

Como es natural, la población hispánica abarca grupos con diferentes niveles de preparación y, en consecuencia, de ingresos y zonas de residencia. A medida que su número ha ido en aumento, muchos hispanos han enfrentado las típicas barreras a su aceptación por cierta parte de la sociedad, como son la discriminación, los bajos salarios, el desempleo y una pobre educación. Aunque rezagada con respecto a la media nacional, la familia hispánica muestra alguna ventaja en ingresos si se la compara con otros grupos minoritarios como los negros.

Años	Total país	Hispánicos	Blancos	Negros
1975	33.328	23.203	34.662	21.327
1976	34.359	23.565	35.689	21.229
1977	34.528	24.632	36.104	20.625
1978	35.361	25.190	36.821	21.808
1979	35.262	25.508	36.797	20.836
1980	33.346	23.342	34.743	20.103
1981	32.190	23.582	33.814	19.074
1982	31.738	21.978	33.322	18.417
1983	32.378	22.216	33.905	19.108
1984	33.251	23.690	34.827	19.411
1985	33.689	23.112	35.410	20.390
1986	33.129	23.844	36.740	20.993
1987	35.632	23.356	37.260	21.177
1988	35.565	24.051	37.470	25.355
1989	36.062	24.713	37.919	21.301
1990	35.353	23.431	36.915	21.423

Fuente: U.S. Bureau of the Census, Current Population Reports, series P-60, Nº 174

Preguntas (Tabla 1):

- En términos generales, ¿qué nos muestran las estadísticas en esta tabla?
- ¿Cómo se compara el ingreso promedio de la familia hispana con el ingreso promedio de los negros? ¿Y de los blancos?
- ¿Cuáles son algunas barreras para los hispanos?

Núm. de familias hispánicas por tamaño y presencia de niños (en miles)

La familia hispánica es, por regla general, más numerosa que el promedio nacional de EU. Según estadísticas recientes, las familias mexicanas de EU se reproducen cinco veces más que las anglosajonas.

	Nacional		% distr.		Hispánicas		% distr.	
	total	casados	total	casados	total	casados	total	casados
Total	66.322	52.147	100	100	4.981	3.454	100	100
Tamaño de la familia:								
Dos personas	27.615	20.581	42	39	1.229	683	25	20
Tres personas	15.298	11.330	23	22	1.188	731	24	21
Cuatro personas	14.098	12.186	21	23	1.146	868	23	25
Cinco personas	5.965	5.229	9	10	777	634	16	18
Seis personas	2.060	1.805	3	3	342	291	7	8
Siete o más personas	1.285	1.016	2	2	299	247	6	7
Promedio por familia	3,18	3,24		3,82	4,03			
Con niños menores de 18 años:								
Uno	33.920	27.750	51	53	1.778	1.080	36	34
Dos	13.303	9.319	20	18	1.105	727	22	21
Tres	12.287	9.721	19	19	1.136	816	23	24
Cuatro o más	4.835	3.840	7	7	596	453	12	13
	1.977	1.517	3	3	365	277	7	8

Fuente: U.S. Bureau of the Census, *Current Population Reports*, Series P-20, Nº 458 y otros reportes.

Preguntas (Tabla 2):

- En términos generales, ¿qué nos muestran las estadísticas en esta tabla?
- Cómo se compara el tamaño de la familia hispana con el de la anglosajona?
- Según las estadísticas, ¿es cierto el mito de la gran familia hispana? ¿Por qué creen Uds. que los hispanos tienen familias más grandes?

Familias de origen hispánico en EU

"En la ética norteamericana", escribió Octavio Paz, "el individuo es el centro; en la moral hispánica el verdadero protagonista es la familia".

Total (en miles)	Total 4.932	mex. 2.164	pue. 328	cub. 255	ca/sa 441	otros 266
Distribución (%)						
Parejas casadas	69,3	73,5	52,4	76,1	66,1	65,1
Mujer cabeza de familia, cónyuge ausente	23,8	19,1	43,3	19,4	26,1	27,5
Hombre cabeza de familia, cónyuge ausente	6,9	7,4	4,3	4,5	7,8	7,3

Fuente: U.S. Bureau of the Census, *Current Population Reports*, P-60, Nº 174 y P-20 Nº 455

Preguntas (Tabla 3):

- En términos generales, ¿qué nos muestran las estadísticas en esta tabla?
- ¿Qué es el padresolterismo? ¿El madresolterismo? ¿Son comunes en la comunidad hispana?
- ¿Cuál es el grupo con más casos de parejas casadas? ¿Con más casos de padresolterismo? ¿Con más casos de madresolterismo?

Ingresos de familias hispánicas por origen y niveles

La familia hispánica promedio tiene ingresos superiores a los US$23.000, pero entre los mayores grupos, los ingresos de los cubanos superan significativamente la media. La inmigración cubana ha estado constituida, en una parte importante, por profesionales y obreros calificados que han aprovechado la ayuda recibida de las autoridades de EU al escapar de un régimen comunista. Muchos refugiados políticos de alta capacitación llegaron también de otros países iberoamericanos a partir de la década del setenta.

	Total	mex.-	pue.	cub.	ca/sa	Otros
Nº de familias (miles):	4.932	2.945	626	335	667	408
Ingreso promedio (US$):	23.431	23.240	18.000	31.439	23.445	27.382
Distribución (%)						
Menos de US$5.000	6,3	5,7	11,0	5,7	5,2	5,4
US$5.000 a US$9.999	12,3	11,5	22,7	8,1	9,1	10,8
US$10.000 a US$14.999	12,6	13,7	10,1	9,0	13,8	10,0
US$15.000 a US$24.999	21,7	22,4	18,8	17,6	25,4	18,6
US$25.000 a US$34.999	16,6	17,7	11,3	19,7	15,7	15,7
US$35.000 a US$49.999	15,7	16,9	12,1	16,1	13,8	15,9
US$50.000 o más	14,7	12,2	14,1	23,9	16,6	23,5

Fuente: U.S. Bureau of the Census, Current Population Reports, pág. 60 Nº 174 and P-20 Nº 455

Preguntas (Tabla 4):

- En términos generales, ¿qué nos muestran las estadísticas en esta tabla?

- ¿Cuál es grupo hispano de ingresos más altos? ¿Cuál es el grupo de ingresos más bajos? ¿Por qué?

- ¿Cuál es el grupo hispano más representado en las estadísticas? ¿Por qué?

D. Presentaciones. Cada grupo tiene que presentarle la información acerca de su tabla a la clase. Escuche con cuidado las presentaciones de los otros grupos.

Ex. E: 1. F 2. F 3. F 4. F 5. F 6 .C 7. F

E. ¿Comprendió Ud. bien las estadísticas? Basándose en los gráficos y en la información que Ud. escuchó durante las presentaciones, indique si las siguientes frases son ciertas (**C**) o falsas (**F**). Si son falsas, ¡corríjalas!

_____ **1.** La familia hispana tiende a ser más pequeña que la anglosajona.

_____ **2.** El fenómeno del **padresolterismo** es muy común en la comunidad hispana.

_____ **3.** Entre los hispanos el grupo con más casos de padresolterismo es el mexicano.

_____ **4.** En la comunidad hispana, el hombre tiende más a ser *cabeza de familia* que la mujer.

_____ **5.** Los ingresos de la familia hispana son los más bajos en el país.

_____ **6.** El grupo hispano de más altos ingresos es el cubano.

_____ **7.** El ingreso de la familia hispana aumenta cada año.

F. Para pensar y discutir: A partir de las estadísticas anteriores y de su experiencia personal, responda a las siguientes preguntas.

1. ¿Se puede decir que el grupo hispano es un grupo muy homogéneo? Explique.

2. ¿Cuáles son los desafíos (*challenges*) más grandes que enfrenta la familia hispana en los Estados Unidos en este momento? Explique su respuesta.

3. ¿Qué diferencias hay entre la situación de la familia hispana y la del resto de las familias estadounidenses? Explique su respuesta.

LAS MASCOTAS EN LA FAMILIA

Mosaico cultural video

Exposure to authentic language is a precondition for language acquisition and one of the main goals of this program. The accompanying videos from the *Mosaico cultural* collection are a great source of aural and cultural input. Do the suggested previewing activities (A and B) to activate the necessary schemata and vocabulary in your students. Play the tape once as suggested in C, and then do the follow-up activities in D. A second viewing of the tape may be necessary before the completion of the second comprehension activity in E.

A. ¿Parte de una familia? Para algunas familias anglosajonas, sus mascotas son como miembros de la familia. Antes de ver el video sobre los animales en el mundo hispano, discuta las siguientes preguntas con algunos compañeros.

1. ¿Ha tenido Ud. alguna mascota en su vida?

2. ¿Son importantes los animales en su casa? Explique.

3. ¿Qué opina Ud. de las personas que dicen: "Me gustan más los animales que las personas"?

B. En la casa hispana. ¿Qué animales espera Ud. encontrar en una casa hispana como mascotas? ¿Cuáles espera encontrar en una finca (*farm*)? ¿Cuáles animales pueden aparecer en un lugar público como entretenimiento (*entertainment*)? Clasifique la siguiente lista de animales en la tabla que se encuentra a continuación; algunos pertenecen a más de una categoría.

el ave	*fowl*	el pato	*duck*
el caballo	*horse*	el pavo	*turkey*
la gallina	*hen*	el perro	*dog*
el ganso	*goose*	el pez	*fish*
el gato	*cat*	la serpiente	*snake*
el hámster	*hamster*	el toro (de lidia)	*bull*
la lagartija	*lizard*	la vaca	*cow*
el león	*lion*		

En una casa hispana	En una finca	En un espectáculo

A mirar y a escuchar. Observe ahora el video "Bestias y animales" y trate de establecer si sus predicciones fueron correctas. Además, preste atención a las similitudes o diferencias en las actitudes hacia los animales entre la comunidad hispana y la anglosajona.

Ex. C: 3. It could be argued that all of them exist in both cultures.

C. ¿Comprendió Ud. bien? Escriba en frente de cada frase, el número que indica su origen cultural. Al terminar, discuta sus respuestas con un(a) compañero(a).

a. en la cultura hispana

b. en la cultura norteamericana

c. en las dos culturas

_____ **1.** Se venden animales vivos como alimento.

_____ **2.** Es común ver una casa con muchos animales.

_____ **3.** Se usan términos diferentes para hablar de los seres humanos y de los animales.

_____ **4.** Se usan animales como espectáculo.

_____ **5.** Participan en celebraciones religiosas.

Ex. D: All are used by the Spanish speaker in this video to explain bullfighting.

Suggestion. Expand Activity D into a debate on the pros and cons of bullfighting. If necessary, have the students watch only the section on bullfighting again. They then can work in groups to develop their ideas to defend their position before starting the actual debate. The teacher may choose to assign groups as FOR or AGAINST before beginning this activity.

D. Justificaciones. ¿Cómo justifican las personas entrevistadas la muerte del toro de lidia al final de una corrida? Marque con una **X** las frases que corresponden con las opiniones expresadas por las personas entrevistadas en el video.

_____ **1.** Todos los animales mueren alguna vez.

_____ **2.** Es un arte.

_____ **3.** Es una costumbre y una tradición.

_____ **4.** Los toros tienen una buena vida antes de morir.

_____ **5.** El matador y el toro tienen igual riesgo *(risk)* de morir.

_____ **6.** En España se regala la carne del toro a personas necesitadas.

E. La actitud americana. Su profesor(a) está de acuerdo con la actitud de muchas comunidades hispanas hacia los animales y no comprende por qué algunas personas en Norteamérica consideran a sus mascotas como miembros de la familia. En parejas, preparen una buena explicación de este fenómeno cultural y ayúdele a su profesor(a) a comprender mejor a las personas de su país.

> Querido(a) profesor(a):
> Las mascotas son muy importantes para algunas personas en este país porque...

Reúnanse ahora por grupos y escojan los mejores argumentos para presentarlos al resto de la clase.

Naranjas

A. ¿Qué piensa Ud.?   Con un grupo de compañeros(as) discutan las siguientes preguntas.

1. ¿Dónde cree Ud. que fue tomada esta fotografía?

2. ¿Quién es este trabajador?

3. ¿De dónde viene?

4. ¿Qué sabe Ud. acerca de su vida? (Por ejemplo, ¿cuánto dinero gana?; ¿cómo es su casa?; ¿qué aspiraciones tiene?; etc.)

B. Vocabulario útil.   Las siguientes palabras son de gran importancia para la comprensión de la historia. Escriba en frente de cada frase la letra de la(s) palabra(s) correspondiente(s). Consulte el diccionario si necesita ayuda.

Ex. B: 1. i 2. c 3. a 4. e 5. g 6. b 7. d 8. f 9. h

_____ **1.** sufrir un accidente

_____ **2.** un deseo o aspiración

_____ **3.** sirve para guardar o transportar objetos

_____ **4.** hablar con Dios

_____ **5.** hacer algo sin que nadie lo vea

_____ **6.** un tipo de identificación

a. caja

b. etiqueta

c. sueño

d. naranjal

e. rezar

f. despedir

Strategy instruction is mostly implicit. However, explicit references to strategies explored in each chapter are made in the *Estrategias de lectura* notations. Point out these strategies and the activities that follow to students. These activities directly apply to the featured strategy.

http://siempre.heinle.com
Reading Assistant

Estrategias de lectura

Concéntrese primero en comprender **la idea principal** de cada párrafo. No traduzca palabra por palabra. Escriba cada idea en su cuaderno.

acordarse, to remember / *la caja,* box

burdo, coarse / *banco,* bench
la palangana, basin / *cántaro,* pitcher
esmalte descascarado, chipped enamel
la etiqueta, label

el azahar, orange blossom
la caravela, sailing ship
la astilla, chip, splinter

el sueño, dream

descalzo, barefoot

el zumbido, buzz
el naranjal, orange grove

lona, canvas
angosta, narrow

el sudor, sweat
el zumo, juice
tallo, stem

_____ **7.** una plantación de naranjos

_____ **8.** eliminar el empleo de un trabajador

_____ **9.** fenómeno atmosférico que impide la visión

g. a escondidas

h. neblina

i. caerse

C. A leer: Al parecer una de las características comunes a todas las familias en el mundo es el afecto y el apoyo mutuo que se brindan (*offer*) sus miembros. Lea el siguiente cuento que trata precisamente sobre el tema de los lazos familiares en medio de la adversidad y haga un breve resumen de la historia en sus propias palabras.

Ángela McEwan-Alvarado

*Nació en Los Ángeles y ha vivido en muchos lugares de los Estados Unidos, así como también en México y Centroamérica. Obtuvo su maestría de la Universidad de California en Irvine y desde entonces ha trabajado como editora de materiales educativos y también como traductora. El cuento "Naranjas" fue el resultado de un ejercicio para un **taller** (workshop) de escritores en el que la autora logró mezclar imágenes y experiencias acumuladas a lo largo de su vida.*

Naranjas

Desde que **me acuerdo**, las **cajas** de naranjas eran parte de mi vida. Mi papá trabajaba cortando naranjas y mi mamá tenía un empleo en la empacadora, donde esos globos dorados rodaban sobre bandas para ser colocados en cajas de madera. En casa, esas mismas cajas **burdas** nos servían de cómoda, **bancos** y hasta lavamanos, sosteniendo una **palangana** y un **cántaro**, de **esmalte descascarado**. Una caja con cortina se usaba para guardar las ollas.

Cada caja tenía su **etiqueta** con dibujos distintos. Esas etiquetas eran casi los únicos adornos que había en la habitación pequeña que nos servía de sala, dormitorio y cocina. Me gustaba trazar con el dedo los diseños coloridos —tantos diseños— me acuerdo que varios eran de flores —**azahares**, por supuesto— y amapolas y orquídeas, pero también había un gato negro y una **caravela**. El único inconveniente eran las **astillas**. De vez en cuando se me metía una en la mano. Pero como dicen, "A caballo regalado, no se le miran los dientes".

Mis papás llegaron de México a California siguiendo su propio **sueño** de El Dorado. Pero lo único dorado que encontramos eran las naranjas colgadas entre abanicos de hojas temblorosas en hectáreas y hectáreas de árboles verdes y perfumados. Ganábamos apenas lo suficiente para ajustar, y cuando yo nací el dinero era más escaso aún, pero lograron seguir comiendo y yo pude ir a la escuela. Iba **descalzo**, con una camisa remendada y un pantalón recortado de uno viejo de mi papá. El sol había acentuado el color de mi piel y los otros muchachos se reían de mí. Quería dejar de asistir, pero mi mamá me decía —Estudia, hijo, para que consigas un buen empleo, y no tengas que trabajar tan duro como tus papás—. Por eso, iba todos los días a luchar con el sueño y el aburrimiento mientras la maestra seguía su **zumbido** monótono.

En los veranos acompañaba a mi papá a trabajar en los **naranjales**. Eso me parecía más interesante que ir a la escuela. Ganaba quince centavos por cada caja que llenaba. Iba con una enorme bolsa de **lona** colgada de una banda ancha para tener las manos libres, y subía por una escalerilla **angosta** y tan alta que podía imaginarme pájaro. Todos usábamos sombreros de paja de ala ancha para protegernos del sol, y llevábamos un pañuelo para limpiar el **sudor** que salía como rocío salado en la frente. Al cortar las naranjas se llenaba el aire del olor punzante del **zumo**, porque había que cortarlas justo a la fruta sin dejar **tallo**. Una vez nos tomaron una foto al lado de las naranjas recogidas. Eso fue un gran evento para mí. Me puse al lado de mi papá, inflándome los pulmones y echando los hombros para atrás, con la esperanza de aparecer tan **recio** como él, y di una sonrisa **tiesa** a la cámara. Al regresar del trabajo, mi papá solía sentarme sobre sus **hombros**, y así caminaba a la casa riéndose y cantando.

recio, strong / *tiesa*, rigid
el hombro, shoulder

Mi mamá era delicada. Llegaba a casa de la empacadora, cansada y pálida, a preparar las tortillas y recalentar los frijoles; y todas las noches, recogiéndose en un abrigo de fe, rezaba el rosario ante un cuadro de la Virgen de Zapopán.

Yo tenía ocho años cuando nació mi hermana Ermenegilda. Pero ella sólo vivió año y medio. Dicen que se enfermó por una leche mala que le dieron cuando le quitaron el pecho. Yo no sé, pero me acuerdo que estuvo enferma un día nada más, y al día siguiente se murió.

Nuestras vidas hubieran seguido de la misma forma de siempre, pero vino un **golpe** inesperado. El **dueño** de la compañía vendió parte de los terrenos para un reparto de casas, y por eso pensaba **despedir** a varios empleados. Todas las familias que habíamos vivido de las naranjas sufríamos, pero no había remedio. Mi mamá rezaba más y se puso más pálida, y mi papá dejó de cantar. Caminaba cabizbajo y no me subía a los hombros.

el golpe, blow / *el dueño*, owner
despedir, to dismiss, discharge

—Ay, si fuera carpintero podría conseguir trabajo en la construcción de esas casas— decía. Al fin se decidió ir a Los Ángeles donde tenía un primo, para ver si conseguía trabajo. Mi mamá sabía **coser** y tal vez ella podría trabajar en una fábrica. Como no había dinero para comprarle un pasaje en el tren, mi papá decidió meterse **a escondidas** en el tren de la madrugada. Una vez en Los Ángeles, seguramente conseguiría un empleo bien pagado. Entonces nos mandaría el pasaje para trasladarnos.

coser, to sew
a escondidas, secretly

La mañana que se fue hubo mucha **neblina.** Nos dijo que no fuéramos a despedirle al tren para no atraer la atención. Metió un pedazo de pan en la camisa y se puso un gorro. Después de besarnos a mi mamá y a mí, se fue caminando rápidamente y desapareció en la neblina.

la neblina, fog

Mi mamá y yo nos quedamos sentados juntos en la oscuridad, temblando de frío y de los nervios, y tensos por el esfuerzo de escuchar el primer **silbido** del tren. Cuando al fin oímos que el tren salía, mi mamá dijo: —Bueno, ya se fue. Que vaya con Dios—.

silbido, whistle

No pudimos volver a dormir. Por primera vez **me alisté** temprano para ir a la escuela.

alistarse, to get ready

Como a las diez de la mañana me llamaron para que fuera a mi casa. Estaba agradecido por la oportunidad de salir de la clase, pero tenía una sensación rara en el estómago y me bañaba un sudor helado mientras corría. Cuando llegué jadeante estaban varias vecinas en la casa y mi mamá **lloraba** sin cesar.

llorar, to cry
sollozos, sobs

—Se mató, se mató— gritaba entre **sollozos.** Me arrimé a ella mientras el cuarto y las caras de la gente daban vueltas alrededor de mí. Ella me agarró como un náufrago a una madera, pero siguió llorando.

Allí estaba el cuerpo **quebrado** de mi papá. Tenía la cara morada y coágulos de sangre en el pelo. No podía creer que ese hombre tan fuerte y alegre estuviera muerto. **Por cuenta** había tratado de cruzar de un **vagón** a otro por los techos y a causa de la neblina no pudo ver bien el paraje. O tal vez por la humedad se deslizó. La cosa es que **se cayó** poco después de haberse subido. Un vecino que iba al trabajo lo encontró al lado de la vía, ya **muerto.**

quebrado, broken

Por cuenta, they say that... /
 vagón, railroad car
se cayó, preterite of *caerse* (to fall down)
muerto, dead

Los que habían trabajado con él en los naranjales hicieron una colecta, y con los pocos centavos que podían dar reunieron lo suficiente para pagarnos el pasaje en el tren. Después del entierro, mi mamá empacó en dos bultos los escasos bienes que teníamos y fuimos a Los Ángeles. Fue un cambio decisivo en nuestras vidas, más aún, porque íbamos solos, sin mi papá. Mientras el tren ganaba velocidad, soplé un adiós final a los naranjos.

El primo de mi papá nos ayudó y mi mamá consiguió trabajo cosiendo en una fábrica de overoles. Yo empecé a vender periódicos después de la escuela. *Hubiera dejado de ir del todo* a la escuela para poder trabajar más horas, pero mi mamá insistió en que terminara la secundaria.

Nota:

Remember that this story is about the past, so the imperfect tense is often used.

jubilarse, *to retire*
mantener, *to support*
la mecedora, *rocking chair*

Eso pasó hace muchos años. Los naranjales de mi niñez han desaparecido. En el lugar donde alzaban sus ramas perfumadas hay casas, calles, tiendas y el constante vaivén de la ciudad. Mi mamá **se jubiló** con una pensión pequeña, y yo trabajo en una oficina del estado. Ya tengo familia y gano lo suficiente para **mantener**la. Tenemos muebles en vez de cajas, y mi mamá tiene una **mecedora** donde sentarse a descansar. Ya ni existen aquellas cajas de madera, y las etiquetas que las adornaban se coleccionan ahora como una novedad.

antaño, *days gone by, long ago/*
sonreír, *to smile / subir, to lift*

Pero cuando veo las pirámides de naranjas en el mercado, hay veces que veo esas cajas de **antaño** y detrás de ellas está mi papá, sudando y **sonriendo,** estirándome los brazos para **subir**me a sus hombros.

Ex. D: Lugar: California. **Personajes principales:** el narrador, su padre, su madre y su hermana Ermenegilda. **Suceso principal:** El accidente y la muerte del padre del narrador.

D. Lo más importante. Complete el siguiente cuadro.

¿Dónde sucede la historia?	
¿Quiénes son los personajes *(characters)* principales?	
¿Cuál es el suceso *(event)* más importante en el cuento?	

Estrategias de lectura

Revise de nuevo la lectura y concéntrese en identificar **la secuencia de los eventos** principales. Use el siguiente ejercicio como guía.

E. Las ideas principales. Identifique la idea principal de cada párrafo y escríbala en su cuaderno.

F. El orden del cuento. Ordene los siguientes eventos de acuerdo al cuento.

Ex. F: 5, 3, 1, 2, 6, 4, 7

_____ El padre del narrador murió.

_____ El dueño de la compañía decidió vender su propiedad.

_____ Los padres del narrador salieron de México.

_____ Los padres del narrador consiguieron trabajo en una compañía de naranjas.

_____ El narrador y su madre se mudaron a Los Ángeles.

_____ El padre fue a buscar trabajo a Los Ángeles.

_____ El narrador trabaja en una oficina del estado.

Estrategias de lectura

Lea de nuevo el texto y concéntrese en la identificación de los siguientes detalles de la historia.

G. ¿Comprendió Ud. bien? Conteste las siguientes preguntas sobre la historia.

1. ¿Cómo se sabe que la familia es pobre?

2. ¿Es estable y seguro el trabajo del padre?

3. ¿Qué causó la muerte de Ermenegilda?

4. ¿Por qué tiene que ir el padre a Los Ángeles?

5. ¿Cómo muere el padre?

6. ¿Qué hizo la familia después de la muerte del padre?

Ex.G: 1. Descriptions of their house, where they live, their jobs, etc. 2. No. Seasonal labor. 3. Leche mala. 4. To look for work and a better paying job. 5. An accident, he fell from the train; the fog may have caused poor visibility or he may have slipped. 6. They went to Los Angeles; mother found work in a factory.

H. Para discutir. Trabajen en grupos para contestar las siguientes preguntas.

1. En su opinión, ¿es "Naranjas" una historia triste o una historia optimista? Explique su respuesta.

2. ¿Cómo sería la vida de esta familia si el padre no hubiera muerto?

3. ¿Qué papel tiene la pobreza (*poverty*) en esta historia? Expliquen con ejemplos.

ACTIVIDAD DE EXPANSIÓN

Escriba una composición acerca de su familia. Incluya respuestas a las siguientes preguntas en su composición.

- ¿Qué valores son importantes para su familia?
- ¿Cómo es la relación entre Ud. y sus padres?
- ¿Vive con ambos padres? Explique la situación matrimonial de su familia.
- ¿Cómo se lleva Ud. con sus hermanos, medio-hermanos o hermanastros?
- ¿Cómo se lleva Ud. con sus abuelos?
- ¿Qué hace su familia cuando tiene problemas?
- ¿Qué diferencias o similitudes existen entre los valores de su familia y los de las familias hispanas que ha conocido en este capítulo?

Phrases/Functions: Talking about habitual actions; making transitions

Vocabulary: House; family members; upbringing

Grammar: Verbs: reflexives

Writing skills are developed with the support of *Atajo*. Introduce students to this software, and give them an opportunity to discover its many helpful features.

Since the writing tasks of this final section summarize the content of each chapter, the whole chapter can be viewed as a set of pre-writing activities. You may want to support the task with additional brainstorming or organizational activities. All writing should be done in drafts and instructor feed-back should foster editing skills. Depending on the time constraints of your program, you may also want to include peer editing activities.

¿Con cuál de estos jóvenes se identifica Ud.? ¿Por qué?   ¿Cómo son estos jóvenes?

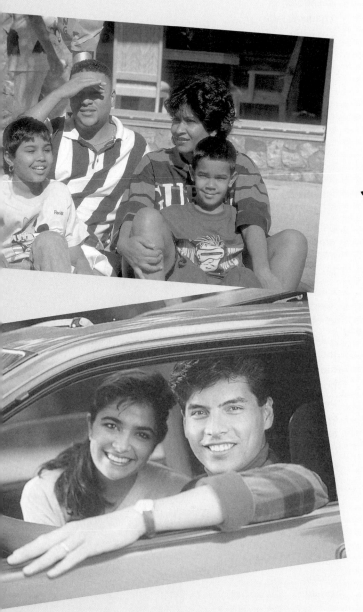

LOS JÓVENES

En este capítulo Ud. va a

- describir el aspecto físico y la personalidad de otros individuos

- leer acerca de la situación de algunos jóvenes en Hispanoamérica

- discutir el consumo de alcohol, tabaco y drogas entre jóvenes en España y los Estados Unidos

Estrategias de lectura

- cómo identificar la opinión de un autor y la manera como organiza sus argumentos

¿Qué aspecto tienen?

Vocabulario

Descripción física — *Physical Description*

Descripción física	Physical Description
alto(a)	tall
atlético(a)	athletic
atractivo(a)	attractive
bajo(a)	short (height)
corto(a)	short (length)
de mediana edad	middle-aged
débil	weak
feo(a)	ugly
flaco(a) / delgado(a)	thin
fuerte	strong
gordo(a) / obeso(a)	fat
grande	big
largo(a)	long
mediano(a)	medium, average
musculoso(a)	muscular

Cabello (pelo) — *Hair*

Cabello (pelo)	Hair
blanco(a), cano(a)	gray, white
calvo(a)	bald
castaño(a)	brown (hair only)
liso(a)	straight
negro(a)	black
pelirrojo(a)	red
rizado(a)	curly
rubio(a)	blonde
la barba	beard
el bigote	mustache
la calva	bald spot
la peluca	wig
perder el pelo	to lose one's hair

Ojos — *Eyes*

Ojos	Eyes
castaños claros	hazel
color marrón / cafés	brown (light)
negros	brown (dark)

Piel — *Skin*

Piel	Skin
blanco(a), pálido(a)	pale
bronceado(a)	tanned
moreno(a), oscuro(a)	dark
quemado(a)	sun-burned

Descripción del carácter — *Character Traits*

Descripción del carácter	Character Traits
amigable	friendly
callado(a)	quiet
chauvinista	chauvinist
confiable	trustworthy
conservador(a)	conservative
considerado(a)	considerate
de buen temperamento	even-tempered
despreocupado(a)	carefree
egoísta	selfish
emotivo(a)	emotional
estable	stable
estúpido(a)	stupid
extrovertido(a)	extroverted / outgoing
fanático(a)	bigot
feminista	feminist
generoso(a)	generous
gracioso(a)	funny
insensible	insensitive
irresponsable	irresponsible
leal	loyal
liberal	liberal
loco(a)	crazy
malgeniado(a)	ill-tempered
malo(a)	bad, evil, mean
moderno(a)	modern
popular	popular
prudente	prudent
racista	racist
responsable	responsible
ruidoso(a)	loud
sensible	sensitive
serio(a)	serious
simpático(a)	nice
socarrón (socarrona)	sly
tímido(a)	shy
tonto(a)	silly
tradicional	traditional
valiente	brave
variable	moody

PARA EMPEZAR

Los ideales de belleza de la nueva generación. Las imágenes de los medios de comunicación tienen un gran impacto en nuestra visión del mundo y de nosotros mismos. En esta sección, vamos a analizar algunas imágenes de los jóvenes en las culturas norteamericana e hispanoamericana para identificar esos "ideales" y establecer sus similitudes y diferencias.

Preparación gramatical

Antes de comenzar este capítulo, repase la formación y el uso de los adjetivos en las páginas 178–183. A continuación, complete las secciones 2.1–2.4 de la *auto-prueba*, páginas 187–189.

A. Para discutir. Con tres compañeros(as) respondan a las siguientes preguntas en su cuaderno.

1. ¿Existe un ideal de belleza para los jóvenes en los Estados Unidos?

2. ¿Quién es el "modelo" de la belleza para los muchachos? ¿Y para las muchachas?

B. Ejercicio de observación. Observe las páginas de una revista para jóvenes, tal como *Seventeen, Essence, Cosmopolitan, GQ* o *Muscle and Fitness*, especialmente los anuncios comerciales.

1. ¿Cuáles son las características comunes que tienen los modelos en estas revistas?

2. Prepare la descripción del ideal de belleza en una de estas revistas.

3. **a.** En la revista _____ la mujer (el hombre) ideal es...

   b. Tiene...

   c. Lleva...

   d. Le gusta...

The next two exercises call for the observation and analysis of American and Hispanic magazines. Bring to class additional images from foreign magazines which are fairly accessible through major bookstores. Highlight as well the influence and popularity of American images and beauty standards throughout the Hispanic world. As homework, have students bring one or two copies of these types of magazines to use in class.

C. Comparaciones. Compare ahora los modelos presentados en las revistas americanas con los de las revistas hispanas a la derecha y en la página siguiente. ¿Considera Ud. que el ideal de belleza hispano es diferente o similar al ideal de belleza americano? Explique su respuesta.

> *El ideal de belleza hispano es (similar / diferente) al americano porque...*

D. En mi opinión... ¿Cuál es su imagen de la persona ideal? ¿Corresponde con alguno de los modelos presentados en las páginas que siguen? ¿Qué tan importante es para Ud. el aspecto físico de su pareja? ¿Qué otros aspectos son importantes?

> *Para mí, la persona ideal es...*

Las inventamos por ustedes.

ALTA TECNOLOGIA SAMSONITE PARA VIAJAR

Dibujo A

(Vea la página 43, Ejercicio A.)

Dibujo B

(Vea la página 43, Ejercicio A.)

ENTREMOS EN MATERIA

Los contrastes

• Famous people game
• Lab act.

Preparación gramatical

Antes de continuar, repase la manera de expresar comparaciones en las páginas 180–182 y el presente progresivo en las páginas 185–186. Después, complete las secciones 2.5–2.7 de la *auto-prueba*, páginas 189–190.

A. Encuentre las diferencias. Con un(a) compañero(a) observen los Dibujos A y B en las páginas 41 y 42. Un estudiante mira el Dibujo A y el otro el Dibujo B. Los dos dibujos son similares, pero hay cinco diferencias. Describan las personas en cada dibujo (¿cómo son?, ¿qué están haciendo?) y encuentren las diferencias. ¡No hagan trampa! *(Don't cheat!)* ¡Sólo puede ver su dibujo y no el de su compañero(a)!

Después de describir los dibujos, compartan con el resto del grupo lo que hayan descubierto.

MODELO: *En el Dibujo A tenemos una persona que _____, pero en el Dibujo B, _____. También...*

Ex. A: 1. María is overweight in Drawing A, but is slim in Drawing B. **2.** John is wearing a coat in Drawing A, but just a T–shirt in Drawing B. **3.** Paul and Angie are dancing in Drawing A, but are chatting in Drawing B. **4.** Linda has long hair in Drawing A, but has short hair in Drawing B. **5.** Francisco holds a beer in his right hand in Drawing A, but in his left hand in Drawing B.

B. Los contrastes. En América Latina existen grandes contrastes entre la vida de las clases adineradas (ricas) y las clases populares (pobres). Las siguientes lecturas presentan unos ejemplos de estas diferencias y su impacto en la vida de los jóvenes.

The next two texts explore the issue of polarization of social strata in Latin America, and its impact on the lifestyle of young people. Remind your class that middle classes in the Hispanic world are not as significant as they are in the United States.

C. La Zona Rosa de la Ciudad de México: Un lugar para los jóvenes. Reúnanse en grupos de tres estudiantes y piensen en los sitios donde los jóvenes suelen ir para divertirse. Entonces, contesten las siguientes preguntas.

1. ¿Existe algún lugar popular entre los jóvenes en su pueblo o ciudad?

2. ¿Cuándo se reúnen los jóvenes en este lugar?

3. ¿Qué hacen?

Restaurantes, Zona Rosa, México

D. A leer: Lea ahora el siguiente artículo y responda a las preguntas de comprensión en su cuaderno.

Vocabulario:

el esparcimiento	*diversion*	**la pista de carreras**	*race track*
la manzana	*city block*	**retador(a)**	*challenging*
la mirada	*glance, look*	**la tropelía**	*mad rush*

fresas

EL MOLDE ORIGINAL

LOS VISITANTES MAS FRECUENTES suelen llegar en motos Kawasaki o Susuki último modelo, y algunos lo hacen en lujosos automóviles armados del respectivo teléfono celular. La mayoría pertenece a las clases adineradas y se les conoce popularmente como «juniors». Pero ellos suelen tomarse alegremente el sector de 24 manzanas que limita con las arterias más famosas de Ciudad de México, conocido mundialmente como la Zona Rosa.

Los «juniors» y los exclusivos visitantes, se pasean frente a los 716 inmuebles comerciales del lugar, y le dan vida a un barrio que ahora posee renombre mundial. Y esa parece ser una preocupación de las autoridades locales. Su tarea ha sido potenciar el perfil comercial de la Zona Rosa, atrayendo una inversión privada de cerca de 70 millones de dólares, y realizando una inversión pública de alrededor de 90 millones.

La oferta comercial y las posibilidades de esparcimiento que existen en el barrio se traducen en una masiva afluencia de adolescentes y de turistas que buscan desde la clásica «Fonda del Refugio», hasta el más sofisticado «Picadilly Pub». Sin embargo, con ser un barrio apacible, la Zona Rosa se presta para el vandalismo. La revista *Metrópolis* relataba hace poco, bajo el título «La Fiesta de los Juniors», algunas de las tropelías de estos adolescentes que ponen a prueba sus motos al convertir la Zona Rosa en un circuito de velocidad: «Viajan en motocicletas que quitan la respiración, lujosas, con el exhosto abierto, llenas de accesorios que nunca podrían ser comprados en México. Nunca cambian el decorado: un junior en una Kawasaki y en el asiento de atrás una atractiva rubia de mirada retadora, un junior en una Susuki y en el asiento de atrás una atractiva rubia de mirada retadora, un junior en una Harley Davison y...».

Preguntados por qué eligieron la Zona Rosa como pista de carreras, ellos respondieron: «Es uno de los pocos lugares donde hay ambiente internacional. Donde no todo está contaminado. Lo demás parece una caricatura de Africa. Y además, como dicen, la Zona Rosa también es cultura, ¿no?».

■

Luis Vinalopo,
Ciudad de México

Ex. E: 1. Jóvenes adinerados en la Ciudad de México 2. Ropa y accesorios importados de última moda, autos lujosos, teléfonos celulares, motocicletas ruidosas 3. Porque tiene ambiente internacional 4. Manejan a alta velocidad por sus calles, van de compras, comen y beben en sus restaurantes, etc.

E. ¿Comprendió Ud. bien? Después de contestar estas preguntas en su cuaderno, compare sus respuestas con las de tres de sus compañeros(as).

1. ¿Quiénes son los "juniors"?

2. ¿Cómo se identifican?

3. ¿Por qué les gusta la Zona Rosa?

4. ¿Cómo se divierten los "juniors"?

¿Equivalente en US?

Miembros del "Sendero Luminoso", Perú

"¿Venganza?" presents a decidedly different perspective on young people than "El Molde Original." As a transition between the readings, have students describe the picture (the people, their ages, probable economic status or social class) and inform them that this reading will provide a sharp contrast to the ideas presented in "El Molde Original."

¿Venganza?

A. Los jóvenes americanos y la política.   Discutan en grupos las siguientes preguntas.

1. ¿Tienen los jóvenes en su universidad mucho interés en la política? ¿Por qué? ¿Cuáles son los temas políticos de mayor interés entre los universitarios?

2. ¿Cuál partido es el más popular en su grupo, el Demócrata o el Republicano? ¿Por qué?

3. ¿Sabe Ud. qué tipo de gobierno tienen los siguientes países hispanoamericanos?

   Chile / Colombia / Cuba / España / México / Perú

   a. democracia   **c.** dictadura

   b. monarquía constitucional   **d.** socialista

4. Fíjese en la foto arriba. ¿Sabe Ud. qué es el "Sendero Luminoso" (*Shining Path*)?

   a. un grupo religioso del Perú

   b. un club social del Perú

   c. un grupo guerrillero del Perú

5. ¿Qué objetivo tiene Sendero Luminoso?

   a. iniciar una revolución religiosa

   b. iniciar una revolución democrática

   c. iniciar una revolución socialista

Estrategias de lectura

Concéntrese en identificar las ideas principales en el siguiente texto. No traduzca su contenido palabra por palabra.

Ex. A: 1. & 2. Answers will vary. 3. a. democracia = México, Colombia, Chile, Perú b. monarquía constitucional = Spain c. dictadura = Cuba d. socialista = Cuba 4. c. un grupo guerrillero 5. c. iniciar una revolución socialista

The World Almanac defines Cuba as a Socialist Republic. However, given the absence of popular elections for the positions of Prime Minister, Commander-in-Chief, President of the Popular Assembly, or Secretary General of the Communist Party, it could be argued that in fact it is a dictatorship. (Castro has held all of these positions for over thirty years.)

Estrategias de lectura

Concéntrese en identificar la secuencia de los eventos en la siguiente lectura. Use los ejercicios de la sección "¿Comprendió Ud. bien?" como guía.

Vocabulario:

agarrar	*to grasp, capture*
citar	*to make an appointment with*
dar la gana	*to want, please*
embarcar	*to embark, become entangled*
empuñar	*to clutch, grasp*
el juez	*judge*
libre	*free*
quitar	*to take away*
recoger	*to pick up*
vengar	*to avenge, take revenge*
la vida	*life*
vincular	*to join*

Ex. C: Correct order: 7, 2, 4, 5, 1, 6, 3. *2. & 3. Answers will vary. Answers should show awareness of the young Peruvian's struggle to survive, in sharp contrast with the carefree lifestyle of the "juniors".*

B. A leer. Lea ahora el siguiente artículo sobre la vida de un joven peruano y después responda a las preguntas de comprensión en su cuaderno.

¿VENGANZA?

¿Por qué un joven de diecisiete años puede decidir empuñar las armas y embarcarse en la aventura senderista? Uno de ellos, actualmente bajo la jurisdicción de un juez de menores, lo explica de la siguiente manera:

—A mi padre lo mataron los militares en Huancavelica. Mis dos hermanos han sido declarados como desaparecidos. Fue así como me vinculé al comité de Familiares de Desaparecidos. Un día uno de los que tenía más influencia en el grupo me dijo que quería conversar conmigo. "Tus hermanos están muertos" —me dijo—, "igual que tu padre. A ti te toca vengarlos, porque a nadie se le puede quitar la vida porque a un militar se le da la gana". Le dije que estaba de acuerdo. Me puso, algunos días después, en contacto con otro miembro del partido. Éste me explicó cómo se manejaba un arma y luego de una breve explicación acerca de las razones por las cuales luchaban me preguntó si estaba dispuesto a realizar acciones para vengar a mis hermanos y a mi padre. Mi respuesta fue que sí. Me dijo entonces que esperara que se me designara a participar en acciones que no tenían otro fin que vengar todas esas muertes injustas. Tuve que esperar varios meses, hasta que un día me citaron en la cuadra 29 de la avenida Arequipa: "un Toyota rojo te recogerá", me dijo. Yo estuve puntual en la cita, y el carro rojo también lo fue. En su interior había personas a las cuales yo no conocía. Ellos me explicaron de qué se trataba y a quién había que matar. Lo que nunca imaginé fue que el que debía disparar el tiro decisivo era yo. Así comenzó todo, pero ahí mismo terminó, pues me agarró la policía a unas cuadras más arriba... Y aquí estoy. Yo no sé bien lo que es Sendero; sólo sé que mi padre y mis hermanos fueron asesinados por los militares y que yo tenía la oportunidad de vengar sus muertes... Mi abogado me ha dicho que cuando cumpla los dieciocho años quedaré libre. Sólo falta un año...

C. ¿Comprendió Ud. bien? Después de responder a las siguientes preguntas, compare sus respuestas con las de uno(a) de sus compañeros(as).

1. Ordene los siguientes eventos de acuerdo con la lectura.

_____ Va a salir libre al cumplir 18 años.

_____ Se vinculó al comité de Familiares de Desaparecidos.

_____ Aprendió a usar un arma.

_____ Un Toyota rojo lo recogió.

_____ Los militares mataron a su padre.

_____ Fue capturado.

_____ Se vinculó al Sendero Luminoso.

2. ¿Tiene interés el joven en las motivaciones políticas de Sendero Luminoso? Explique.

3. Compare la vida de este joven peruano con la de uno de los "juniors" de la Zona Rosa de México. Escriba un párrafo breve explicando su respuesta.

D. Para discutir. Reúnanse en grupos de tres estudiantes y discutan las siguientes preguntas. Luego, un miembro del grupo presentará una síntesis de sus ideas al resto de la clase.

- ¿Es aceptable el uso de la violencia en ciertas situaciones? Explique por qué sí o por qué no.
- ¿Se uniría Ud. a la guerrilla si estuviera en la misma situación que este muchacho peruano? Explique por qué sí o por qué no.

Más contrastes

A. ¿Iguales o diferentes? Haga una comparación de las características físicas de los siguientes estereotipos. Trabaje con un(a) compañero(a).

Juan José

Don Manuel

Maricarmen

B. Para discutir. Discutan en grupos la siguiente pregunta.

- Observe otra vez los dibujos y piense en alguna persona que Ud. conoce. ¿Se puede decir algo acerca de la personalidad de un individuo basado solamente en su apariencia física? Expliquen su punto de vista (*point of view*) y den ejemplos.

C. Los retratos. Busque un(a) compañero(a) de clase y después:

Paso 1: Haga una descripción detallada de su apariencia física y su ropa.

Paso 2: Trate de especular acerca de su carácter basándose solamente en su apariencia física.

Paso 3: Lean sus descripciones y discutan si son acertadas (o si no lo son, por qué).

MODELO:

A: *Eres un chico joven, atlético y muy dinámico. Tienes aproximadamente veinte años. Te gusta la ropa moderna y cómoda. Tu cabello castaño es liso y corto. Tus ojos son negros. Tú eres probablemente muy simpático y te gustan los deportes. Prefieres la música moderna y eres muy popular.*

B: *Bueno, algunas cosas son correctas y otras no. Creo que soy simpático, pero no me gustan los deportes. Soy un poco perezoso. Respecto a la música, prefiero la clásica, y aunque tengo muchos amigos, no me considero "popular".*

Gloria Estefan

D. ¿Qué tal lo hacen? Describa a las personas en esta página y en la página siguiente, e incluya un comentario sobre la manera como realizan su trabajo. Si no los conoce muy bien, investigue, pregúntele a su profesor(a) o use su imaginación.

MODELO: *Gloria Estefan es una cantante cubano-americana muy famosa. Es **relativamente** joven, atractiva y muy simpática. Gloria canta y baila **muy bien**. Con su esposo, Gloria escribe **frecuentemente** canciones para otros artistas famosos como Jon Secada. En su casa trabaja **incansablemente**, ya que tiene que combinar las tareas de madre, esposa y artista.*

Preparación gramatical

Repase el uso de los adverbios en la página 183.

Fidel Castro

Rosie Pérez

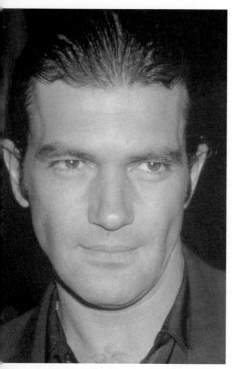

Antonio Banderas

Sammy Sosa

Jon Secada

E. Una competencia. Prepare la siguiente situación con un(a) compañero(a). Recuerde que algunos grupos actuarán sus diálogos para el resto de la clase.

Estudiante A

Su compañero(a) es muy competitivo(a). Siempre está jactándose (*bragging*) de ser el (la) mejor en todo. Tómele el pelo (*Pull his or her leg*) con una descripción fantástica de las características físicas, la personalidad y los logros (*achievements*) de los miembros de su familia.

Estudiante B

Su compañero(a) es muy competitivo(a). Siempre está jactándose (*bragging*) de ser el (la) mejor en todo. Tómele el pelo (*Pull his or/her leg*) con una descripción fantástica de las características físicas, la personalidad y los logros (*achievements*) de los miembros de su familia.

Los diarios

Escriba por diez minutos en su diario una descripción de sí mismo(a) para que su profesor(a) lo (la) conozca mejor. Incluya información sobre su apariencia física y su personalidad. No se olvide que puede también hacer preguntas.

PERSONAJES INOLVIDABLES

Mosaico cultural video

A. Personajes inolvidables de los Estados Unidos. ¿Qué personajes históricos son representativos de la cultura y los ideales norteamericanos? Escriba los nombres de cuatro personajes en las siguientes categorías en el cuaderno y mencione por lo menos dos de sus características más sobresalientes.

MODELO: En la historia: *George Washington*
Descripción: *Fue un hombre valiente e inteligente. Era muy alto y tenía pelo rojo y rizado.*

1. En la política
2. En la pintura
3. En la música
4. En la literatura

B. Vocabulario útil. Describa Ud. a uno de sus héroes usando tantas palabras de la siguiente lista como sea posible.

1. **el filibustero** *pirata*
2. **la fuerza** *poder*
3. **el héroe** *persona que es objeto de gran admiración por su valentía*
4. **el humanista** *persona que se interesa en el arte y la filosofía*
5. **el libertador** *persona que gana la libertad de algo o alguien*
6. **el líder** *persona que dirige o da orientación a un grupo*
7. **el (la) luchador(a)** *persona de gran determinación que quiere ganar algo*
8. **mundano** *que pertenece a este mundo (nada idealista)*
9. **el símbolo** *signo u objeto que representa una idea o un concepto*
10. **el soldado** *militar*
11. **valiente** *persona que no tiene miedo*

A mirar y a escuchar. Observe ahora el video "Personajes inolvidables", que se trata de seis personajes históricos sobresalientes en el mundo hispano. Con la información que escuchará sobre sus logros y características más importantes, complete el siguiente ejercicio de apareamiento.

Ex. C: 1. d   2. f   3. e   4. c   5. a   6. b

C. ¿Comprendió Ud. bien? Escriba en frente del nombre del personaje, la letra que corresponde a su descripción.

_____ **1.** Cuauhtémoc   **a.** héroe militar de Sudamérica

_____ **2.** Pablo Casals   **b.** héroe militar de Centroamérica

_____ **3.** Miguel de Cervantes   **c.** artista e intelectual de México

_____ **4.** Frida Kahlo   **d.** líder azteca

_____ **5.** Simón Bolívar   **e.** escribió la historia de don Quijote

_____ **6.** Juan Santamaría   **f.** tocó música clásica y vivió en Puerto Rico

Juan Santamaría

Miguel de Cervantes

Cuauhtémoc

Simón Bolívar

Frida Kahlo

Pablo Casals

D. Preguntas y respuestas. Complete las siguientes actividades en su cuaderno.

1. Las siguientes descripciones contienen información falsa. Marque con un círculo los datos incorrectos.

   a. Cuauhtémoc fue el primer emperador azteca. Fue un líder valiente y representa la fuerza del espíritu mexicano.

   b. Juan Santamaría fue un soldado muy rico que trabajó por la independencia de Nicaragua contra los filibusteros.

   c. Miguel de Cervantes fue el creador de don Quijote, un personaje mundano y de Sancho Panza, símbolo del idealismo español.

   d. Frida Kahlo fue una artista e intelectual que pintó retratos optimistas, pero nunca participó en la política mexicana.

   e. Simón Bolívar fue un libertador, un político y un artista. Sus principales preocupaciones fueron la libertad, el derecho a la educación y la integración de los países sudamericanos.

   f. Pablo Casals se describe como un político, un humanista y un intelectual. Creó la Orquesta Nacional Sinfónica de Cuba.

2. ¿Cuál de estos personajes le parece más interesante? ¿Por qué?

E. Para investigar. Investigue la vida de otro personaje sobresaliente en el mundo hispano y prepare una descripción breve de sus características y logros (*achievements*) más importantes. Aquí hay algunas sugerencias.

Pablo Picasso   Desi Arnaz
César Chávez   Fernando Botero
José de San Martín   Violeta Chamorro
Richie Valens   ...

EL USO DE ALCOHOL Y DROGAS ENTRE LOS JÓVENES

A. Antes de leer. Discuta las siguientes preguntas con un(a) compañero(a) y luego presente un resumen de sus ideas al resto de la clase.

1. ¿Cuál es la edad legal para fumar en los Estados Unidos? ¿para beber alcohol? ¿Es común que los adolescentes fumen y beban antes de poder hacerlo según la ley?

2. ¿Es un hecho socialmente aceptado que los jóvenes usen tabaco en los Estados Unidos? ¿que consuman alcohol? ¿que consuman drogas? ¿Hay situaciones en las cuales es más aceptable el uso de estas sustancias?

3. ¿Cuáles de las siguientes sustancias considera Ud. peligrosas? Explique sus respuestas.

	muy peligroso	algo peligroso	nada peligroso
alcohol			
tabaco			
marihuana			
anfetaminas			
éxtasis			
alucinógenos			
tranquilizantes			

4. En los Estados Unidos, ¿a qué edad empiezan a fumar normalmente los jóvenes? ¿a consumir alcohol? ¿a consumir drogas?

5. Entre los jóvenes estadounidenses, ¿hay más fumadores o fumadoras? ¿Por qué? Explique su respuesta.

Ex.B: 1. c 2. e 3. h 4. g 5. d 6. b 7. f 8. a

B. Vocabulario útil. Las siguientes palabras son muy importantes para la comprensión de los artículos a continuación. Escriba en frente de cada definición la letra de la palabra correspondiente. Consulte el diccionario si es necesario.

_____ **1.** introducir por la boca la comida, bebida, drogas o medicamentos

_____ **2.** agencia gubernamental que trata de asuntos de salud pública

_____ **3.** área donde hay muchos bares

_____ **4.** hombres, chicos, muchachos

_____ **5.** estudio de un tema reuniendo testimonios, documentos, etc.

_____ **6.** de la provincia o la ciudad de Valladolid

_____ **7.** ser más grande que

_____ **8.** casa; lugar donde se vive

a. hogar

b. vallisoletano

c. ingerir

d. encuesta

e. Consejería de Sanidad

f. superar

g. varones

h. zona de copas

C. A leer. Lea los artículos a continuación sobre el uso de alcohol, tabaco y drogas entre jóvenes en España. Luego, responda a las preguntas de comprensión.

Los escolares de Castilla y León empiezan a fumar con 13 años

Se inician en el tabaco y en el alcohol a una edad cada vez más temprana

Los escolares de Castilla y León comienzan a fumar con 13 años de edad, según revela un estudio realizado durante el pasado año por la Consejería de Sanidad y Bienestar Social y la Universidad de Valladolid. El informe pone de manifiesto que los escolares comienzan cada vez más jóvenes a fumar, beber y consumir drogas ilegales.

El estudio ha permitido detectar que en Castilla y León los jóvenes de 13 años fuman y, además, entre esa edad y los 18 años se ha apreciado un considerable aumento del número de adictos al tabaco. Junto a ello, los trabajos desarrollados por los expertos han confirmado que los adolescentes ingieren ahora bebidas alcohólicas a edad más temprana, los 16 años, que en 1992.

Frente al aumento del número de fumadores en los primeros años de la adolescencia, se ha detectado un notable descenso en el número de adictos al tabaco en edades adultas. Entre los 14 y los 29 años existen más fumadoras que fumadores mientras que entre los 30 y los 70 los varones que fuman superan a las mujeres.

poner de manifiesto, *to show, to reveal*

Los escolares empiezan cada vez antes a fumar y a consumir drogas ilegales

Entre los 14 y los 29 años, el número de fumadoras supera al de fumadores

Los escolares adquieren cada vez con menos edad los hábitos de fumar, de beber y de consumir drogas ilegales. Esta es la principal conclusión de un estudio realizado en Castilla y León por la Consejería de Sanidad y la Universidad de Valladolid que demuestra que los jóvenes de la región fuman desde los 13 años y beben alcohol de forma habitual con sólo 16.

J.I.F. VALLADOLID

El consumo de tabaco está muy extendido en los hogares de Castilla y León hasta tal punto que fuma alguno de los miembros del 60% de las familias. Entre los 14 y los 70 años de edad se declaran fumadores habituales el 38,5% de los habitantes de la comunidad, fumadores ocasionales un 6,1%, ex fumadores el 20,9% y no fumadores 34,4%.

Los estudios realizados en la region durante el último año por la Junta de la Universidad vallisoletana —que incluyen una encuesta directa a 2,500 personas— revelan que han descendido los fumadores habituales y los ocasionales y han aumentado los ex fumadores. Sin embargo ha disminuido° el porcentaje de no fumadores, un detalle que, según los entendidos en la materia, revela que en un importante sector de la población de Castilla y León se altera

FAMILIAS

El consejero de Sanidad critica que el seno de muchas familias existe «cierta permisividad» hacia el consumo de alcohol y del tabaco entre más jovenes.

la tendencia a la baja en el consumo de tabaco que ha permitido reducir un 1,1% el número de fumadores.

Ese sector de población que fuma cada vez más y cada vez desde edades más tempranas se sitúa entre los 13 y los 19 años, detectándose un alarmante aumento al consumo de tabaco. En estas edades, un 37,1% de los consumidores de tabaco son varones y un 48% mujeres. También las fumadoras se sitúan° por encima de los fumadores en el tramo de edad de los 20 a los 29 años. De los 30 a los 70, fuman más varones que mujeres.

Alarma

El máximo responsable de Sanidad de la Junta, el consejero José Manuel Fernández Santiago, expresó ayer la preocupación del Gobierno por el dato revelado en la encuesta relativo a la edad joven en la que se inician los escolares en el tabaco —13 años— y también en el consumo de alcohol —16 años— y de algunas

drogas ilegales, especialmente el éxtasis —alrededor de los 20—.

En este sentido, resaltó° que los informes policiales demuestran que la ingestión de alcohol y el consumo de éxtasis aparecen en el origen como causa que justifica un buen número de peleas en zonas de copas y como causante de un elevado porcentaje de accidentes.

Fernández Santiago también desveló que en Castilla y León los jóvenes fuman y beben por encima de° la media española° y lanzó una llamada de atención a las familias en las que dijo existe normalmente una cierta «*permisividad con el consumo de tabaco y alcohol. La familia es fundamental en la prevención y en la tarea de evitar que los jóvenes se inicien en el hábito del tabaco o del alcohol.*»

El consumo de alcohol ha también experimentado un considerable aumento en el período 1992–1997, incrementándose los porcentajes de quienes ingieren alcohol al menos una vez al mes, al menos una vez por semana y al menos 3 o 4 días por semana. El consumo de alcohol está tan extendido entre la población que por lo menos uno de los miembros del 66% de las familias ingiere bebidas alcohólicas.

La encuesta ha permitido también resaltar° que la edad de inicio en el consumo de drogas ilegales ha experimentado un retraso, que la sitúa cerca de los 20 años, detectándose un claro predominio masculino, excepto en el apartado del uso no médico de tranquilizantes.

CONSUMO DE TABACO, ALCOHOL Y DROGAS

Frecuencia de bebidas alcohólicas en los últimos 6 meses

	Porcentaje	
	1992	1997
Nunca ha bebido	15,4	13,2
Ha dejado de beber	4,8	4,7
Consume alcohol en ocasiones especiales	24,7	24,3
Consume alcohol al menos una vez al mes	3,9	4,4
Consume alcohol al menos una vez por semana	21,1	22,2
Consume alcohol 3-4 días por semana	3,7	5,2
Consume alcohol diariamente	26,5	26,0
Bebedores habituales (al menos una vez por semana)	51,3	53,3

Evolución de la edad de inicio en el consumo de drogas

	Edad media (años)	
Sustancia	1992	1997
Alcohol	17,0	16,6
Tabaco	17,3	17,0
Cánnabis	18,4	18,9
Anfetaminas	18,6	19,0
Tranquilizantes	21,7	22,7
Opiáceos	20,3	19,5
Extasis 6 drogas de síntesis	–	20,4
Alucinógenos	19,3	18,3
Inhalables	17,4	17,6

Distribución por edad y sexo de los fumadores habituales

	Fumadores (%)	
Edad	Varones	Mujeres
De 14 a 19 años	37,1	48,0
De 20 a 29	43,3	48,4
De 30 a 39	55,7	54,4
De 40 a 49	44,8	30,8
De 50 a 59	38,2	20,5
De 60 a 70	21,2	16,7
Total	40,6	36,4

EL NORTE DE CASTILLA / FUENTE: CONSEJERIA DE SANIDAD

A Isla Margarita por dejar de fumar

J. I. F. VALLADOLID

El consejero de Sanidad y Bienestar Social, José Manuel Fernández Santiago, animó ayer a los ciudadanos de Castilla y León que consuman tabaco a abandonar este hábito. Y, para añadir argumentos a sus palabras, presentó la segunda edición del concurso *Déjalo y gana* por medio del cual se pueden conseguir, según señaló Fernández Santiago, dos premios: El primero, dejar el tabaco definitivamente; el segundo un viaje a la venezolana Isla Margarita, un ordenador o una bicicleta de montaña.

La Junta de Castilla y León, en colaboración con la Asociación Española contra el Cáncer, la Asociación Deporte y Vida, la Organización Mundial de la Salud y la Organización Q&W, con el patrocinio de Pharmacia y Upjohn, han puesto en marcha una nueva edición del concurso que ya se desarrolló en 1996 para animar a los fumadores a abandonar el hábito del tabaco. Podrán participar los mayores de 18 años que fumen desde hace más de un año, quienes tendrán que enviar una tarjeta postal editada al efecto o remitirla a la Junta antes del 18 de este mes y, a cambio, demostrar que han dejado de fumar durante al menos 4 semanas. Según el consejero de Sanidad, existen mecanismos suficientes para, por medio de análisis de sangre y de orina, demostrar que una persona ha abandonado el hábito del tabaco.

500 personas dejaron de fumar en 1996 gracias al primer concurso de estas características que convocó el Gobierno regional. *«Es una iniciativa positiva y desenfadada y, aunque parezca un poco ingenua, el 70,2% de las 1.900 personas que participaron en 1996 en el concurso dejaron de fumar durante cuatro semanas y un 30% definitivamente»*, dijo ayer el consejero.

disminuir, to decrease
se sitúan, are situated
resaltar, to stress, to emphasize
por encima de, above
la media española, the average in Spain

D. ¿Comprendió Ud. bien? Indique si las siguientes frases son ciertas (**C**) o falsas (**F**). Si son falsas, ¡corríjalas!

_____ **1.** Entre los jóvenes (14–29 años), hay más fumadores que fumadoras.

_____ **2.** Entre la población general (14–70 años), hay más fumadores que fumadoras.

_____ **3.** Según un oficial de la Consejería de Sanidad, la familia tiene que jugar un papel importante en la prevención del uso de alcohol y tabaco por parte de los más jóvenes.

_____ **4.** La encuesta de 1997 pone de manifiesto que la edad de inicio en el uso de alcohol y tabaco ha aumentado desde la encuesta de 1992.

_____ **5.** La encuesta revela que en el 66% de las familias de la región, hay por lo menos un miembro que ingiere bebidas alcohólicas.

_____ **6.** Los jóvenes empiezan a consumir drogas ilegales más tarde que alcohol o tabaco.

E. A leer otra vez. Justifique las opiniones en el siguiente cuadro con evidencia de los artículos anteriores.

Opiniones	Evidencia
1. "Frente al aumento del número de fumadores en los primeros años de adolescencia, se ha detectado un notable descenso en el número de adictos al tabaco en edades adultas."	
2. "Entre los 14 y los 29 años, el número de fumadoras supera al de fumadores."	
3. "El consumo de tabaco está muy extendido en los hogares de Castilla y León…"	

F. Para discutir. Basándose en los artículos anteriores y en su experiencia personal, discutan en grupos las siguientes preguntas. Uno de los miembros del grupo presentará las conclusiones al resto de la clase.

1. El artículo menciona la importancia de la familia como un factor de influencia entre los jóvenes. ¿Qué deben hacer los padres para convencer a sus hijos de que no consuman alcohol, tabaco o drogas? ¿Hay alguna cosa que los padres puedan hacer?

2. ¿Se pueden comparar las estadísticas sobre el porcentaje de fumadores (de todas las edades) relativas a España y Estados Unidos?

3. En su opinión, ¿cuáles son algunas maneras de combatir el consumo de alcohol, tabaco y drogas entre jóvenes? ¿Cómo se puede reducir el uso estas sustancias entre los jóvenes?

ACTIVIDAD DE EXPANSIÓN

Prepare un artículo con una descripción general de los jóvenes en su país. Recuerde que puede usar un cuestionario similar al que fue preparado por el autor del artículo anterior para obtener más información de sus amigos(as) o compañeros(as) de la universidad. Use las siguientes preguntas como guía.

- ¿Cómo son los jóvenes norteamericanos?
- ¿Cómo es su apariencia física?
- ¿Son todos iguales o hay "tipos" o "grupos" fácilmente identificables?
- ¿Cuáles son sus modelos o héroes?
- ¿Cómo se visten?
- ¿Qué cosas les gustan y qué cosas les disgustan?
- ¿Qué buscan?
- ¿Qué valores son importantes para ellos?

Phrases/Functions: Describing people; writing about characters; comparing and contrasting

Vocabulary: People; personality

Grammar: Adjective agreement/position; comparisons; verbs: *ser* and *estar*

1

2

CHICANA SERVICE ACTION CENTER INC.
CSTA-TITLE XX
DIRECCION: JOSEFINA QUEZADA.
DISEÑO: M. TERESA CHACÓN.
TAMBIEN PINTARON:
THELMA HEAVILIN SÁNCHEZ.
SUSAN VALDEZ TORRES.
ROSA M. QUEZADA.
PATRICIA RIVERA.
VIVIAN SÁNCHEZ.
HERLINDA BUSTAMANTE
LOS ANGELES CA. JULIO 1976.

READ

3

¿Hay alguna zona hispana en su área?   ¿Dónde está?

Photo 1 = San Antionio, photo 2 = NYC, photo 3 = Los Angeles, 4 = Miami. (Take this opportunity to talk about your personal experiences in these and/or other Hispanic enclaves in the U.S. Highlight some of their unique features and motivate your students to explore them on their own.)

CAPÍTULO

3

NOSTALGIA

En este capítulo Ud. va a

- discutir la historia del fenómeno migratorio hispano hacia los Estados Unidos

- leer acerca de los esfuerzos de los hispanos por rescatar sus raíces culturales

- hablar sobre el pasado

elcome to: calle OCHO Kiwanis of Little Havana

4

Estrategias de lectura

- cómo identificar los temas principales, los temas secundarios, los personajes y el orden de eventos en un cuento

- ¿Reconoce estos lugares? Adivine, si puede, el lugar de cada foto.

    Los Ángeles: Foto ___

    Nueva York: Foto ___

    Miami: Foto ___

    San Antonio: Foto ___

¿La ha visitado alguna vez? ¿Qué vio allí?

Vocabulario

Antes de salir de su país	Before Leaving One's Country
arriesgarse	to risk, take a chance
la esperanza	hope
la frontera	border
el ilegal	illegal immigrant
la ilusión	illusion, dream
optimista	optimist
el país	country
los papeles, la documentación	documents
el peligro	danger
pesimista	pessimist
las raíces	roots
en regla	in order
el riesgo	risk
el sueño	dream
el temor	fear
la tierra	land, country, nation
el viaje	trip
la visa	visa

Al llegar al país nuevo	Upon Arrival in the New Country
la asistencia pública (el bienestar social)	welfare
el aspirante	applicant
la barrera	barrier
las costumbres	habits, customs
la decepción	disappointment
el desempleado	unemployed
el desempleo	unemployment
la desilusión	disillusion
la discriminación	discrimination
el empleo	employment
enfrentar	to confront, to face
el éxito	success
la explotación	exploitation
la fama	fame
la fortuna	fortune
los impuestos	taxes
el inmigrante	immigrant
la migra	U.S. Immigration and Naturalization Service (slang)
el prejuicio	prejudice
la realidad	reality
el residente	resident
el turista	tourist

Reunión, Aeropuerto Internacional, Miami

PARA EMPEZAR

Estadísticas sobre la inmigración hispana hacia los Estados Unidos

Preparación gramatical

Estudie el uso y las formas de los tiempos pretérito e imperfecto en las páginas 191–197. Repase también el uso del presente perfecto en las páginas 197–198. Después, complete la *auto-prueba*, páginas 199–201.

La frontera, El Paso, Texas

A. ¿Quiénes son y de dónde vienen? Las tablas en las páginas 64–65 contienen estadísticas recientes de la inmigración a los Estados Unidos. Observe las cuatro tablas y luego responda en su cuaderno a las siguientes preguntas.

1. ¿De qué continente vienen la mayoría de los inmigrantes a los Estados Unidos?

2. ¿Cuál país hispano aporta (*contributes*) más inmigrantes?

3. ¿Cuáles son las áreas preferidas por los inmigrantes de México, El Salvador y la República Dominicana? En su opinión, ¿por qué prefieren estas zonas?

4. ¿Ha aumentado o disminuido la inmigración hispana en los últimos años? Justifique su respuesta.

Before beginning with Activity A, it may be a good idea to have students begin by describing what they see in the pictures on pages 62 and 63. What is happening? Where are they coming from? Where are they going? Why?

Ex. A. 1. Norteamérica. 2. México. 3. México = Los Angeles and California, El Salvador = Los Angeles, Houston, República Dominicana = New York. Reasons why these and other parts of America are popular destinations should include: former Mexican territories [Texas and California], geographical proximity to their country of origin [border states and Florida], and abundant job opportunities [New York, Chicago]. 4. *Answers will vary.*

TABLA 1

La Inmigración a los Estados Unidos

Año	Número
1994	804.416
1995	720.461
1996	915.900
1997	798.378

FUENTE: U.S. Immigration and Naturalization Service. *Annual Report: Legal Immigration Fiscal Year 1997.*

TABLA 2

Inmigrantes a los Estados Unidos por país de origen

	1994	1995	1996	1997
México	111* (13,8%)	90 (12,5%)	164 (17,9%)	147 (18,4%)
Filipinas	54 (6,7%)	51 (7,1%)	56 (6,1%)	49 (6,2%)
China	54 (6,7%)	35 (4,9%)	42 (4,6%)	41 (5,2%)
Vietnam	41 (5,1%)	42 (5,8%)	42 (4,6%)	39 (4,8%)
India	35 (4,3%)	35 (4,8%)	45 (4,9%)	38 (4,8%)
Cuba	15 (1,8%)	18 (2,5%)	26 (2,9%)	34 (4,2%)
República Dominicana	51 (6,4%)	39 (5,3%)	40 (4,3%)	27 (3,4%)
El Salvador	18 (2,2%)	12 (1,6%)	18 (2,0%)	18 (2,3%)
Jamaica	14 (1,8%)	16 (2,3%)	19 (2,1%)	18 (2,2%)
Rusia	15 (1,9%)	15 (2,0%)	20 (2,1%)	17 (2,1%)
Ucrania	21 (2,6%)	17 (2,4%)	21 (2,3%)	16 (2,0%)
Haití	13 (1,7%)	14 (1,9%)	18 (2,0%)	15 (1,9%)
Corea	16 (2,0%)	16 (2,2%)	18 (2,0%)	14 (1,8%)
Colombia	11 (1,3%)	11 (1,5%)	14 (1,6%)	13 (1,6%)
Pakistán	8,6 (1,1%)	9,7 (1,4%)	13 (1,4%)	13 (1,6%)
Polonia	28 (3,5%)	14 (1,9%)	16 (1,7%)	12 (1,5%)
Canadá	16 (2,0%)	13 (1,8%)	16 (1,7%)	12 (1,5%)
Perú	9,2 (1,1%)	8,1 (1,1%)	13 (1,4%)	11 (1,4%)

*Cifras en miles

FUENTE: U.S. Immigration and Naturalization Service. *Annual Report: Legal Immigration Fiscal Year 1997.*

TABLA 3

Inmigrantes a los Estados Unidos por continente de origen

	1994	**1995**	**1996**	**1997**
Europa	161*	128	148	120
Asia	293	268	308	266
Norteamérica	272	232	341	307
Suramérica	47	46	62	53
África	27	42	53	48

*Cifras en miles

FUENTE: U.S. Immigration and Naturalization Service. *Annual Report: Legal Immigration Fiscal Year 1997.*

TABLA 4

Inmigrantes admitidos por principal lugar de origen y de residencia

	México	**El Salvador**	**República Dominicana**
TOTAL	**946.167***	**47.351**	**41.405**
Los Ángeles	153.918	16.111	45
Nueva York	3.824	1.545	21.309
Chicago	30.960	280	63
San Diego	47.035	185	9
Anaheim–Santa Ana	40.778	861	3
Miami	5.192	1.070	1.724
Houston	34.388	5.524	79

*Cifras en miles

FUENTE: U.S. Immigration and Naturalization Service. *Statistical Yearbook, annual.*

B. Para discutir. A base de las estadísticas anteriores y de su experiencia personal, discutan en grupos las siguientes preguntas. Uno de los miembros del grupo presentará las conclusiones al resto de la clase.

1. ¿Es cierto que hay una gran ola *(wave)* migratoria hacia los Estados Unidos en este momento?

2. ¿Cómo ha cambiado la composición étnica de los inmigrantes entre 1994 y 1997?

3. ¿Es su estado uno de los destinos favoritos de los inmigrantes hispanos? ¿Por qué cree Ud. que es así?

4. ¿Cree Ud. que la inmigración es un problema para los Estados Unidos? ¿Por qué?

5. ¿Sabe Ud. qué se necesita para obtener una visa de residente en los Estados Unidos? Explique.

Ex. B: 1. Sí 2. Menos europeos, muchos más asiáticos, africanos y norteamericanos 3. & 4. *Answers will vary.* 5. solamente reciben visa de inmigrante: a. los familiares de ciudadanos o residentes permanentes en los Estados Unidos; b. las personas con empleo en los EE.UU.; c. los refugiados 6. *Answers will vary.* 7. *Answers will vary.*

6. ¿Cuáles son algunas de las barreras que tienen que enfrentar los inmigrantes hispanos en los Estados Unidos? ¿Resulta difícil adaptarse? Explique.

7. ¿Cómo cree Ud. que se puede solucionar el problema de la inmigración ilegal?

C. Esteban Grisales. Esteban Grisales es un inmigrante hispano en los Estados Unidos. Use la información de las tablas anteriores (y su imaginación) para inventar su biografía. Incluya la siguiente información:

- lugar de nacimiento
- profesión
- actividades antes de venir a los Estados Unidos
- por qué salió de su país
- cómo vino a los Estados Unidos
- dónde vive ahora

Al terminar su composición, intercámbiela con un(a) compañero(a) y sigan las siguientes instrucciones para hacer la revisión de su contenido.

1. Lean y asegúrense (*make sure*) de que tiene respuestas a las seis preguntas anteriores.

2. Subrayen (*Underline*) los verbos que se refieren a acciones en el pasado.

3. Indiquen si el uso del pretérito o el imperfecto fue adecuado.

Recuerden las reglas generales del uso del pretérito y del imperfecto.

Pretérito	Imperfecto
acciones completas, narración	acciones en marcha (*progress*), descripción

Después de revisar la composición de su compañero(a), intercambien de nuevo sus papeles, hagan las correcciones necesarias y entreguen las versiones finales a su profesor(a) en la próxima clase.

Nota:

Recuerde que necesita usar el pretérito y el imperfecto para hablar del pasado en la vida de Esteban Grisales.

This is a great opportunity to invite native informants into your classroom for one-on-one interaction if possible. Have students prepare for the activity by creating a more complete set of questions for their informants. Group work is ideal for this task.

D. En el consulado americano. Con un(a) compañero(a) preparen la siguiente situación. Algunos grupos presentarán su diálogo al resto de la clase.

Estudiante A: El oficial de visados del consulado americano

Entreviste a este aspirante a una visa de residente en los Estados Unidos. Averigüe sus antecedentes personales y determine si es un buen candidato para ingresar como inmigrante a los Estados Unidos. Recuerde que **no** puede darle una visa a todos los aspirantes.

Estudiante B: Andrés Grisales

Ud. es el hermano de Esteban Grisales y desea ir a los Estados Unidos para encontrar un futuro mejor para Ud. y su familia. Ahora está en el consulado americano, en frente al oficial de visados. Responda a sus preguntas y recuerde que él o ella sólo tiene unas pocas visas disponibles. Haga una buena impresión.

ENTREMOS EN MATERIA

El otro lado

A. Decepciones. En la vida, no siempre se obtiene lo que uno quiere o lo que uno busca. Eso les pasa muchas veces a los inmigrantes que llegan a los Estados Unidos y no pueden realizar su esperanza de una vida mejor. El siguiente es un poema de una escritora chicana, que habla de la experiencia negativa de algunos inmigrantes hispanos en este país.

El otro lado
por Sylvia S. Lizárraga

El deseo,

Entrar, llegar, vivir.

La esperanza,

Arriesgarse, trabajar, aprender.

El viaje,

Peligros, sinsabores, temores.

El encuentro,

Desconocimientos, dificultades, barreras.

La realidad,

Miseria, discriminación, explotación.

B. Éxito. Prepare una versión más optimista de este mismo poema, o sea, la versión de un inmigrante latino que sí logró realizar su sueño de una vida mejor para sí mismo y para su familia en este país (por ejemplo, Jon Secada, o los padres de Edward James Olmos o Sammy Sosa). Use como modelo la misma construcción utilizada por la poeta.

línea 1:	Un sueño	un nombre *(noun)*
línea 2:	Una realidad	tres verbos o tres nombres
línea 3:	Un sueño	otro nombre
línea 4:	Una realidad	otros tres verbos o nombres
línea 5:	Un sueño	otro nombre
línea 6:	Una realidad	tres verbos o nombres más

LATINOS EN LOS ESTADOS UNIDOS

Mosaico cultural video

Ex. A: 1. about 25 million   2. Not all of them are recent immigrants. (Hispanics in Texas, Arizona, New Mexico, and California were there before these territories became part of the U.S.)   3. Spain and every country in Latin America is represented in the U.S.   4. The reasons for migration range from political to personal to economic.   5. Hispanics are present in every aspect of American life and are presently struggling with issues of integration (Proposition 187).

Ex. B: 1. d 2. f 3. e 4. a 5. c 6. b

A. Para discutir. En grupos, traten de responder a las siguientes preguntas.

1. ¿Cuántos hispanos hay aproximadamente en los Estados Unidos hoy en día?

2. ¿Son todos inmigrantes recientes?

3. ¿De dónde vienen estos hispanos o sus antepasados?

4. ¿Por qué vinieron a este país?

5. ¿Qué hacen ahora y qué planes tienen para el futuro?

B. Vocabulario útil. Las siguientes palabras son importantes para la comprensión del video. Escriba delante de cada definición la letra de la palabra correspondiente. Consulte el diccionario si es necesario.

_____ **1.** la ayuda

_____ **2.** satisfacción personal

_____ **3.** el área bajo el control de una autoridad; la región

_____ **4.** los orígenes de una persona

_____ **5.** persona que se va a vivir a otro país

_____ **6.** las personas que forman una nación o un país

a. las raíces

b. la población

c. el emigrante

d. el apoyo

e. el territorio

f. el orgullo

A mirar y a escuchar. El video "Latinos en los Estados Unidos" contiene información acerca de la población hispana en los Estados Unidos. Después de verlo, responda a las siguientes preguntas.

C. ¿Comprendió Ud. bien? Escriba en frente de cada frase la letra de la respuesta correspondiente.

a. 15%

b. Nueva York

c. Miami

d. Los Ángeles

e. San Antonio

f. 25.000.000

Ex. C: 1. f 2. e 3. d 4. c 5. b 6. a

_____ **1.** número de personas de origen hispano en los Estados Unidos hoy en día

_____ **2.** ciudad que muestra gran influencia mexicana en su arquitectura, su comida, su música y hasta en el nombre de sus calles

_____ **3.** ciudad que tiene más de un millón y medio de hispanos de origen mexicano y centroamericano principalmente

_____ **4.** ciudad que tiene gran cantidad de inmigrantes cubanos y que se considera la capital de América Latina

_____ **5.** ciudad con más de dos millones de hispanos, especialmente puertorriqueños

_____ **6.** la población hispana en los Estados Unidos en el año dos mil

Ex. D: Isidra: 15 años, estudiante, bailar / jugar pelota; Alberto: México, supervisor, leer; Carmen: Ecuador, 7 años, salir al parque; Mónica: Puerto Rico, toda su vida, estudiante; Mauricio: Nicaragua, más o menos 10 años, ingeniero mecánico

Ex. E: The research task is flexible. Selected topics should help put into perspective the history of interaction between the U.S. and Latin America.

● **Origin of the Manifest Destiny theory:** 1840s (term coined by John L. O'Sullivan, newspaper editor from N.Y., to defend U.S. actions in the Mexican-American War in 1845.)

● **Main point:** Claim of divine sanction for the territorial expansion of a young nation

● **Implications:** Used by several administrations to justify the annexation of territories since the 1840s (Texas, 1848; Alaska,1867; Hawaii, Guam, Cuba, Puerto Rico, and the Philippines, 1898)

D. Una vez más, por favor. Observe de nuevo el video y complete el siguiente cuadro.

Nombre	País de origen	Tiempo en los EE.UU.	Profesión	Pasatiempos
Isidra Martínez	República Dominicana			
Alberto Patiño		cinco años		
Carmen Guerrero			estudiante	
Mónica Guzmán				ir al cine leer
Mauricio G. Bermúdez				deportes acuáticos

E. Para investigar. El "destino manifiesto" es una política de gran importancia en la historia de las relaciones entre los Estados Unidos y América Latina. Investigue este tema en la biblioteca y escriba un párrafo sobre sus consecuencias históricas.

Al rescate de nuestras raíces culturales

A. A leer. El arte es una de las más claras expresiones de la cultura de un pueblo. Muchos hispanos en los Estados Unidos están interesados en mantener sus raíces culturales y han encontrado una manera de hacerlo a través del arte. Lea los siguientes artículos y responda a las preguntas.

BALLET MEXICANO NACIDO EN TEXAS

EL BALLET FOLKLORICO de Texas nació de una necesidad de su fundador, Roy Lozano: expresar sus raíces a través del arte. Su padre era beisbolista profesional y este niño de Corpus Christi viajaba con él a pueblos de México donde asistía a fiestas típicas con música folklórica y trajes tradicionales. Ya en la escuela secundaria, el joven Lozano se integró a un grupo de danza mexicana.

En 1976, cuando Lozano era estudiante en la Universidad de Texas en Austin, llegó a esta ciudad un representante del Ballet Folklórico de México para reclutar talento. Lozano se presentó a las audiciones y fue invitado a Ciudad de México. A los dos meses se encontró recorriendo el mundo con

Dulce Madrigal y Roy Lozano

la compañía. "La experiencia duró tres años y medio", cuenta, "y me permitió aprender las técnicas de una compañía profesional".

Lozano regresó a Austin y fundó su propia compañía. Hoy, el Roy Lozano Ballet Folklórico de Texas cuenta con 24 miembros profesionales, una *troupe* de 20 jóvenes y una escuela de danza a la cual asisten 75 niños.

"Buscamos dar expresión visual a nuestra historia y cultura", dice Lozano. La compañía se presenta en Austin el 22 de mayo en el teatro Paramount y el 27 y 28 de agosto en el Zilker Hillside, así como en escuelas y beneficios. Para más información llame al (512) 320-0890 (en inglés).

—*Susana Tubert*

AL RESCATE DE LA ANTIGÜEDAD

QUE SON LOS CODICES? En general se les da este nombre a los libros manuscritos antiguos que tienen alguna importancia histórica o literaria. En el caso de las civilizaciones maya, mixteca y azteca, los códices eran narraciones pictóricas de sus tradiciones y creencias sociales, políticas, científicas y rituales, que constituían verdaderos archivos de la antigüedad mexicana. Estos archivos fueron quemados por los conquistadores españoles casi en su totalidad.

Los Códices Chicanos: Encontrando el arte de las Américas es una exposición redentora. Planeada por El Museo Mexicano de San Francisco con motivo del V Centenario, la muestra trata de unir a los artistas chicanos con las antiguas expresiones culturales mexicanas. Busca también rescatar el códice como género artístico indígena a través de las interpretaciones contemporáneas de los artistas chicanos.

Formada por obras comisionadas por El Museo Mexicano a 27 artistas chicanos, la exposición se inauguró allí el 23 de septiembre y permaneció hasta el 29 de noviembre. Las obras reflejan las impresiones de cada creador frente a la destrucción de los archivos indígenas. Los artistas no ven el V Centenario como una celebración sino como una oportunidad para reexaminar un proceso colonial violento y destructivo.

Entre los creadores participantes están Carmen Lomas Garza, Amalia Mesa-Bains, Chaz Bojórquez, Gronk, Emmanuel Martínez, Larry Yánez y Delilah Montoya.

Los Códices estará en el Foothill Center for the Arts

Uno de los códices chicanos presente en la exposición.

en Golden, Colorado, entre el 8 de enero y el 28 de febrero. Luego irá a Los Ángeles. Para más información, llame al (415) 202-9703, en español.

—*Albor Ruiz*

UNA COLECCION DE TODOS

SI ESTABA PENSANDO EN deshacerse de ese montón de documentos y  fotografías viejas de su familia, no lo haga. Futuras generaciones de investigadores pueden sacarles provecho.

La *Chicano Research Collection*, una colección organizada por el servicio de bibliotecas de la Universidad del estado de Arizona, reúne todo tipo de información relacionada con la historia de los chicanos en el suroeste de EE UU.

Certificado de nacimiento y foto antigua, material coleccionable.

Para ampliar su fondo, la colección cuenta con la aportación de personas que tengan libros, fotografías, publicaciones o cualquier material sobre los mexicoamericanos y quieran donarlo. Los organizadores del archivo esperan que este se convierta en la mejor fuente de

información de EE UU.

La colección fue creada en 1970, bajo el nombre de *Chicano Studies Collection*, con el objetivo de reunir trabajos sobre los chicanos de EE UU, que reflejaran su historia y su pensamiento. En el fondo, latía el interés de reconocer la herencia mexicoamericana. "Es importante que se reconozcan las contribuciones de los chicanos en EE UU para tener una perspectiva más equilibrada de la historia", dice Christine Marín, curadora de la colección.

Si desea donar material o informarse, llame a Christine Marín al (602) 965-3145. —*C.S.*

B. ¿Comprendió Ud. bien? Escriba enfrente de cada frase, la letra de la respuesta correspondiente.

Ex. B: 1. c   2. b   3. a   4. c   5. a   6. b

a. la *Chicano Research Collection*

b. el Ballet Folklórico de Texas

c. los códices

_____ **1.** documentos muy antiguos que contienen la historia y las tradiciones de las culturas maya, mixteca y azteca

_____ **2.** es un grupo artístico y también una escuela de danza para niños

_____ **3.** reúne los documentos de los mexicoamericanos en el suroeste de los Estados Unidos

_____ **4.** fueron destruidos casi en su totalidad por los españoles

_____ **5.** se fundó al principio de la década de los setenta

_____ **6.** su fundador estudió en Texas y en la Ciudad de México

C. Para discutir. En grupos, respondan a las siguientes preguntas.

1. ¿Cuál es la importancia de los códices Chicanos? ¿Por qué desaparecieron muchos de los códices originales?

2. ¿Por qué fundó Roy Lozano el Ballet Folklórico de Texas? ¿Cómo se preparó para hacerlo? Den una descripción de la compañía.

3. ¿Cómo está reconstruyendo el servicio de bibliotecas de la Universidad del Estado de Arizona la historia de los chicanos en el suroeste de los Estados Unidos? ¿Por qué se considera su trabajo como "una colección de todos"?

Los diarios

Escriba por diez minutos en su diario acerca de sus abuelas. Cuéntele a su profesor(a) si tiene abuelas todavía, con cuál se lleva mejor, qué hacen (o hacían) juntos y cuál es el mejor recuerdo (*memory*) que guarda de ellas. Recuerde que también puede hacerle preguntas a su profesor(a).

Raining Backwards

A. Vocabulario útil. Las siguientes palabras son importantes para la comprensión de la siguiente historia. Al lado de cada definición, escriba la letra de la palabra correspondiente. Consulte el diccionario si es necesario.

_____ **1.** ropa para una mujer

_____ **2.** corre hacia el norte en el Océano Atlántico por la costa de los Estados Unidos

_____ **3.** mapa del océano o mar

_____ **4.** cofre, mueble parecido al arca; empleado para guardar cosas

_____ **5.** la huida; la evasión de algo; la salida de un sitio

_____ **6.** poner debajo de la tierra

_____ **7.** herramienta cortante; muchas veces empleado para cortar madera o árboles

a. enterrar

b. fuga

c. hacha

d. carta náutica

e. corriente del golfo

f. vestido de luces

g. baúl

B. A leer. Ahora lea el siguiente cuento que trata de un chico americano y su abuela cubana. Después escriba un breve resumen de la historia en sus propias palabras.

Roberto Fernández

Nació en Cuba en 1951 y a los diez años salió de su país con su familia luego que el gobierno castrista confiscó las propiedades de su padre. Desde entonces ha vivido en el área de Miami y ahora trabaja como profesor de literatura hispanoamericana en Florida State University. El cuento corto "Raining backwards" fue el punto de partida para una novela que escribió posteriormente y que lleva el mismo nombre.

Raining Backwards

—Keith, Kicito. Ven acá. Come here!

—Yes, abuela.

—You abuela no va a esperar a que llegue la ambulancia del rescue. Oíste esa sirena. La próxima es pa' mí. ¡Qué va! ¡A mí sí que no me agarran!

—Slowly, abuela. Más des-pa-ci-o.

—Necesito que me ayudes. You help you abuela, ¿okay? You love you abuela, ¿right?

—Yes, I do.

—Bueno, listen. No voy a esperar a que llegue la ambulancia del rescue; me conectan a una máquina y no me dejan morir en paz. Además no quiero que me entierren aquí. Sería la primera y Dios sabe dónde enterrarán al próximo. ¡Muerta y **sola**! Además, quién se entiende con los muertos de este país. Kicito, aquí todo se **desparrama**, hasta los muertos. Quiero que me entierren en La Habana. Mi bury Havana, ¿okay? No here.

—But you aren't dying abuela. No mo-rir!

—Pronto. Anytime! Ya tengo... déjame pensar cuántos tengo. Mari, Mari, Mari-Clara m'ija, ¿tú te acuerdas cuántos tengo?

—(Please mother! I'm trying to concentrate on this last posture. No me molestes ahora.)

—Bueno anytime. Ya tengo muchos y ayer estaba lloviendo al revés. Dos meses antes de la muerte de papá también llovió al revés. Any minute now, any minute!

—Llo-ver al revés. No com-pren-do, abuela.

—Yes, Kicito rain backwards.

—It can't rain backwards! What a silly idea. No po-der llu-vi-a backwards.

—No seas incrédulo. Crees que tu abuela te engañaría.

—You had too much coffee, abuela. Coffee makes you high. You mu-cho ca-fe. Ca-fe te po-ni-o un po-co lo-ca en la ca-be-za.

—Uds. siempre lo remedian todo con la locura. No me explico por qué no me quieres creer. Acaso yo no te creí cuando hace años me dijiste que había un leñador gigante* y que los **conejos** ponían huevos y que un hombre había dormido durante veinte años sin despertarse y cuando despertó la barba le llegaba a los pies. Recuerdo que se lo conté a todas mis amigas del barrio. Mira Keith, abuela no estay here, ¿okay? Sylvia está sola. Sylvia alone. I go accompany her.

—But Sylvia is dead. Es mu-er-ta. You told me so.

—(Tienes ochenta y tres mamá, eighty-three. Naciste en el tres.)

—¡Y qué te crees tú! Los muertos también se sienten solos. Tienen **sentimientos.** Necesitan otros para que los acompañen. Pero otros muertos de su edad, si no, no tienen nada de qué hablarse. Además, me quiero ir. Desde que llegué aquí nada más que he trabajado y trabajado. Sí, sé que tenemos esta **casona** con piscina olímpica y que la puerta del garaje se abre sola, y sé que tengo doce televisores a color en mi cuarto, y diez y seis radios despertadores, y un closet atestado de

*Paul Bunyan

Estrategias de lectura

Lea el texto por primera vez de una manera rápida para identificar únicamente: 1. los personajes 2. el lugar donde tiene lugar la acción 3. el problema central de la historia

Students should read the story twice. The first time they should look for basic information such as the main characters, the setting, and the basic plot. Have them answer the "Estrategias de lectura" questions on this page after the first reading. Any major misunderstandings about these main issues can be cleared up at this point. During or after the second reading, begin with post-reading activities C and D on page 77.

solo(a), alone

desparramar, to spread, to scatter / el *conejo,* rabbit /*el sentimiento,* feeling / *la casona,* mansion

el taller, *workshop*
la vidriera, *store window*

el fantasma, *ghost*
espantar, *to scare*

jurar, *to swear, take an oath*
el matorral, *bush*
el bosque, *forest*

tumbar, *to knock down*
el nido, *nest /* **la gaviota,** *seagull*
el cedro, *cedar*

el roble, *oak*

tallar, *to carve, cut*

arrebatar, *to snatch, seize*

el bajel, *boat*

el timón, *rudder /* **la proa,** *bow*

la superficie, *surface*
asesorarse, *to determine,*
corroborate

ropa y me van a regalar un VCR, pero ¿quién le habla a esta vieja? Tu madre en las clases de meditación trascendental y en las de aerobics, y tu padre en su **taller** de impotencia, y cuando hay fiesta me visten como un maniquí de **vidriera** y los invitados siempre dicen: "Granma, very nice," y de tus hermanos eres el único que hace por entenderme. Aquí me estoy volviendo un **fantasma** anémico por falta a quién **espantar**. Y cuando venga la ambulancia dirán todos: "Do everything you can to keep her with us. Hagan todo lo que puedan". Entonces me conectarán a una máquina y así estaré como uno de esos vegetales que no necesitan tierra para vivir. No is the coffee! You help you abuela ¿yes or no?

—Okay, okay. What do you want? But make it quick. I've got to go to the try-outs. Rá-pi-do. Yo ir prác-ti-ca football.

A la mañana siguiente, abuela me explicó los detalles de su fuga mientras me hacía **jurar** que no se lo revelaría a nadie. Tan pronto como terminó mi jura, le di la mano y nos encaminamos hacia los **matorrales** que crecían cerca de la casa. Íbamos en búsqueda de un árbol fuerte. En el medio de aquel pequeño **bosque**, abuela se detuvo, miró a su alrededor y seleccionó uno de tronco robusto. "Vamos, ¿qué esperas?, dijo al mismo tiempo que me ponía hacha en mano y como una enloquecida cheerleader gritaba: "**Túmba**lo, túmbalo, rarará! Fue entonces cuando divisé, en la copa del árbol, un **nido** de **gaviotas** negras. Bien sabía que el **cedro** sería el árbol más indicado para los propósitos de abuela, pero las gaviotas negras eran una especie de peligro. Después de pensar por varios minutos, le dije que el cedro estaba enfermo y seleccioné un carcomido **roble**. Ella sonrió al ver que de un hachazo lo había derribado, mientras gritaba: —You cut Kicito, you cut good—. Yo sólo atinaba a sonreírle con cierto aire de superioridad ya que de seguro había salvado una especie al borde de la extinción.

Abuela me instruía cómo y dónde **tallar**. Seguí sus órdenes al pie de la letra, abriendo un hueco en medio del tronco. Mientras más entusiasmado estaba abriendo el hoyo, la capataz volvió a gritar:

—¡Quítale las ramas, quítale las ramas! Take the arms off the tree, take the arms off the tree!

No la entendí y abuela, perdiendo la paciencia, me **arrebató** el hacha, desmembrando el vegetal. Esa misma tarde el roble había quedado convertido en tabla agujereada por termitas humanas. Abuela contempló la obra satisfecha, al mismo tiempo que me daba una leve palmada en la espalda. Le sonreí una vez más mientras me deleitaba discurriendo que había salvado a las gaviotas negras de los caprichos de aquella viejecita impetuosa que aún no acababa de comprender.

Durante aquel mes fuimos religiosamente a los matorrales donde, camuflageada, se desarrollaba nuestra empresa que cada día tomaba más y más aspecto de viejo **bajel**. Tenía la embarcación dos compartimientos, uno para mantenerse sentado y el otro para provisiones. No poseía ningún tipo de propulsión, aunque sí tenía un falso **timón**. Hacia la improvisada **proa**, había un agujero donde colocar una pequeña asta para una bandera blanca. El exterior lo había cubierto de piedras del rin, que había sacado pacientemente de viejos vestidos testigos de antiguas glorias, y retratos de Julio Iglesias. Todo encolado a la **superficie** con superglue. Esa misma tarde, la almirante inspeccionó la obra al mismo tiempo que me hacía varias preguntas claves para **asesorarse** de mis conocimientos náuticos. Finalmente, le respondí algo apenado que ni siquiera sabía nadar bien. Con mucha calma, abuela me dijo que fuera a la biblioteca y me agenciara una carta de navegación.

—Kicito, cuando te aprendas la carta vamos a tomar la camioneta de tu padre y colocar la embarcación allí, luego nos vamos hasta la Marina de Key Biscayne para alquilar un bote de motor. We take pick-up. We put embarkation and rent motor boat, ¿understand you?

—I guess so ma'm.

—Entonces vamos a **remolcar** mi barca hasta donde comienza la corriente del golfo. Allí hacemos mi trasbordo y tú cortas la **soga**. ¿Understand you?

remolcar, to tow
la soga, rope

—But why? Por-qué?

—Me voy pal sur. Me voy pa' La Habana. Sí Kicito, me voy pa' La Habana y no vuelvo más. I go to Havana no come-back no more.

—But can't you take a plane? To-mar a-vi-on?

—Cuántas veces te he explicado que no hay otra forma de llegar.

—But you'll die on the way! Mo-rir en bo-te, abuela.

—No morir en bote. Morir aquí en tierra. No te preocupes. Llegaré en un par de días. Y cuando llegue les enseño mi bandera blanca, salgo de la barca, me tomo una taza de café, cojo un taxi y sigo rumbo al **panteón** donde está Sylvia y...

el panteón, cemetery

Al otro día, después de aquella conversación, me encontraba en la biblioteca robándome una carta náutica que venía dentro de un deshojado *National Geographic*. Recuerdo que me la metí dentro de los **calzoncillos** evadiendo así el detector electrónico. Llegué a casa con mi **botín**. La abrí y, asustado por su contenido, la volví a doblar, escondiéndola en mi escritorio. El aprendizaje de la carta me abría de tomar casi tres semanas. Cuando le dije a abuela que me la **sabía al dedillo**, fue a su cuarto y rápidamente se puso su vestido de gala. Iba en dirección al mall, donde compró dos vestidos de noche, un parasol floreado y siete grabadoras, estilo "ghetto blasters". Me mostró los vestidos explicándome que el morado era para Sylvia, que no podía llegar con las manos vacías.

los calzoncillos, underwear
el botín, booty, prize

saber al dedillo, to know backward and forward

Cuando llegó el día señalado para la botadura, abuela vestía de luces y portaba su parasol como una auténtica torera primaveral. Le señalé hacia el camión. Le abrí la puerta con gran reverencia, a lo Sir Walter Raleigh, al mismo tiempo que la tomaba de la mano para ayudarla a subir al vehículo. Estaba contentísimo. Era la primera vez que manejaba la camioneta de mi padre. El ignoraba lo que estaba ocurriendo, pues él y mamá andaban de fiesta. Durante la noche, abuela había robado las llaves que colgaban de la puerta del armario. **Arrancamos** y salimos en dirección a los matorrales. Al llegar, nos bajamos y con gran esfuerzo y tres **poleas** nos arreglamos para colocar la canoa dentro del pick-up. Serían como las tres de la madrugada y ambos íbamos eufóricos. Yo porque por primera vez conduciría por toda la U.S. 1, y ella por el gusto de ver que su empresa tocaba a su fin.

Arrancar, To start off

la polea, pulley

Estacioné de un solo corte la camioneta y nos dirigimos a alquilar nuestro **remolcador**. Nos montamos en el barco y abuela destapó una botella de coñac que llevaba debajo de la falda. Luego de atragantarme con el primer sorbo, abuela me pidió que cuando regresara a **puerto** me bebiera el resto. Ella bebió el suyo de un solo golpe.

el remolcador, tugboat

el puerto, port

Ibamos en dirección al Sureste, en búsqueda del Gulf Stream. Marchábamos despacio. No era tarea fácil remolcar aquel tronco acondicionado. Abuela hablaba incansablemente, contándome desde el día que se le trabó el dedo en la **moledora de café** hasta el primer beso que le diera Nelson, mi abuelo, a través de las rejas de la ventana. Nos estábamos acercando al punto donde la corriente la llevaría a su destino. Aminoré la marcha del motor y abuela, dándose cuenta que nos aproximábamos, perdió la efervescencia. Volviéndose algo pensativa, agregó:

la moledora de café, coffee grinder

—¿Sabes por qué tengo que hacerle compañía a Sylvia? El beso que me dio tu abuelo era para ella. Yo sabía que esa tarde pasaría a verla. Hacía tiempo que la andaba rondando. Me cubrí la cara con un velo de tul y me besó a través de la tela creyéndose que era Sylvia. Me descubrí el rostro y quedó prendado de mí. Sylvia murió soltera y sola. Nunca me lo perdonó. Dicen que mi pobre hermana murió vomitando estrellas.

*infiel, unfaithful / **la chusma,** low life / **el pito,** whistle / **los cojones,** balls* (Misunderstanding: Kirby would actually say, "Nelia, go home." Nelia, however, interpreted it as "cojón" [an obscenity].) / ***ordinario,*** rude

al revés, upside down, backwards

*con fugacidad, quickly / **la marea,** tides*

trazar, to trace

—Es-tre-llas? Stars?, dije.

—Sí, estrellas. Creo Dios le recompensó su sufrimiento de esa manera. ¿No believe me?

—You can't throw up stars. No vo-mi-tar es-tre-llas!

—Okay, y si te digo que se había tomado antes de morir una sopa de pollo y estrellas, chicken and estars soup, ¿you believe me?

—Well, it makes more sense. Not a whole lot, but it makes more sense that she had soup. Cre-o una po-qui-ta más chicken and stars so-pa.

—Pero tengo algo más que contarte, Kicito. I have something more to tell to you. It is no all. Le fui infide a tu abuelo dos veces. Solamente dos veces y nada más. I was **infiel** to your grandfather two time in my life. You abuela was one of the girls that Julio Iglesias loved before. You fui una de las que él amó, y también fui amada por Kirby. Fui la Sara Bernhardt de su poesía.

—Kirby, the black bean soup maker? El ja-ce-dor de so-pa fri-jo-les ne-gros?

—No, no, el poeta. The poet. Pero lo dejé porque era muy ordinario. I left him because he very ordinary. Trabajábamos en la fábrica Libby y él era el foreman. Pero después me di cuenta que era muy **chusma** y me desilusionó. Figúrate que todos los días al final del trabajo cuando sonaba el **pito** de las cinco me decía: —Nelia, **cojón**—. ¡Qué **ordinario**! Por eso lo dejé. He say bad word in the fabric at five everyday when the whistle sounded. That is the why I left him.

—Still you don't make much sense abuela. No en-ten-der-te mu-cho.

—Es okay. But I loved your grandpa more. Remember that.

Después de nuestro último diálogo, abuela abordó la embarcación mientras yo cortaba la soga que había servido para remolcarla. La rústica canoa se iba alejando poco a poco, mientras ella sonriendo me tiraba un último beso.

—You good, ¿okay? Good bye honey. No worry you me. Si tengo problemas al llegar es easy, los compro con las grabadoras que pa' eso traigo. I buy them with the players.

No volví a mirar en su dirección. Arranqué el motor y mantuve la vista fija sin voltearme hasta llegar a puerto. Quizás iba algo triste ya que nunca había creído todos aquellos cuentos de estrellas y lluvias **al revés** o tal vez porque temía que se comenzara a hundir el carcomido roble que había seleccionado para salvar a las gaviotas negras.

* * *

El tiempo ha pasado **con fugacidad,** y la **marea** ha subido y bajado miles de veces desde aquel día en que abuela se marchó. Miles también han sido las veces que me he acercado a la marina para tan sólo mirar hacia el sur y beber un trago de coñac.

Hace una semana, por primera vez, vi que llovía al revés, y sorprendido llegué a comprender que los conejos, en realidad, no ponen huevos. Pensé en ella y comprendí que mi hora ya se avecinaba. Se lo dije a mi nieto y me respondió que seguramente había bebido demasiado café. Instintivamente, fui al viejo baúl y allí encontré la ya amarillenta carta de navegación que años atrás había utilizado para **trazar** la ruta que había seguido. La comencé a estudiar afanosamente.

Quería desembarcar en el mismo sitio donde ella lo había hecho. De pronto, comprendí que las flechas que indicaban la dirección de la corriente apuntaban hacia el noreste y no hacia el sur, como había creído. La había leído al revés. Un hondo pesar me recorrió el cuerpo. Entonces, me la imaginé congelada con su vestido de luces en harapos y el parasol **destelado**, muriendo sola como una vieja vikinga tropical, envuelta en un **témpano de hielo** frente a las costas **noruegas.**

La sirena me sacó de lo que creía era un oscuro letargo, mientras alguien gritaba:

—Mouth to mouth. Give him mouth to mouth. Get some air in his lungs. Hook him up to the machine!

destelado, tattered
el témpano de hielo, iceberg /
noruega, Norwegian

C. Las descripciones de los personajes. Escriba algunas de las características o cualquier información importante acerca de personajes que encuentre a medida que lea la historia. Use el siguiente esquema como modelo.

Estrategias de lectura

Lea de nuevo el texto y en una hoja aparte tome nota de los personajes que aparecen en la obra.

Personajes	Características
1. Keith ("Kicito")	1. Cubano-americano, joven, nieto de Nelia, …
2. La abuela (Nelia)	2.
3.	3.

D. Los eventos. También es una buena idea tomar apuntes sobre la secuencia de los eventos importantes en la historia.

MODELO: 1. *La abuela le pidió ayuda a Keith.*
2. *La abuela le dijo a Keith que quería regresar a Cuba.*
3. *La abuela dijo que iba a morir porque vio la lluvia al revés.*
4. …
5. …

E. ¿Comprendió Ud. bien? Organice las siguientes acciones cronológicamente.

Ex. E. 5, 8, 2, 7, 4, 1, 3, 6

_____ La abuela le contó a Keith la historia del abuelo y Sylvia.

_____ Keith necesitó asistencia médica.

_____ La abuela le dijo a Keith que no quería morir sola en los Estados Unidos.

_____ Keith vio por primera vez la lluvia al revés.

_____ Keith obtuvo una carta náutica en la biblioteca y aprendió a leerla.

_____ La abuela vio que llovía al revés.

_____ Keith construyó un bote para su abuela.

_____ Salió la abuela para Cuba.

Estrategias de lectura

Lea de nuevo el texto y busque algunos detalles importantes. Use las preguntas de la actividad F como guía.

F. ¿Cierto o Falso?   Indique si las siguientes frases son ciertas (**C**) o falsas (**F**). Si son falsas, ¡corríjalas!

_____   **1.**   La abuela le fue fiel a su marido.

_____   **2.**   Sylvia murió soltera y sola hace muchos años.

_____   **3.**   Kicito se equivocó al leer la carta de navegación antes del viaje de la abuela.

_____   **4.**   Kicito le compró un bote a su abuela.

_____   **5.**   La abuela quería volver a Cuba porque le había robado el marido a Sylvia y deseaba estar cerca de ella antes de morir.

_____   **6.**   Al terminar la historia, Keith es viejo y ya tiene nietos.

_____   **7.**   Probablemente, la abuela logró llegar a Cuba.

G. Para escribir y comentar.   Responda a las siguientes preguntas en su cuaderno, y después discuta sus respuestas con otros dos compañeros(as).

1.   ¿Por qué se llama el cuento "Llover al revés"?

2.   ¿Qué quiere hacer la abuela antes de morir? ¿Por qué?

3.   ¿Cree Ud. que la familia de Keith se ha adaptado a la vida americana? Explique su respuesta.

4.   ¿Por qué fue publicado el cuento con su título en inglés ("Raining Backwards") en vez de en español?

H. Debate.   Reúnase con otros (otras) tres compañeros(as) y respondan a las siguientes preguntas. Uno de los miembros del grupo presentará las conclusiones al resto de la clase.

1.   ¿En los Estados Unidos es común la desaparición de la lengua nativa entre los hijos y nietos de inmigrantes? ¿Por qué creen Uds. que sucede esto?

2.   ¿Pasó algo similar en alguna de sus familias? Expliquen.

3.   ¿Creen Uds. que todas las familias en los Estados Unidos deben hablar solamente inglés? ¿Por qué?

4.   ¿Qué pueden hacer los inmigrantes para preservar sus raíces culturales?

ACTIVIDAD DE EXPANSIÓN

Complete la historia "Raining Backwards". ¿Qué le pasó a la abuela después que le dijo adiós a su nieto en las aguas del Océano Atlántico? ¿Qué le pasó a Keith? Use las técnicas narrativas del realismo mágico que observó Ud. en este cuento (especialmente la mezcla de la realidad y la fantasía en el desarrollo de la trama). Use su imaginación para terminar el cuento de forma creativa.

Phrases/Functions: Talking about past events; writing about theme, plot, or scene

Vocabulary: Traveling

Grammar: Verbs: preterite and imperfect

ATAJO

1

2

3

4

¿Reconoce Ud. estos platos y bebidas?

¿Sabe Ud. dónde son más populares?

¿Sabe Ud. cuál es el origen histórico de la asociación entre esos platos y países?

Dé el nombre del país (Argentina, Colombia, Cuba, España, Perú, Puerto Rico o Venezuela) correspondiente de cada plato y discuta con un(a) compañero(a) las posibles causas de su popularidad en esa región del mundo hispano.

http://siempre.heinle.com

5

1. The *paella* is a saffron-flavored stew containing rice, chicken, seafood, and various vegetables, popular in the province of Valencia, Spain. 2. A popular dish in Cuba is *moros y cristianos*, a combination of beans and rice. 3. *Arepas* are flat, thick dough patties made out of corn, often more popular than bread in Venezuela and Colombia. They may also be eaten as snacks stuffed with meat, beans, and/or cheese. 4. Meat consumption in Argentina is one of the highest in the world and is considered a "right" by most Argentine citizens. *Churrasco* is a popular dish consumed in Argentina. 5. The fishing industry is crucial for the economy of Peru. *Ceviche* is a combination of lime juice, *ají* (yellow hot peppers), onions, and *corvina* (raw white fish). Unregulated sale of seafood products is discouraged by the Peruvian government because of cholera outbreaks associated with contaminated seafood products. 6. Coffee is perhaps the most popular beverage in Colombia. Small cups of *tinto* are known to facilitate social interactions.

CAPÍTULO

4

ESTÁS EN TU CASA

6

PLATOS Y BEBIDAS
1. *paella*
2. *moros y cristianos*
3. *arepas*
4. *churrasco*
5. *ceviche*
6. *café / tinto*

En este capítulo Ud. va a

- aprender acerca del origen y la diversidad de la comida en el mundo hispano
- hablar acerca de diferentes platos y de su preparación
- practicar maneras de hacer, aceptar o rechazar invitaciones
- leer y discutir acerca de los modales tanto en la cultura hispana, como en la anglosajona
- dar sugerencias e instrucciones

Estrategias de lectura

- repaso e integración: cómo identificar los temas principales, los temas secundarios, los personajes y el orden de eventos en un cuento

Vocabulario

Expresiones de cortesía	*Courtesy Expressions*
Saludos	*Greetings*
Adelante. (Siga. / Entre. / Pase.)	*Come in.*
Bienvenido(a)(s).	*Welcome.*
Buenos días.	*Good morning (formal greeting).*
Está (Estás) en su (tu) casa.	*Make yourself at home.*
Hola.	*Hello (informal greeting).*
Despedidas	*Farewells*
Adiós. (Chau.)	*Bye.*
Hasta la vista.	*See you.*
Hasta luego.	*See you later.*
Vuelva (Vuelve) pronto.	*Come back soon.*

Expresiones para dar las gracias	*How to Say Thanks*
Es Ud. (Son Uds.) muy gentil(es).	*You are very kind.*
Mil gracias.	*Thank you very much.*
Muchas gracias.	*Thank you very much.*
Muy amable(s).	*Very kind of you.*
Muy atento de su (tu) parte.	*Very kind of you.*

Expresiones para dar disculpas	*How to Apologize*
Discúlpame.	*Excuse me. (Forgive me.)*
Es una lástima, pero...	*It's a shame, but…*
Lo lamento, pero...	*I am sorry, but…*
Lo siento, pero...	*I am sorry, but…*
Me gustaría, pero no puedo (porque...)	*I'd like to, but I can't (because…)*
Qué pena, pero...	*It's a shame, but…*
¡Qué lástima!	*What a shame (pity)!*

Las recetas	*Recipes*
Medidas	*Measurements*
una bolsa	*a bag*
una botella	*a bottle*
una cucharada	*a tablespoon*
una cucharadita	*a teaspoon*
un diente	*a clove (of garlic, etc.)*
una gota	*a drop*
un kilo	*a kilo*
una lata	*a can*

una libra	*a pound*
un litro	*a liter*
una pizca	*a pinch*
una rebanada	*a slice (of bread, etc.)*
una tajada	*a cut, slice*
una taza	*a cup*

Los condimentos	*Condiments*
el aceite	*oil*
el ají	*hot chili*
el ajo	*garlic*
el aliño	*salad dressing*
el azúcar	*sugar*
la cebolla	*onion*
la mantequilla	*butter*
la pimienta	*pepper*
la sal	*salt*

La preparación	*Cooking*
asar	*to broil, roast*
cocinar	*to cook*
freír	*to fry*
hervir	*to boil*
hornear	*to bake*
lavar	*to wash*
moler	*to grind*
pelar	*to peel*
poner	*to put, add*
sacar	*to take out, remove*
secar	*to dry*

La mesa	*The Table*
la copa	*stemmed glass (goblet)*
los cubiertos	*silverware*
la cuchara	*tablespoon*
la cucharita	*teaspoon*
el cuchillo	*knife*
el individual	*placemat*
el mantel	*tablecloth*
el platillo	*saucer*
el plato	*plate*
el puesto	*place*
la servilleta	*napkin*
la taza	*cup*
el tenedor	*fork*
el vaso	*glass (tumbler)*

PARA EMPEZAR

Una visita: Cambio

A. Las expresiones de cortesía. Observe la siguiente tira cómica. **Ex. A:** Hola, entra, discúlpame ¿Reconoce Ud. algunas expresiones de cortesía? Subráyelas.

B. Confusiones. En esta tira cómica hay una confusión debido a los diferentes significados del verbo *cambiar*. ¿Conoce Ud. los dos equivalentes de este verbo en inglés?

Cambiar = _____ y _____

C. ¿Comprendió Ud. bien? Conteste las siguientes preguntas sobre la tira cómica anterior.

1. ¿Cuál fue el significado del verbo *cambiar* usado por Condorito?

2. ¿Cuál fue el significado del verbo *cambiar* usado por Ungenio?

3. Los siguientes verbos tienen también varios significados. ¿Puede Ud. dar ejemplos de su uso en una frase?

MODELO: cambiar
        Cambio de casa con frecuencia.
        Cambio a mi sobrino cuando ha tenido un "accidente".

dejar	marchar	querer
ganar	perder	repetir

D. A conversar. Con un(a) compañero(a) preparen los siguientes diálogos usando diferentes expresiones de cortesía (algunos grupos presentarán sus diálogos al resto de la clase).

Una invitación a cenar

Estudiante A: Llame a su compañero(a) e invítelo(la) a cenar.

Estudiante B: Agradezca la invitación de su amigo(a) y decidan los detalles (cuándo, dónde, etc.).

Otra invitación a cenar

Estudiante A: Llame a su compañero(a) e invítelo(la) a cenar.

Estudiante B: Agradezca la invitación de su amigo(a), pero explíquele por qué NO puede aceptar.

Una confusión

Estudiante A y B: Su amigo(a) lo (la) ha invitado a cenar. Al llegar a su casa, Ud. se da cuenta *(realize)* de que ha habido una confusión debida a una de las siguientes causas. Resuelvan el problema de una manera diplomática.

Posibles causas de la confusión:

• La hora de la cena era más tarde y su amigo(a) no está listo(a) todavía.

• El día de la cena era mañana y su amigo(a) tiene otros planes hoy.

• La invitación era para una cena formal y Ud. lleva ropa informal (deportiva).

• La invitación era para cenar en un restaurante (no en casa de su amigo[a] como Ud. pensaba) y Ud. no tiene suficiente dinero.

• ... (una causa de confusión original)

ENTREMOS EN MATERIA

Celebrar un cumpleaños

A. ¡Vamos a celebrar! Ud. quiere planear una fiesta de cumpleaños fantástica. Claro, hay muchas cosas que hacer antes de la fiesta. Con otro(a) compañero(a) de clase, haga una lista de todas las cosas que hay que hacer para que la fiesta sea estupenda. Luego, presenten sus ideas a la clase.

As various groups present their suggestions from Act. A, make a comprehensive list on the board. They can use these ideas when they begin Act. B.

- escribir las invitaciones
- .....
- .....

- limpiar la casa
- .....
- .....

Preparación gramatical

Antes de hacer este ejercicio repase el uso del subjuntivo para dar sugerencias o consejos en las páginas 202–207. Luego, haga la sección 4.1 de la *auto-prueba*, página 212.

B. ¿Cómo celebrar el cumpleaños de Greg? Su amiga Ana Patricia es una estudiante ecuatoriana que ha vivido en los Estados Unidos por sólo un par de meses y no está segura de cómo celebrarle el cumpleaños a Greg, su novio norteamericano. Escriba algunos consejos para ella.

> *Querida Ana Patricia:*
> *Las celebraciones de cumpleaños en los Estados Unidos son muy*
> _____. *Por eso, te recomiendo que...*

C. Sus futuros suegros. Como si fuera poco, la próxima semana Ana Patricia va a visitar a los padres de su novio por primera vez. ¿Qué le recomienda Ud. para que dé una buena impresión?

> *No te preocupes, Ana; para darles una buena impresión a tus futuros suegros, es importante que...*

Preparación gramatical

Antes de hacer este ejercicio repase el uso de las preposiciones **por** y **para** en las páginas 210–211. Luego, complete la seccion 4.2 de la *auto-prueba*, página 212.

D. Los preparativos. Complete el siguiente párrafo con **por** o **para** según el contexto.

Ana Patricia no sabía qué hacer _____ celebrar el cumpleaños de Greg. Por eso, pasó _____ la casa de su amiga Ángela para pedirle ayuda. Las dos discutieron _____ dos horas las diferentes opciones, pero no decidieron nada (ninguna de las dos tenía ni tiempo ni dinero _____ organizar nada muy complicado).

Preparación gramatical

Antes de hacer este ejercicio repase el uso de los mandatos formales en las páginas 207–209. Después, complete la seccion 4.3 de la *auto-prueba*, página 213.

E. Una receta típica. Ana Patricia piensa preparar un plato típico norteamericano para Greg. Comparta con ella la receta de su plato favorito. Al terminar, intercambie su receta con un(a) compañero(a) y revise los siguientes aspectos.

1. *Contenido:* ¿Incluyó su compañero(a) toda la información necesaria (ingredientes, medidas, modo de preparación, etc.)?
2. *Gramática:* ¿Usó las formas correctas de los mandatos formales?

Haga las revisiones necesarias y entréguele su composición a su profesor(a) en la próxima clase.

Preparación gramatical

Antes de hacer este ejercicio repase el uso de la **se** para dar instrucciones en la página 210.

F. ¿Cómo se usa? Ana Patricia necesita usar su apartamento para preparar la comida de su fiesta. Como ella no está muy familiarizada con sus nuevos electrodomésticos, explíquele en detalle cómo operar su horno microondas y su moderno lavaplatos automático.

> *Para usar el microondas, primero...*

Preparación gramatical

Antes de hacer este ejercicio repase el uso de los mandatos informales en la página 209. Luego, haga las secciones 4.4 y 4.5 de la *auto-prueba*, páginas 213–214.

G. Los ayudantes (*helpers*) de Ana Patricia. Ana Patricia no puede hacer sola todos los preparativos para la fiesta de cumpleaños de Greg. Ella necesita la ayuda de Marco, su primo, y de Estela, su compañera de cuarto. Escriba tres notas con las instrucciones que le debe dar Ana a cada uno de sus ayudantes.

Actividades

limpiar la casa	llamar a los amigos de Greg
arreglar la sala	traer la música
comprar las bebidas	comprar regalos
preparar la torta	...

Instrucciones para Estela

> *Hola Estela:*
> *Necesito tu ayuda. Por favor,*
> *1.*
> *2.*
> *3.*
> *...*

Instrucciones para Marco

> *Hola Marco:*
> *Necesito tu ayuda. Por favor,*
> *1.*
> *2.*
> *3.*
> *..*

Instrucciones para Estela y Marco

> *Hola Estela y Marco:*
> *Necesito su ayuda. Por favor,*
> *1.*
> *2.*
> *3.*
> *...*

H. Marco está enfermo. Marco se encuentra enfermo y no va a poder ayudarle a Ana con los preparativos. ¿Podría Ud. ayudarle? Prepare y actúe su conversación con Ana Patricia (otro[a] estudiante).

Estudiante A: Ana Patricia

1. Salude a su amigo.
2. Descríbale su problema.
3. Dígale lo que desea que haga por Ud.
4. Sea persistente. No acepte disculpas.

Estudiante B: Usted

1. Salude a Ana Patricia.
2. Escuche su problema y hágale las preguntas necesarias al respecto.
3. Explíquele por qué no puede ayudarla.
4. Dele otras sugerencias para solucionar su problema.

Los diarios

¿Cuál es la celebración más importante para su familia: Navidad, Hanukah, el Día de Acción de Gracias, el Día de la Madre... ? ¿Qué hacen todos juntos? ¿Qué comen? ¿Tienen invitados? Describa una celebración familiar típica en su diario por diez minutos. Recuerde que puede hacerle también preguntas a su profesor(a) sobre sus celebraciones familiares.

LA ETIQUETA

A. Para discutir. Responda a las siguientes preguntas en su cuaderno. Luego compare sus respuestas con las de dos de sus compañeros(as). Presenten un informe al resto de la clase acerca de lo que descubran; incluyan similitudes y diferencias.

1. ¿Qué reglas de comportamiento (*behavior*) existen en su casa?
2. ¿Cambian estas reglas cuando hay invitados?
3. Mencione algunas de estas reglas, especialmente las relacionadas con el comportamiento en la mesa.

B. A leer. Ahora lea los siguientes consejos sobre etiqueta presentados por una revista hispana.

Make sure that students read the "Estrategias de lectura" before reading the text.

Estrategias de lectura

Lea primero de manera rápida cada segmento para tener una idea general de su contenido. Después, concéntrese en identificar algunos datos específicos de importancia con la ayuda de la tabla en el ejercicio C.

calibrar, to calibrate, gauge
saborear, to taste
colgar, to hang
balancearse, to rock, swing
manchar, to stain
enrollar, to roll

ETIQUETA

Cuando pida una botella de vino en un restaurante, es probable que el camarero se la dé a probar a quien la pidió. Si cree que su acompañante puede tener otros gustos, puede sugerirle que la pruebe él/ella también.

◆ Probar el vino implica calibrar su color a través de la transparencia de la copa, analizar el corcho y tomar un poco para saborearlo.
◆ Aunque los italianos los disfrutan más si cuelgan y se balancean desde su boca, le sugerimos que si no quiere mancharse la camisa de tomate, pida una cuchara para poder enrollar y comer los espaguetis. No ejercitará tanto sus músculos faciales, pero seguro que ganará en limpieza.

ETIQUETA

Recuerde que ofrecer un buen vino en vasos de plástico es como asistir a un baile de gala en tenis.

◆ Elija copas transparentes, incoloras y, a ser posible, de formas delicadas y de pie largo para que resulten fácil de sostener y no se caliente el vino con el calor de las manos.

◆ No llene las copas hasta el borde. Cambie de copa si cambia de vino para que los sabores no se mezclen.

◆ Si quiere respetar las normas del buen servir, recuerde que la bebida debe ofrecerse siempre por la derecha del comensal.

◆ Si la temperatura no es la adecuada, utilice una cubitera con agua, hielo y sal para que el vino se enfríe.

sostener, to hold
llenar, to fill
borde, edge
comensal, table companion
cubitera, ice bucket
enfriar, to chill

ETIQUETA

Los manuales de etiqueta aseguran que es de mala educación untar la salsa sobrante del plato con pan hasta dejarlo reluciente. Entre otras cosas, porque puede dar la sensación de que se quedó con hambre. Si, a pesar de todo, considera un crimen abandonar esa sabrosa salsa, puede cortar trocitos de pan, pincharlos en el tenedor y empaparlos en la salsa. Eso sí, no deje el plato brillante.

◆ Si tiene una cena o comida de compromiso en su casa, nunca sirva las salsas o mayonesas en la mesa directamente como vienen en sus envases. Quedará mucho mejor si saca sus contenidos en los recipientes apropiados para este fin, es decir en las salseras, junto a una pequeña cuchara para que cada quien se pueda servir a su gusto.

untar, to smear
reluciente, shiny
envase, container
sacar, to take out, remove

ETIQUETA

Si asiste a una comida formal y derrama o rompe algo, recójalo con la ayuda del anfitrión al tiempo que pide disculpas. Sea discreto y no exagere haciendo un drama. Si hay camareros o personal de servicio, ellos se ocuparán de todo. Si, por desgracia, acabó con una pieza de fina cristalería, puede fijarse en el dibujo y la marca, y comprar la misma pieza. Será todo un detalle.

◆ Si lo que tiene es una gripe de campeonato, mejor se queda en casa. Pero si, simplemente, las margaritas de la mesa le dieron alergia y tiene que estornudar o sonarse la nariz, entonces busque un pañuelo limpio inmediatamente, tápese la nariz con él y apártese bien de la mesa.

derramar, to spill
fijarse, to pay attention to
detalle, nice gesture
pañuelo, handkerchief

C. ¿Comprendió Ud. bien? De acuerdo con los consejos anteriores, ¿cuáles comportamientos son considerados correctos? Marque con una **X** la columna adecuada.

Comportamiento	Correcto	Incorrecto	No hay información
Mascar chicle en la mesa			
Beber vino en copas de cristal			
Hablar con la boca llena			
Usar una cuchara para comer los espaguetis			
Repetir (comer dos o más platos)			
Mojar el pan en la salsa de la comida			
Sentarse a la mesa antes que los anfitriones			
Limpiar y pedir disculpas si se tiene un "accidente"			
Asistir a un evento social cuando está enfermo(a)			

D. Para discutir. En grupos de tres estudiantes discutan las siguientes preguntas. Al terminar, presenten un informe de sus conclusiones al resto de la clase.

1. ¿Le parece a Ud. que estas reglas de etiqueta son diferentes a las reglas de etiqueta en los Estados Unidos? Explique su respuesta.

2. ¿Lee Ud. la sección de etiqueta en las revistas y/o periódicos locales? Explique por qué.

3. ¿Son importantes las reglas de etiqueta en su casa? ¿Por qué?

E. Unos consejos para su profesor(a). Su profesor(a) va a cenar en casa de unos amigos norteamericanos esta noche, pero no conoce muy bien la cultura anglosajona. Déle algunos consejos prácticos de cómo comportarse cuando visite una familia norteamericana. ¿Qué debe hacer? ¿Qué no debe hacer?

LA COMIDA HISPANA

Mosaico cultural video

A. Para discutir. Con su vecino(a), discutan las siguientes preguntas.

1. ¿Conoce Ud. algún plato típico de España o Latinoamérica? ¿Cómo se llama?

2. ¿Cuáles son sus ingredientes? ¿De qué país es este plato?

B. Vocabulario útil. ¿Puede Ud. encontrar la definición y después identificar ingredientes y modos de preparación entre las palabras de las siguientes listas? Discútalos con sus compañeros(as) en grupos de cuatro. Consulte el diccionario si es necesario.

1. la almendra

2. la cáscara

3. deshidratar

4. fértil

5. la harina

6. el intercambio

7. la miel

8. los países andinos

9. pelar

10. el quechua

11. sabroso

12. las tierras calientes

13. el trigo

a. que produce mucho fruto

b. delicioso

c. zonas bajas en la región andina caracterizadas por sus temperaturas tropicales

d. Chile, Bolivia, Perú, Ecuador y Colombia

e. lengua nativa de los Incas; también, persona de ascendencia indígena en la zona andina

f. eliminar o extraer el agua de un producto

g. material que cubre y protege el fruto

h. quitar la cáscara

i. resultado de la trituración *(crushing)* de un grano

j. grano; se usa para preparar el pan

k. un tipo de semilla *(seed)*

l. líquido viscoso dulce y amarillo preparado por las abejas

m. comercio

Ingredientes	Modos de preparación

A mirar y a escuchar. En el video "Ricos sabores", Ud. va a aprender más sobre la comida hispana, y en especial acerca de su origen histórico. Obsérvelo con atención.

C. ¿Comprendió Ud. bien? Responda a las siguientes preguntas.

1. ¿Cuál es la base fundamental de la alimentación en los países andinos? ¿Por qué?

2. Empareje cada plato con sus ingredientes principales:

1. _____ frijoles negros y arroz

2. _____ papas

3. _____ harina de trigo, aceite, sal

4. _____ huevos, cebollas, papas (patatas)

5. _____ caña de azúcar

6. _____ almendras, azúcar, miel

a. chuño

b. churros

c. tortilla española

d. moros y cristianos

e. mazapán

f. guarapo

3. ¿Qué alimentos son originales de América y cuáles fueron importados por los españoles a Hispanoamérica? Empareje cada producto con su lugar de origen.

> **a.** alimento original de América
>
> **b.** alimento importado por los españoles

1. la papa   **5.** el azúcar

2. el arroz   **6.** el maíz

3. el chocolate   **7.** el plátano

4. el tomate

D. Para investigar. En grupos, encuentren la receta de un plato o bebida típica de algún país de habla hispana y prepárenla para sus compañeros(as) de clase. Al presentar su plato o bebida, describan sus ingredientes, modo de preparación y cuándo se come o se bebe. (¿Es un plato o bebida especial, o se come o se bebe todos los días?) También mencionen con qué otros alimentos se puede acompañar.

http://siempre.heinle.com
Reading Assistant

As prereading, do Act. A and Act. B. After completing Act. B, discuss how some of these words may be related in terms of the story. Next, read and discuss about the author. Point out the "Estrategias de lectura" section before students begin reading. It is also a good idea to discuss the format of the beginning of the story. It is the third chapter of a novel and begins with a recipe. Also point out the story contains examples of magical realism, which was discussed in "Raining Backwards". You may want to have students look for examples of magical realism as they read, so that the class can discuss them as part of the post-reading discussion.

Como agua para chocolate

A. Antes de leer. Discuta las siguientes preguntas con un(a) compañero(a) y luego presente un resumen de sus ideas al resto de la clase.

1. ¿Prefiere cocinar o ir a un restaurante cuando tiene una cita?

2. ¿Ha preparado algún plato especial para su novio(a)?

3. ¿Dónde aprendió esa receta?

4. ¿Cree Ud. que la cocina debe ser simple y práctica o más bien complicada como una obra de arte?

B. Vocabulario útil. Las siguientes palabras son muy importantes para la comprensión de la historia. ¿Las conoce Ud.? Consulte en el diccionario aquellas que no conozca, y luego complete el siguiente ejercicio de apareamiento.

Ex. B: villista, codorniz, sangre, boda, pétalo, cocinera, rancho, piedad, afrodisíaco

afrodisíaco / boda / cocinera / codorniz / pétalo / piedad / rancho /sangre / villista

1. miembro de uno de los grupos armados que participó en la revolución mejicana
2. ave pequeña
3. fluido vital de color rojo que circula dentro del cuerpo
4. ceremonia para celebrar la unión de un hombre y una mujer en matrimonio
5. parte de una flor; usualmente de colores
6. persona encargada de la preparación de la comida
7. un tipo de hacienda dedicada especialmente a la cría de ganado o de caballos
8. un sinónimo de compasión
9. usualmente una comida o una bebida que estimula la función sexual

C. A leer. Ahora lea y resuma brevemente en su cuaderno los eventos más importantes de la siguiente historia.

Estrategias de lectura

Lea de manera rápida el texto completo y trate de identificar:

● los personajes

● el lugar donde sucede la acción

● el problema principal de la trama

No trate de traducir todas las palabras que no conoce. Use solamente el glosario de términos.

Laura Esquivel

Nació en la Ciudad de México y estudió en la Escuela Normal de Maestros. Trabajó como profesora por ocho años y luego empezó a escribir y dirigir obras de teatro para niños. Chido One (1985), su primer guión de cine, recibió una nominación al premio Ariel (el "Oscar" mexicano). Su exitosa novela Como agua para chocolate *fue publicada en México en 1989 y llevada al cine en 1993. Laura Esquivel reside en Ciudad de México en compañía de su hija y de su esposo, el conocido director de cine Alfonso Arau.*

Como agua para chocolate
Novela por entregas

CAPITULO III
Marzo
Codornices en pétalos de rosas

12 rosas, de preferencia rojas	Dos cucharadas de anís
12 castañas	Dos cucharadas de miel
Dos cucharadas de mantequilla	Dos ajos
Dos cucharadas de fécula de maíz	6 codornices
Dos gotas de esencia de rosas	1 pitaya

Manera de hacerse:

Se **desprenden** con mucho cuidado los pétalos de las rosas, procurando no **pincharse** los dedos, pues aparte de que es muy doloroso (el piquete), los pétalos pueden quedar impregnados de sangre y esto, aparte de alterar el sabor del platillo, puede provocar reacciones químicas, por demás **peligrosas.**

1

desprender, *to detach, take off /* **pinchar,** *to prick*

peligroso, *dangerous*

el ramo, bouquet

sospechar, to suspect

el puesto, position

el eslabón, link

deshacerse, to get rid of
la osadía, boldness, audacity

el pecho, chest

el faisán, pheasant

el pescuezo, neck

Pero Tita era incapaz de recordar este pequeño detalle ante la intensa emoción que experimentaba al recibir un **ramo** de rosas, de manos de Pedro. Era la primera emoción profunda que sentía desde el día de la boda de su hermana, cuando escuchó la declaración del amor que Pedro sentía por ella y que trataba de ocultar a los ojos de los demás. Mamá Elena, con esa rapidez y agudeza de pensamiento que tenía, **sospechaba** lo que podría pasar si Pedro y Tita tenían oportunidad de estar a solas. Por tanto, haciendo gala de asombrosas artes de prestidigitación, hasta ahora, se las había ingeniado de maravilla para ocultar al uno de los ojos y el alcance del otro. Pero se le escapó un minúsculo detalle: a la muerte de Nacha, Tita era entre todas las mujeres de la casa la más capacitada para ocupar el **puesto** vacante de la cocina, y ahí escapaban de su riguroso control los sabores, los olores, las texturas y lo que éstas pudieran provocar.

Tita era el último **eslabón** de una cadena de cocineras que desde la época prehispánica se habían transmitido los secretos de la cocina de generación en generación y estaba considerada como la mejor exponente de este maravilloso arte, el arte culinario. Por tanto su nombramiento como cocinera oficial del rancho fue muy bien recibido por todo el mundo. Tita aceptó el cargo con agrado, a pesar de la pena que sentía por la ausencia de Nacha.

Esta lamentable muerte tenía a Tita en un estado de depresión muy grande. Nacha, al morir, la había dejado muy sola. Era como si hubiera muerto su verdadera madre. Pedro, tratando de ayudarla a salir adelante, pensó que sería un buen detalle llevarle un ramo de rosas al cumplir su primer año como cocinera del rancho. Pero Rosaura —que esperaba su primer hijo— no opinó lo mismo, y en cuanto lo vio entrar con el ramo en las manos y dárselo a Tita en vez de a ella, abandonó la sala presa de un ataque de llanto.

Mamá Elena, con sólo una mirada, le ordenó a Tita salir de la sala y **deshacerse** de las rosas. Pedro se dio cuenta de su **osadía** bastante tarde. Pero Mamá Elena, lanzándole la mirada correspondiente, le hizo saber que aún podía reparar el daño causado. Así que, pidiendo una disculpa, salió en busca de Rosaura. Tita apretaba las rosas con tal fuerza contra su **pecho** que, cuando llegó a la cocina, las rosas, que en un principio eran de color rosado, ya se habían vuelto rojas por la sangre de las manos y el **pecho** de Tita. Tenía que pensar rápidamente qué hacer con ellas. ¡Estaban tan hermosas! No era posible tirarlas a la basura, en primera porque nunca antes había recibido flores y en segunda porque se las había dado Pedro. De pronto escuchó claramente la voz de Nacha, dictándole al oído la receta prehispánica donde se utilizaban pétalos de rosa. Tita la tenía medio olvidada, pues para hacerla se necesitaban **faisanes** y en el rancho nunca se habían dedicado a criar ese tipo de aves.

Lo único que tenían en ese momento era codornices, así que decidió alterar ligeramente la receta, con tal de utilizar las flores.

Sin pensarlo más salió al patio y se dedicó a perseguir codornices. Después de atrapar a seis de ellas las metió a la cocina y se dispuso a matarlas, lo cual no le era nada fácil después de haberlas cuidado y alimentado por tanto tiempo.

Tomando una gran respiración, agarró a la primera y le retorció el **pescuezo** como había visto a Nacha hacerlo tantas veces, pero con tan poca fuerza que la pobre codorniz no murió, sino que se fue quejando lastimeramente por toda la cocina, con la cabeza colgando de lado. ¡Esta imagen la horrorizó! Comprendió que no se podía ser débil en esto de la matada: o se hacía con firmeza o sólo se causaba un gran dolor. En ese momento pensó en lo bueno que sería tener la fuerza de Mamá Elena. Ella mataba así, de tajo, sin piedad. Bueno, aunque pensándolo bien, no. Con ella había hecho una excepción, la había empezado a matar desde niña, poco a poquito, y aún no le daba el golpe final. La boda de Pedro con Rosaura la había dejado como a la codorniz, con la cabeza y el alma fracturada, y antes de permitir que la codorniz sintiera los mismos dolores que ella, en un acto de piedad, con gran decisión, rápidamente la ultimó.

Con las demás todo fue más fácil. Sólo trataba de imaginar que cada una de las codornices tenía atorado un **huevo tibio** en el **buche** y que ella piadosamente las liberaba de ese martirio dándoles un buen torzón. Cuando niña, muchas veces deseó morir antes que desayunar el **consabido** y obligatorio huevo tibio. Mamá Elena la obligaba a comerlo. Ella sentía que el esófago se le cerraba fuerte, muy fuerte, incapaz de poder **deglutir** alimento alguno, hasta que su madre le propinaba un coscorrón que tenía el efecto milagroso de desbaratarle el nudo en la garganta, por la que entonces se deslizaba el huevo sin ningún problema. Ahora se sentía más tranquila y los siguientes pasos los realizó con gran destreza.

> **el huevo tibio,** hard-boiled egg / **el buche,** craw, stomach
>
> **consabido,** usual, traditional
>
> **deglutir,** to swallow

Tal parecía que era la misma Nacha la que en el cuerpo de Tita realizaba todas estas actividades: **desplumar** las aves en seco, sacarles las vísceras y ponerlas a freír.

> **desplumar,** to pluck

Después de desplumadas y vaciadas las codornices, se les recogen y atan las patas, para que conserven una posición graciosa mientras se ponen a dorar en la mantequilla, espolvoreadas con pimienta y sal al gusto.

Es importante que se desplume a las codornices en seco, pues el sumergirlas en agua hirviendo altera el sabor de la carne. Éste es uno de los innumerables secretos de la cocina que sólo se adquieren con la práctica. Como Rosaura no había querido participar de las actividades culinarias desde que se quemó las manos en el comal, lógicamente ignoraba éste y muchos otros conocimientos gastronómicos. Sin embargo, quién sabe si por querer impresionar a Pedro, su esposo, o por querer establecer una competencia con Tita en sus terrenos, en una ocasión intentó cocinar. Cuando Tita amablemente quiso darle algunos consejos, Rosaura se molestó enormemente y le pidió que la dejara sola en la cocina.

Obviamente el arroz se le batió, la carne se le saló y el postre se le quemó. Nadie en la mesa se atrevió a mostrar ningún gesto de desagrado, pues Mamá Elena a manera de sugerencia había comentado:

—Es la primera vez que Rosaura cocina y opino que no lo hizo tan mal. ¿Qué opina usted Pedro?

Pedro, haciendo un soberano **esfuerzo**, respondió sin ánimo de lastimar a su esposa.

> **el esfuerzo,** effort

—No, para ser la primera vez no está tan mal.

Por supuesto esa tarde toda la familia se enfermó del estómago.

Fue una verdadera tragedia, claro que no tanta como la que se suscitó en el rancho ese día. La fusión de la sangre de Tita con los pétalos de las rosas que Pedro le había regalado resultó ser de lo más explosiva.

Cuando se sentaron a la mesa había un ambiente ligeramente tenso, pero no pasó a mayores hasta que se sirvieron las codornices. Pedro, no contento con haber provocado los **celos** de su esposa, sin poderse contener, al saborear el primer bocado del platillo, exclamó, cerrando los ojos con verdadera lujuria.

> **los celos,** jealousy

—¡Éste es un placer de los dioses!

Mamá Elena, aunque reconocía que se trataba de un guiso verdaderamente exquisito, molesta por el comentario dijo:

—Tiene demasiada sal.

Rosaura, pretextando náuseas y mareos, no pudo comer más que tres bocados. En cambio a Gertrudis algo raro le pasó.

Parecía que el alimento que estaba **ingiriendo** producía en ella un efecto afrodisíaco pues empezó a sentir que un intenso calor le invadía las piernas. Un **cosquilleo** en el centro de su cuerpo no la dejaba estar correctamente sentada en su silla. Empezó a sudar y a imaginar qué se sentiría ir sentada a lomo de un caballo, abrazada por un villista, uno de esos que había visto una semana antes entrando a la plaza del pueblo, oliendo a sudor, a tierra, a amaneceres de peligro e incertidumbre, a vida y a muerte. Ella iba al mercado en compañía de Chencha la sirvienta, cuando lo vio entrar por la calle principal de Piedras Negras, venía al frente de todos, obviamente capitaneando a

> **ingerir,** to ingest
>
> **el cosquilleo,** tickling sensation

la tropa. Sus miradas se encontraron y lo que vio en los ojos de él la hizo temblar. Vio muchas noches junto al fuego deseando la compañía de una mujer a la cual pudiera besar, una mujer a la que pudiera abrazar, una mujer... como ella. Sacó su pañuelo y trató de que junto con el sudor se fueran de su mente todos esos pensamientos **pecaminosos**.

Pero era inútil, algo extraño le pasaba. Trató de buscar apoyo en Tita pero ella estaba ausente, su cuerpo estaba sobre la silla, sentado, y muy correctamente, por cierto, pero no había ningún signo de vida en sus ojos. Tal parecía que en un extraño fenómeno de alquimia su ser se había disuelto en la salsa de las rosas, en el cuerpo de las codornices, en el vino y en cada uno de los olores de la comida. De esta manera penetraba en el cuerpo de Pedro, voluptuosa, aromática, calurosa, completamente sensual.

Parecía que habían descubierto un código nuevo de comunicación en el que Tita era la emisora, Pedro el receptor y Gertrudis la afortunada en quien se sintetizaba esta singular relación sexual, a través de la comida.

Pedro no opuso resistencia, la dejó entrar hasta el último rincón de su ser sin poder quitarse la vista el uno del otro. Le dijo:

—Nunca había probado algo tan exquisito, muchas gracias.

pecaminoso, sinful

Estrategias de lectura

Lea de nuevo el texto y trate de identificar los detalles más importantes y la secuencia de los eventos en la historia. Use las preguntas del ejercicio D como guía.

Ex. D: 1. Gertrudis, Tita, Rosaura— Pedro. Be sure to ask students about the relationships between characters after completing the chart. 2. Nacha la cocinera; ella crió a Tita y fue como una madre para ella. 3. 6, 5, 4, 7, 1, 3, 2
4. **Tita:** joven, ama a Pedro (el esposo de su hermana), maltratada por su madre; **Mamá Elena:** cruel, fría, no tiene piedad; **Nacha:** hábil cocinera, de origen indígena, amaba a Tita como a una hija; **Pedro:** hombre joven, ama a Tita, se casó con Rosaura para estar cerca de su hermana; **Rosaura:** hermana de Tita y esposa de Pedro, espera un bebé, mala cocinera.
5. porque venían de las manos del hombre que ella amaba 6. por su gran habilidad como cocinera y su experiencia al lado de Nacha 7. porque el espíritu de Nacha le indicó cómo preparar una receta prehispánica con faisanes y pétalos de rosa; como no había faisanes en el rancho, Tita tuvo que usar codornices. 8. *Answers will vary. (Encourage students to speculate. This is a good topic for discussion.)*
9. Tuvo un efecto afrodisíaco. La sangre de Tita causó una reacción química que afectó a todos los invitados.

D. ¿Comprendió Ud. bien?

1. Complete el siguiente árbol genealógico que une a los personajes de la historia.

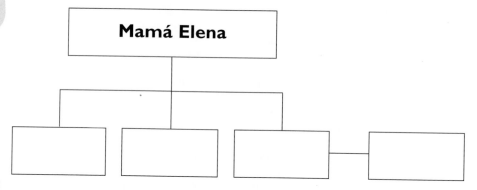

2. ¿Qué personaje importante en la historia **no** es miembro de la familia? ¿Cuál es su conexión con Tita?

3. Organice los eventos de acuerdo a la historia.

_____ Tita mató las codornices.

_____ Mamá Elena le ordenó a Tita que botara sus rosas.

_____ Pedro le dio un ramo de rosas a Tita.

_____ La comida tuvo un efecto afrodisíaco en los comensales.

_____ Nacha murió.

_____ Rosaura fracasó como cocinera.

_____ Tita fue nombrada cocinera oficial del rancho.

4. Describa brevemente a los siguientes personajes:

   a. Tita

   b. Mamá Elena

   c. Nacha

   d. Pedro

   e. Rosaura

5. ¿Por qué se alegró tanto Tita al recibir el ramo de rosas de manos de Pedro?

6. ¿Por qué escogieron a Tita como cocinera oficial del rancho?

7. ¿Por qué decidió Tita preparar las codornices en pétalos de rosa? ¿Dónde encontró la receta? ¿Qué adaptaciones tuvo que hacer a la receta original?

8. ¿Por qué cree Ud. que doña Elena es tan estricta con su hija Tita?

9. ¿Qué efecto tuvo en Gertrudis este plato? ¿Por qué?

E. Consejos. Tita vive una situación muy difícil por estar enamorada del esposo de su hermana y por tener que cuidar a una madre cruel hasta que muera ésta. Con un(a) compañero(a) de clase, piense en la situación de Tita. Si Uds. fueran amigos(as) de Tita, ¿qué consejos le darían?

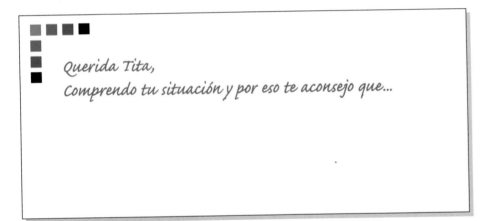

> Querida Tita,
> Comprendo tu situación y por eso te aconsejo que...

ACTIVIDAD DE EXPANSIÓN

Complete la historia. ¿Qué pasó después de que Pedro probó la comida preparada con amor por Tita? ¿Decidió entonces dejar a su esposa y vivir su pasión verdadera con Tita? ¿Cuál fue la reacción de Mamá Elena? ¿Qué pasó con Rosaura? ¿Y Gertrudis?

Después de escribir su composición, discuta con su profesor(a) la manera como Laura Esquivel, autora original de esta obra, completó su historia.

Phrases/Functions: Describing the past; expressing time relationships; sequencing events

Vocabulary: House; food; fairy tales and legends

Grammar: Verbs: preterite and imperfect

¿Cuáles de estos productos tiene en su casa?   ¿Cuáles tiene aquí en la universidad?

LA DIFUSIÓN MASIVA

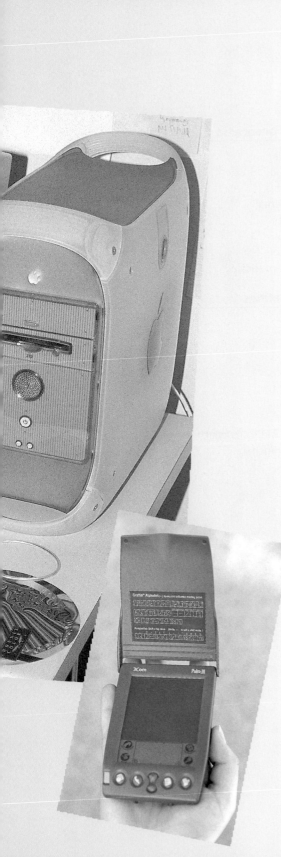

En este capítulo Ud. va a

- discutir acerca de la importancia general de los medios de comunicación en el mundo hispano

- reflexionar acerca de la influencia de la televisión americana en la cultura hispana

- expresar opiniones y sugerencias

- escuchar muestras de la diversa tradición musical latina

- comunicar emociones

- leer acerca de la creciente presencia de temas, libretos, directores y artistas hispanos en la industria cinematográfica internacional

- ver una muestra del realismo mágico en la pantalla gigante

Estrategias de lectura

- cómo reconocer la estructura argumental de un texto

Si sólo pudiera comprar uno de estos productos, ¿cuál escogería? ¿Por qué?

Vocabulario

Los medios de comunicación	The Media
el cable	cable TV
el computador, la computadora, el ordenador	computer
el diario, el periódico, la prensa	newspaper
el disco compacto	CD
el equipo de sonido, el estéreo	stereo
el facsímil, el fax	fax
la pantalla	screen
el radio	radio (the machine)
la radio	radio (the medium)
el teléfono inalámbrico (portátil)	cordless phone
la televisión	television
el televisor	TV set
el video cassette	video tape
la video grabadora, la videocasetera	VCR

Las comunicaciones	Communications
la audiencia, el público	audience
la cadena	chain / network
el comercial, el anuncio	ad, commercial
los datos	data
la emisora	radio station
la guía de televisión	TV guide
los índices de sintonía	ratings
el (la) locutor(a)	announcer
el (la) oyente	listener
el (la) patrocinador(a)	sponsor
el (la) presentador(a)	spokesperson, MC
el programa	program
la publicidad	publicity
la red	network
el (la) televidente	viewer

Tipo de programa	Program Type
la comedia	sitcom
el concurso	game show
los deportes	sports
el documental	documentary
las noticias	news
la película	movie
la telenovela	soap opera
los videos musicales	music videos

Ritmos latinos	Latin Beats
la bamba	
el bolero	
la cueca	
la cumbia	
la marinera	
el merengue	
la milonga	
la música andina (criolla)	
la música ranchera	
la salsa	
el tango	
el vallenato	
el vals	

Otros ritmos	Other Rhythms
el jazz	jazz
la metálica	heavy metal
la música clásica	classical music
el rap	rap
el rock	rock

PARA EMPEZAR

Reparación

A. Adivine. Déle una definición de una palabra del vocabulario a su compañero(a) para que él o ella la adivine. Después cambien de papeles. (Si el adivinador tiene problemas, puede darle la categoría de la palabra como ayuda.)

B. Alta tecnología. Los medios de comunicación masiva son tan importantes en el mundo hispano hoy en día, como lo son aquí en los Estados Unidos. En los últimos años estos medios han crecido de una manera sorprendente no sólo en su cantidad, sino también en su complejidad. Lea la siguiente tira cómica y pregúntele a un(a) compañero(a) si le ha pasado algo similar alguna vez.

Vocabulario:

herramienta, *tool*
la luz, electricidad

Informe 1: *A mi compañero(a) nunca le ha pasado nada similar porque...*

Informe 2: *A mi compañero(a) le pasó algo similar cuando...*

C. Recomendaciones. ¿Qué le recomienda a su profesor(a) en las siguientes situaciones?

1. El control remoto de su televisor no funciona.

2. La imagen en su video grabadora es muy mala.

3. Hay mucho ruido en su teléfono digital.

4. Los discos compactos en su equipo de sonido no cambian automáticamente.

ENTREMOS EN MATERIA

Los medios de información

A. Encuesta. Haga las siguientes preguntas a uno(a) de sus compañeros(as) y presente un informe a la clase sobre sus respuestas.

1. ¿Cuál es el medio de comunicación al que estás expuesto por más tiempo cada día: la televisión, la radio, la prensa, las computadoras, otro... ?

2. ¿Ves televisión con frecuencia? ¿Cuántas horas al día pasas en frente al televisor aproximadamente? ¿Qué tipo de programa prefieres: los videos musicales, las comedias, los concursos, las películas, las noticias, los deportes, los documentales... ?

3. ¿Lees el periódico? ¿Cuál periódico te gusta más? ¿Por qué? ¿Cuál es la sección del periódico que más te gusta: internacional, política, economía, negocios, sociedad, deportes, las tiras cómicas... ? ¿Lees los periódicos en línea?

4. ¿Escuchas la radio? ¿Qué emisora prefieres? ¿Cuántas horas al día escuchas la radio? ¿Qué tipo de programas escuchas: música, noticias, deportes, comentarios, editoriales... ?

Las preferencias de mi compañero(a) de clase

El medio de comunicación más importante para mi compañero(a) es _____. En cuanto a la televisión, él o ella...

B. A leer. Ahora lea el siguiente artículo sobre los medios de información en España y responda a las preguntas de comprensión.

El español dedica una media de siete horas diarias a los medios de información

EL PAÍS

Madrid

España es el país de Europa que más tiempo está en contacto con los medios, sobre todo con la televisión. El español dedica cada día tres horas y 25 minutos a ver televisión; casi tres horas, a oír la radio, y 30 minutos, a leer periódicos. En total, siete horas con los medios. Son datos que se desprenden de la primera investigación hecha por el Estudio General de Audiencias (EGA), patrocinado por la Fundación General de la Universidad Complutense. EL PAÍS, con 2,334 millones de lectores, y la cadena SER (convencional), con 2,408 millones de oyentes, ocupan los primeros lugares en prensa y radio, respectivamente, según el citado estudio.

El rector de la Universidad Complutense, Gustavo Villapalos, presentó el martes 14 los primeros resultados de este estudio —de junio, septiembre y octubre— financiado por la fundación que él presidió hasta el viernes 17, fecha en la que fue nombrado presidente José María Amusátegui, presidente del Banco Central Hispano.

En el mismo acto intervino el director del estudio, el profesor de la Facultad de Ciencias de la Información Emilio Martínez Ramos, antiguo director de Emopública. El informe, que por ahora no tiene carácter co-

mercial, será actualizado cada dos meses "de acuerdo con una nueva metodología basada en la técnica del empleo del tiempo y en muestras estratificadas aleatorias", según Martínez Ramos.

De acuerdo con el estudio, España es un país muy informado. Los españoles leen más prensa de lo que se cree. Se tarda más de un día en leerla; se lee en varias ocasiones al día; se lee en distintos lugares. La prensa diaria cuenta con una gran audiencia en locales públicos y centros de trabajo. Un 50% de los lectores declara leerla fuera del hogar.

Respecto a la audiencia de los principales diarios, ocupa el primer puesto EL PAÍS, con 2.334.000 lectores diarios, seguido por *Abc,* con 2.079.000 lectores; *Marca,* 1.981.000; *El Mundo,* 1.550.000; *La Vanguardia,* 1.312.000, y *El Periódico,* 1.103.000 lectores diarios.

En relación con la radio, los programas más escuchados son los informativos. En el periodo estudiado la SER ocupaba el primer puesto de la audiencia, con 2.408.000 oyentes. La televisión es el medio de comunicación preferido por los españoles. Más de 28 millones la ven al menos una vez al día. La máxima audiencia la alcanza TVE-1, con 18.101.000 televidentes.

Audiencia de prensa diaria

(en miles de lectores)

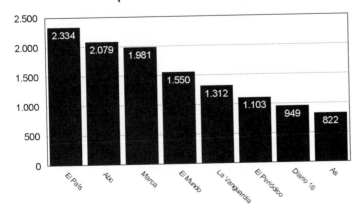

C. ¿Comprendió Ud. bien? Complete el siguiente cuadro con la información del texto.

Institución a cargo del estudio	
Tiempo que pasa el español en frente del televisor	
Tiempo que pasa leyendo la prensa	
Tiempo que pasa escuchando radio	
Promedio total de tiempo de contacto con los medios de comunicación	
Periódico más popular de España	
Programas de radio más populares	
Cadena de televisión favorita	
Medio de comunicación preferido por los españoles	

Ex. C: Estudio General de Audiencias (EGA) patrocinado por La Fundación General de la Universidad Complutense; 3 horas y 25 minutos; 30 minutos; casi 3 horas; 7 horas; *El País;* noticias; TVE-1; la televisión

D. ¿Qué piensan Uds.? Discutan las siguientes preguntas en grupos de dos o tres estudiantes. Algunos grupos van a presentar sus ideas al resto de la clase.

- ¿Qué opinan Uds. de los resultados de ese estudio?
- ¿Les parece que los españoles son diferentes a los estadounidenses en lo que se refiere a los medios de comunicación? ¿Cuál grupo pasa más tiempo en frente del televisor? ¿Lee la prensa más? ¿Escucha la radio más? Comparen a los estadounidenses y los españoles.

Tele-Menú

A. Para discutir. La siguiente es la lista de programas sugeridos por una revista colombiana a sus lectores. Discuta con un(a) compañero(a) las siguientes preguntas.

1. ¿Reconoce Ud. algunos de estos programas?
2. ¿Cómo se llaman los programas que reconoce? ¿A qué hora empiezan?
3. ¿Le gustan estos programas? ¿Por qué sí o no? Explique su respuesta.

TELE-MENU

VIERNES 4

Canal A
1:00 p.m.
PADRES E HIJOS

Natalia discute acaloradamente con Federico, mientras Carolina intenta levantarle el ánimo a Daniela. (Colombiana de Tv.)

Canal A
8:00 p.m.
CAFÉ

Sebastián le cuenta a Arthur que piensa separarse de Lucía para hacer realidad su amor con Gaviota. Pero él no sabe que ella ha decidido abandonar la hacienda. (R.C.N.)

Cadena 1
8:30 p.m.
VIDA DE MI VIDA

Ricardo va a hablar con Adriana. Marisol está muy enferma pero Pepe no sabe qué hacer y decide recurrir a Queta para que la lleve a un hospital. Sofía se entera de lo que sucede. (Tv. Cine)

Cadena 1
10:30 p.m
MARIELENA

Lucía Méndez protagoniza la novela de mayor sintonía en Univisión. En este nuevo horario, Caracol hace un recuento de los momentos más importantes de esta historia de amor.

SABADO 5

Canal A
12:00 M
EL MUNDO AL VUELO

Héctor Mora hace un recorrido por las tumbas de los personajes más famosos de la historia: John F. Kennedy, en Arlington; Martin Luther King, en Atlanta; Leonidas Bresnev y Nicolai Kruschev, en Rusia y Carlos Gardel, en Buenos Aires. (Colombiana de Tv)

Cadena 1
3:00 p.m.
RUMBO AL MUNDIAL

Reviva las emociones de los mejores partidos de la historia del fútbol. En esta ocasión, Brasil vs. Uruguay, partido de la semifinal del Mundial de México 70. Con los comentarios del ex jugador brasileño Roberto Rivelino. (OTI)

Cadena 1
6:00 p.m.
SABADOS FELICES

Con más picante y mejores premios, comenzó el año Sábados Felices. Más carros para los mejores chistes del año. (Caracol)

Canal A
9:00 p.m.
MELROSE PLACE

En este capítulo, Billy no soporta más el dolor de muela pero su cobardía no le permite ir al odontólogo y a la pobre Jane la despiden de la boutique. Toda una tragedia. (Diego Fdo. Londoño)

DOMINGO 6

Cadena 1
8:30 a.m.
GOL CARACOL 94

Volvió Asprilla a brillar y a emocionar a los amantes del fútbol. Este domingo, otro encuentro de infarto: el Parma vs. el Torino.

Canal A
7:30 p.m
VUELO SECRETO

Pilar se disgusta con Ernesto al enterarse de la forma en que fueron adjudicadas las habitaciones del hotel. Entre tanto, Oswaldo y Daniel buscan un lugar donde pasar la noche. (Punch)

Canal A
9:00 p.m.
LA DAMA DEL OESTE

Es agradable comenzar la noche del domingo con una serie que no incita a la violencia y el sexo. Además, la actuación de Jane Seymour como doctora en un pueblo del lejano Oeste, es excelente. (Punch)

Cadena 1
10:00 p.m.
CINEMA UNO

Sangre y arena. Romance y tauromaquia se reúnen en esta película en la que el mundo de los toros alterna con una apasionada historia de amor, poder y traición. *(R.T.I.)*

LUNES 7

Telecafé
7:00 p.m.
ZURICH CUENTA SECRETA

En las bóvedas de un banco suceden cosas extrañas. Un detective alemán se debe encargar de su vigilancia y evitar el robo de las joyas que allí se encuentran.

Cadena 1
7:30 p.m.
SUPERBOY

Superboy debe enfrentar a dos mujeres de otro planeta que tratan de conquistar a los hombres más atractivos y fuertes de la Tierra para llevárselos como alimento. (Proyectamos Tv.)

Canal A
9:00 p.m.
ASUNCION

Asunción queda muy asombrada cuando recibe una llamada de Alonso y descubre que está vivo. Sin embargo, él tiene que colgar pero le promete que volverá a llamarla. (Punch)

Cadena 1
10:00 p.m.
SOLO UNA MUJER

La llegada de Phillipe, actor extranjero que protagonizará la nueva novela de Pentavisión, ha despertado una fuerte atracción en Estefanía, quien no puede disimular lo que siente. (Caracol)

CARTELERA DE TV.

MARTES 8

Cadena 1
4:00 p.m.
SUPERVIVIENTES

Un interesante viaje al Africa, al Valle de Luangwa en Zambia, uno de los pocos lugares donde todavía existen animales salvajes. (R.T.I.)

Cadena 1
6:30 p.m.
TINY TOONS

Los famosos personajes creados por Steven Spielberg le tienen una sorpresa a todos los niños colombianos: durante toda esta semana se presentarán en ciudades como Bogotá, Cali, Barranquilla y Medellín para promocionar su nuevo álbum de figuritas. (Caracol)

Cadena 3
8:30 p.m.
SATELITE 8:30

Complemente su información diaria enterándose de lo que sucede en el mundo. Conozca la realidad más allá de las fronteras colombianas.

Cadena 1
11:10 p.m.
GRANDES MINISERIES

Miss Marple. Vale la pena esperar hasta esta hora para saber cómo los personajes de Agatha Cristie resuelven los casos más complicados de asesinatos y robos en Inglaterra. (R.T.I.)

MIÉRCOLES 9

Canal A
5:30 p.m
LA HORA DE LA VERDAD

Con motivo de la celebración del día del periodista, Marcela Riaño tiene como invitado a Jorge Alfredo Vargas, un joven comunicador, alegre, organizado, meticuloso y creyente. (Punch)

Cadena 1
6:00 p.m.
SUPERCAMPEONES

Benji está preocupado por el partido de fútbol contra los alemanes. Sabe que llevan ventaja por su tamaño pero está decidido a que su equipo sea el campeón del mundo. (Caracol)

Cadena 1
8:00 p.m.
LAS AGUAS MANSAS

Franco se siente enamorado de la cantante Rosario Montes, pero sufre una decepción cuando cree alcanzar sus metas amorosas. Los hermanos Reyes no se resignan con la muerte de Libia. (R.T.I.)

Cadena 3
11:00 p.m.
STUDIO

Las mejores producciones cinematográficas del momento, sin salir de casa. Un análisis completo de la realización de las películas.

JUEVES 10

Cadena 1
5:00 p.m.
TV. TURISMO

Conozca lo mejor de la geografía colombiana recorriendo regiones que usted jamás se ha imaginado que existen, aquí, en su propio país. (R.T.I.)

Telecafé
7:30 p.m.
DR. CANDIDO PÉREZ

Un doctor de señoras. A pesar de su amor por Silvina, Cándido no puede dejar de coquetear con sus pacientes.

Cadena 1
8:30 p.m.
EL ULTIMO BESO

Bernardo, herido de gravedad por su propio hermano, se debate entre la vida y la muerte. Arnoldo no entiende lo que sucede y decide hablar con Nory. (Universal Tv.)

Cadena 3
10:00 p.m.
HOY EN LOS TREINTA

Programa histórico que resalta y evoca los acontecimientos políticos, culturales y sociales de los años treintas. Vea documentales originales y fotos de la época.

Por Cable

Viernes 4 8:00 p.m.
Canal 44
BASQUETBOL

El equipo de los New York Knickes se enfrenta al Atlanta Hawkes, en el Campeonato de Básquetbol de la NBA.

Sábado 5 2:00 p.m.
Canal 50
INDIANA JONES

En un ciclo de las mejores películas de los años 90's, comience con "Indiana Jones y el Templo de la Perdición", protagonizada por Harrison Ford.

Domingo 6 9:00 p.m.
Canal 58
CONCIERTO

Música por lo alto con el concierto especial de Plácido Domingo, Rostropovich, Olga Borodina y Teresa Verdera, desde el Teatro Romano de Mérida, España.

Lunes 7 8:00 p.m.
Canal 52
PREMIOS

Los Premios Americanos de la Música son el reconocimiento de esta industria al mejor artista de 1993. No se pierda su cobertura en directo desde Los Angeles.

Martes 8 7:00 p.m.
Canal 58
IN SEARCH OF

El continente perdido de la Atlántida, la antigua ciudad de Troya, la evolución del tiburón blanco y las similitudes entre el hombre y el simio son los temas tratados en este programa del canal cultural.

Miércoles 9 8:00 p.m.
Canal 60
CONTROL

¿Está preparado para vivir en un refugio nuclear? En esta película está la respuesta.

Jueves 10 10:30 p.m.
Canal 50
TU, YO Y MAMA

Una comedia con la formidable caracterización de John Candy como un policía que le teme a su mamá.

B. ¿Comprendió Ud. bien? Ahora, observe en más detalle esta guía de televisión y complete el siguiente cuadro.

Tipo de programa	Título	Día	Hora	Canal
Dramático				
Cómico				
Deportivo				
Musical				
Documental				
Película				

C. Preguntas y respuestas. En grupos, contesten las siguientes preguntas.

1. ¿Cuál es la proporción de programas extranjeros durante un fin de semana típico (por ejemplo, el sábado 5 y el domingo 6)?

2. ¿Qué programas norteamericanos reconoce Ud.? ¿Le gustan? Explique por qué sí o por qué no.

3. ¿Encuentra Ud. algunas diferencias entre la programación de los canales estatales (Canales A, 1, 3) y los de cable (Canales 44, 50, 52, 58, 60)?

4. ¿Qué programa norteamericano le recomendaría Ud. a los programadores de televisión colombianos? ¿Por qué?

D. Las sugerencias de un experto en televisión. ¿Cuáles programas de televisión recomienda (o no recomienda) Ud. a las siguientes personas? ¿Por qué? Compare sus respuestas con las de dos compañeros(as) y presenten sus recomendaciones al resto de la clase.

su padre
su abuela
su profesor(a) de español
un(a) estudiante latinoamericano de intercambio
los otros estudiantes en la clase

Use en su composición verbos como **sugerir, dudar** y **temer,** y también conjunciones como **con tal de que, a menos que** y **hasta que.**

Canal and *cadena* are two words that refer to TV channels in Colombia.

Ex. B: *Answers will vary. (Examples:* **dramático:** Padres e hijos, viernes 4, 1:00 p.m., canal A; **cómico:** Sábados felices, sábado 5, 6:00 p.m., Cadena 1; **deportivo:** Rumbo al mundial, sábado 5, 3:00 p.m., Cadena 1; **musical:** Concierto: domingo 6, 9:00 p.m., canal 58; **documental:** In search of, martes 8, 7:00 p.m., canal 58; **película:** Sangre y arena, domingo 6, 10:00 p.m., cadena 1)

Ex. C: 1. aproximadamente un 25% (2 de los 8 programas) 2. Melrose Place, La dama del Oeste, Superboy, Tiny Toons, Indiana Jones, In search of, Tú, yo y Mamá, (Miss Marple—Inglaterra) 3. Los programas extranjeros son más comunes en los canales de cable privados que en los canales públicos subvencionados por el estado. 4. *Answers wlll vary.*

FENÓMENO: EXPEDIENTE X

Have students try to come up with 2 or 3 programs for each category provided. For the second question, you may want to provide one example and then have students think of others. Some possibilities include: *The Addams Family, The Flinstones, X-Files, Star Trek, Star Trek (The Next Generation), Beavis and Butthead, etc.*

A. Programas populares. En grupos de dos o tres estudiantes, discutan las siguientes preguntas.

• ¿Cómo se llaman algunos de los programas más populares en este momento?

Comedias	Telenovelas	Dramas

• ¿Cuáles son algunos programas que se han convertido en películas? En estos casos, ¿cuál fue más popular, el programa de televisión o la película?

B. A leer. Ahora lea el artículo, en la página 109, de una revista española sobre Expediente X, un programa popular en todo el mundo que se ha convertido en película. Luego, responda a las preguntas de comprensión.

FENÓMENO 'EXPEDIENTE X'
La verdad está en la calle

Páginas escritas en tinta y papel rojo para evitar las fotocopias, cada una de ellas numeradas y con el nombre del destinatario sellado para que se pueda descubrir la fuente de la filtración. Cláusulas de confidencialidad en los contratos y un fuerte servicio de vigilancia que sólo permite el acceso a aquellos que participan en la producción. No se había visto tal nivel de misterio desde la supuesta llegada de extraterrestres a Roswell (EE UU). Éste es el ambiente que rodea a la primera versión cinematográfica de *Expediente X*, uno de los filmes más esperados del próximo año que por no tener no tiene ni título oficial. Primero se llamó *Blackwood*, en honor a una ficticia ciudad de Tejas de la que partiría la trama, antes de pasar a convertirse en *X files fight the future*. En la actualidad ha vuelto a cambiar su título sin que se haya difundido la nueva opción. "Han llegado al extremo de mostrar paneles con ideas falsas o dejar hojas de guión erróneas al alcance de todos para aumentar la confusión sobre la trama. No hay que fiarse de nadie", bromea David Duchovny parafraseando el lema de la serie. Lo único que Chris Carter, el creador de la fiebre X, ha querido reconocer es que la película arrancará de los enigmas que quedan abiertos en la conclusión de la quinta temporada de televisión, cuya emisión acaba de comenzar en Estados Unidos. "Podía haber desarrollado esta idea en televisión en lugar de en una película, pero he querido hacer de *Expediente X* todo un acontecimiento", se disculpa, como si los 20 millones de espectadores de los que disfruta la serie en Estados Unidos o las 500 páginas de Internet dedicadas a *Expediente X* no fueran suficiente acontecimiento. Además de la presencia de Fox Mulder y Dana Scully, esta producción de 60 millones de dólares (9.000 millones de pesetas) cuenta con la presencia de *the elders*, grupo secreto que incluye al FBI y que en momentos de crisis ha demostrado su capacidad de interferencia en los acontecimientos mundiales. Por supuesto, también habrá referencias a la abducción extraterrestre de la hermana de Mulder, parte de lo que se considera la mitología de la serie. Junto a Duchovny y a su compañera de reparto, Gillian Anderson, la única cara nueva la pondrá Martin Landau, el rostro detrás de los episodios originales de *Mission: Imposible*. "Es nuestra oportunidad de hacer algo con más medios y más tiempo aprovechando la tecnología a nuestro alcance", describe Carter. El resultado son aplausos y gritos de euforia entre el público cuando tiene la oportunidad de presenciar en los cines el anuncio de as primeras escenas del filme. "*Expediente X* es un sueño

hecho realidad", concluye. "Quiero que siempre se mantenga su calidad y no caiga en la desidia que sufren otras series al cumplir los cinco años. Me gustaría que lo que hemos conseguido como serie de televisión se transformara en una serie de películas". ● **Películas y mucho más** Un auténtico fenómeno planetario. Las pruebas de que algo está pasando: los extraterrestres se sientan para participar en juegos de mesa; cualquiera puede, en Internet, convertirse en agente especial del FBI y buscar manifestaciones paranormales; los episodios perdidos de la serie ya se han encontrado, y si alguien cree que Mulder y Scully deben dejarse de tanto marciano y dedicarse a la vida en rosa, puede expresar sus opiniones en un foro de debate. Expedientes para todos los gustos, aunque la verdad siga estando ahí fuera. ● El juego oficial de la serie llega a España. Un tablero, un vídeo, un dado de cuatro caras y muchas preguntas son los ingredientes de este pasatiempo de mesa que promete convertirse en el éxito de las navidades. Para sobrevivir a este divertimento hace falta un alto grado de erudición sobre la serie. ● No hay motivo para hacer trampas en el juego de las preguntas estudiándoselas como hicieron muchos que querían quedar de sabios con el Trivial Pursuit. Todo lo imaginable ha quedado recogido en un diccionario electrónico (http://www.iinet.net.au/~jcw/xfiles/), curiosidades de la A a la Z. ● También existe una página *web* especial para coleccionistas donde se puede comprar todo tipo de objetos relacionados con la serie. Desde una máquina de *pinball* hasta tarjetas de teléfono adornadas con motivos que son de otra dimensión. Los precios también pertenecen a otro planeta: la maquinita cuesta más de un millón de pesetas. ● Cómo no iban a existir parodias de la serie en Internet. Varias. Una de ellas, con amplio material fotográfico, se titula *The XXY files* (http://users.aol.com/hytritium/xxy.html). Contiene fotonovelas de dos capítulos, fotos de prensa y un "cómo se hizo", además de varios vídeos. ● Quienes opinen que los agentes Mulder y Scully deben enamorarse pueden expresar libremente sus opiniones en http://www.geocities.com/Hollywood/8061/romantic.html. ● Otro lanzamiento navideño: *Los vídeos perdidos de Expediente X,* con dos de los capítulos ya emitidos en España y que todavía no se podían encontrar en este formato. ● Quien quiera ir más allá como *voyeur* puede colarse en el despacho y casas de los agentes más abducidos de la pantalla (http://cgi.pathfinder.com/ew/suscribe/suscribe.html). Por último, en http://www.freeyelow.com/members/davidduchovny/dduchovny.jpg se puede tener un *expediente X* en vivo observando al atractivo agente Mulder completamente desnudo. / **Texto: Rocío Ayuso y Manuel Cuéllar**

C. ¿Comprendió Ud. bien?

1. ¿Cuál es el presupuesto (*budget*) de la película?

2. ¿Cómo se llaman los protagonistas principales de la película?

3. La lectura nos dice que se puede comprar varios productos relacionados con *Expediente X*. Dé dos o tres ejemplos.

4. En el artículo, se refiere a *Expediente X* como un "fenómeno planetario." ¿Por qué?

5. ¿Le interesan algunos de los sitios de Internet que mencionan en la lectura? ¿Cuáles de ellos le parecen interesantes? ¿Por qué?

Las preferencias en la música

A. Menudo.   Lorena Villa, una amiga suya de Venezuela, adora a Menudo (un grupo de cantantes jóvenes puertorriqueños) y le pregunta a Ud. en una carta si este grupo es tan popular en los Estados Unidos como lo es en su país. Escriba la respuesta a su pregunta, usando todas las expresiones negativas que conozca.

> *Lo siento Lorena, pero el grupo Menudo...*

B. Sugerencias para Lorena.   En vista de que Lorena tiene tantos problemas para escoger buena música, es necesario que Ud. le dé algunos consejos prácticos. Use verbos tales como **aconsejar, insistir, recomendar, sugerir** y también conjunciones como **a fin de que, para que, a menos que, cuando,** etc.

C. Necesito...   Lorena ha decidido tomar clases privadas de música, baile y canto. Escriba el anuncio clasificado que ella debería poner en el periódico para conseguir el maestro privado ideal.

> *Necesito un(a) profesor(a) de música que...*

D. Felicitaciones.   Lorena siguió sus consejos, consiguió un excelente profesor privado y ahora es una cantante famosa de música salsa en su país. Escríbale una nota sincera de felicitación. Use verbos como **alegrarse de, esperar, gustar, temer,** etc. ¡No se olvide de incluir también conjunciones como **hasta que, con tal de que, cuando,** etc.!

Al terminar, intercambien composiciones con un(a) compañero(a) y comenten sobre los siguientes aspectos:

1. *Contenido:* ¿Demuestra sinceridad y entusiasmo en su mensaje?

2. *Organización:* ¿Usó expresiones adecuadas para saludar y cerrar la carta?

3. *Gramática:* ¿Usó bien el subjuntivo en caso de cláusulas nominales o adverbiales?

4. *Aspectos mecánicos:* ¿Hay problemas de ortografía?

Preparación gramatical

Antes de hacer este ejercicio repase las palabras negativas en la página 215. Después, complete las secciones 5.1 y 5.2 de la *auto-prueba*, páginas 220–221.

Preparación gramatical

Antes de hacer este ejercicio repase el uso del subjuntivo en cláusulas nominales para dar consejos en las páginas 216–218.

Preparación gramatical

Antes de hacer este ejercicio repase el uso del subjuntivo en cláusulas adjetivales en la página 218.

Preparación gramatical

Antes de hacer este ejercicio repase el uso del subjuntivo en cláusulas nominales y adverbiales en las páginas 216–218 y 219. Luego, haga las secciones 5.3 y 5.4 de la *auto-prueba*, página 221.

E. Una conversación con Lorena. Lorena quiere ahora ser una cantante de rap y venirse a vivir con Ud. aquí en los Estados Unidos hasta ser "descubierta" *(discovered)*.

Estudiante A: Lorena

Convenza a su amigo(a) de que su futuro está en los Estados Unidos como cantante de rap.

Estudiante B: Usted

Convenza a Lorena de que siga su carrera como cantante de música salsa en Venezuela.

El secreto de MTV

A. Explicaciones. ¿Por qué es MTV tan popular entre muchos jóvenes norteamericanos? Escriba un párrafo breve con un(a) compañero(a) para explicarle este fenómeno a su profesor(a).

B. A leer. Ahora lea el artículo sobre la llegada de MTV a América Latina y responda a las preguntas de comprensión.

Unidos por la onda musical

SON LAS TRES DE LA mañana en Santo Domingo, en Asunción o en cualquier ciudad de América Latina. La abuelita está desvelada y enciende el televisor. Aparece Madonna cantando *Justify my love* en medio de unas escenitas que le quitan el sueño a cualquiera. La abuelita se espanta y cambia el canal, pero a esa hora no hay más nada, así que regresa al que la había asustado. Y como de alguna forma hay que pasar la noche, despierta al abuelito para verla juntos.

¿Increíble? Pues no... A partir de octubre, MTV inaugurará una cadena en español que transmitirá 24 horas diarias a Latinoamérica y EE UU. **Estará** ubicada en Miami y su objetivo no será la abuelita, sino el grupo de televidentes entre 12 y 34 años.

"La situación de la televisión por cable en América Latina es similar a la de EE UU hace 10 años", dice Barbara Corcoran, productora ejecutiva de MTV Internacional y una persona clave del nuevo proyecto. "Queremos entrar temprano a ese mercado", señala. Los planes inmediatos son alcanzar 3 millones de casas en Latinoamérica—en especial en Argentina y México—que ya tienen cable.

"Nuestro mercado principal será América Latina", dice Corcoran. También quieren llegar a los hispanos en EE UU, y contratarán a 35 personas en Miami ("todos hispanos") y reporteros en América Latina.

Tendrán una mezcla de música en español y en inglés, conciertos y especiales desde Latinoamérica. Esto dará, dice Corcoran, oportunidades a artistas latinoamericanos—de los de la nueva ola, no de los que le devolverían el sueño a la abuelita.

—Albor Ruiz

Ex. C: 1. gente joven entre los 12 y los 34 años de edad. **2.** algo diferente porque combina videos musicales en inglés y en español, así como conciertos y eventos especiales desde Latinoamérica. **3.** Se refiere a la integración de la gente joven en las Américas a través de la música.

Ex. D: 1. *Answers will vary.* **2.** *MTV used to be videos 24 hours a day. Now there is more varied programming (game shows, contests, some documentaries, cartoons, etc.).* **3.** *Answers will vary.*

C. ¿Comprendió Ud. bien?

1. ¿Quiénes ven MTV en Latinoamérica?

2. ¿Es la programación de MTV para América Latina similar o diferente a la de MTV en los Estados Unidos? Explique.

3. Explique el título de este artículo, "Unidos por la onda musical".

D. Para discutir: Reúnase con otro(a) compañero(a) de clase y respondan a las siguientes preguntas. Luego, Uds. presentarán sus ideas al resto de la clase.

1. En general, ¿por qué es tan popular MTV entre los jóvenes?

2. Desde su nacimiento en 1981 en los Estados Unidos, ¿ha cambiado la programación de MTV? Expliquen su respuesta.

3. Piensen en algunos de los videos de MTV. Hagan una lista de artistas (o de canciones) populares que son hispanos o que tienen influencias latinas en su música.

LA MÚSICA

Mosaico cultural video

A. Para discutir: En grupos, respondan a las siguientes preguntas.

1. ¿Qué tipos de ritmos latinos reconocen Uds.: el tango, la salsa, el merengue, la cumbia, el bolero, el vallenato... ?

2. ¿Cuál es su preferido? ¿Por qué?

3. ¿Qué instrumentos musicales conocen Uds.? ¿Tocan Uds. alguno de ellos?

The words provided are in the masculine singular form. Morphological adjustments will be needed when completing the cloze paragraph in order to indicate agreement.

B. Vocabulario útil. Complete el párrafo con las siguientes palabras.

centro nocturno *un lugar a donde se puede bailar y tomar unos tragos*

criollo *(nombre y adjetivo) nativo, original de América*

edad media *período de la historia europea que va desde el siglo V hasta el XV*

gitano *(nombre y adjetivo) perteneciente al grupo étnico de origen incierto y de características migratorias que habita principalmente en áreas de Turquía, Rusia, Polonia, Hungría y España*

son *un ritmo musical*

Ex. B: centros nocturnos, criolla, sones, edad media, gitana

La música hispana es muy variada. En los _____ de algunos países andinos sólo se escucha la salsa y el merengue, pero en otros es frecuente escuchar música _____, con su ritmo romántico y melancólico. En España los _____ son diversos también. Algunos son muy antiguos y vienen desde la _____, otros tienen influencia _____, pero todos reflejan la riqueza de su tradición histórica y artística.

C. A mirar y a escuchar: En el video "Sones y ritmos", va a ver más acerca de los diferentes tipos de música en España y en América Latina. Obsérvelo con atención y responda a las preguntas.

Ex. D: 1. b 2. c 3. d 4. a

D. ¿Comprendió Ud. bien? Empareje las áreas o países de donde se originan los ritmos.

1. merengue
2. mariachi
3. folklórica criolla
4. flamenco

a. España
b. El Caribe
c. México
d. Los países andinos

Ex. E: merengue: alegre, percusión, africana; **mariachi:** alegre, guitarras / trompetas, europea; **folklórica criolla:** melancólico, percusión / flautas / guitarras, indígena; **flamenco:** triste, palmas / guitarras, árabe

E. A mirar otra vez. Observe de nuevo el video y describa las diferencias que existen entre la música de los países andinos, la de los países del Caribe y la de España (ritmos, instrumentos, influencias, etc.). ¿Cuál de estos ritmos le gusta más a Ud.? Explique su respuesta.

Nombre	Tipo de ritmo (alegre, melancólico, rápido, lento...)	Instrumentos predominantes	Influencias (europea, indígena, africana, norteamericana...)
El merengue			
El mariachi			
La folklórica criolla			
El flamenco			

F. Para investigar

1. ¿Cuál es el artista hispano que más discos vende en su zona? Visite una tienda de discos cercana y averigüe cuál es el artista hispano más popular. Después de escuchar su música (o la de otro artista hispano de su preferencia), escriba una descripción para su profesor(a). El objetivo es convencer a su profesor(a) de que compre esta cinta (o disco) también.

2. Encuentre una canción hispana reciente y copie la letra. Traiga la cinta a la clase y deles copias de la letra a sus compañeros(as) para que puedan entender mejor el contenido de la canción.

Los diarios

¿Cuál fue la última película que vio Ud.? ¿Se la recomendaría a su profesor(a)? Escriba en su diario durante los próximos diez minutos acerca de alguna película que le haya gustado recientemente. Explique por qué la recomienda y averigüe las preferencias cinematográficas de su profesor(a).

El cine

A. ¿Qué películas o artistas hispanos conoce Ud.? Haga una lista de los artistas y películas hispanos que Ud. conozca y luego compárela con la de un(a) compañero(a).

Ex. B: 1. c   2. b   3. a   4. d

B. Vocabulario útil. Las siguientes palabras son muy importantes para la comprensión de las reseñas (*reviews*) de películas a continuación. Escriba en frente de cada definición la letra de la palabra correspondiente. Consulte el diccionario si es necesario.

1. _____ película cuya duración sobrepasa los sesenta minutos

2. _____ texto que contiene el desarrollo de una película o programa de televisión

3. _____ la estimación anticipada de los gastos de una película

4. _____ proceder a la creación de una película; acto de hacer una película

a. presupuesto
b. guión
c. largometraje
d. rodar

C. A leer. El impacto de los hispanos en la industria cinematográfica ha crecido significativamente en los últimos años. Las siguientes son reseñas (*reviews*) de dos películas recientes muy populares que reflejan claramente los temas y el talento artístico de la comunidad hispana.

Vocabulario (para la página 115):

emparentar	*to relate; to connect*
estelarizado por	*starring*
el estuche	*case*
recaudar	*to gather, collect*
vapulear	*to whip, flog*

MEDIOS

EL MARIACHI QUE LLEGA HASTA HOLLYWOOD

UNA PEQUEÑA PELÍ-cula en 16 mm, *El mariachi*, que se rodó en Acuña, México, ha abierto las puertas de Hollywood al joven director chicano Robert Rodríguez. Fue hecha para el mercado latino de videos a un costo de sólo $7,000. Columbia Pictures le ofreció a Rodríguez un contrato para hacerla de nuevo en inglés—y con un presupuesto de $6 millones.

El mariachi es la historia de dos hombres que llegan un pequeño pueblo cargando idénticos estuches de guitarra: uno contiene el instrumento y el otro un arsenal. Los hombres son confundidos y el resultado es una sangrienta historia sobre la rivalidad de dos narcotraficantes, con el músico desempleado, el mariachi, atrapado en medio. "Acción y aventuras en la mejor tradición de las películas de vaqueros al estilo de Sergio Leone", ha comentado la crítica.

Robert Rodríguez, con nuevos proyectos y películas en el horizonte.

Escrita, dirigida, fotografiada y editada por Rodríguez, estudiante de 24 años de la Universidad de Texas, Austin, *El mariachi* original fue financiada parcialmente gracias a que Rodríguez se enroló como sujeto en un experimento del hospital de la universidad para desarrollar una medicina que bajara el colesterol. Al mes, salió del hospital con el guión escrito, $3,000—y el colesterol bajo. La película gustó de inmediato en la agencia de talentos ICM de Hollywood que enseguida la dio a conocer a los estudios. Dos semanas más tarde comenzaron a llegar las ofertas de diversos medios.

Rodríguez empezó a los 13 años haciendo videos caseros. Pronto desarrolló una serie sobre las peripecias de sus nueve hermanos. Para cumplir su contrato con Columbia Pictures por dos años y dos películas, Rodríguez trabaja en una historia de diez niños hispanos en Texas. Para ello utiliza como base los viejos videos de su adolescencia.

"Me gustaría utilizar actores latinos en mis películas", asegura Rodríguez.

—*Fausto Canel*

CINE

AGUA, CHOCOLATE Y UN AMOR DIFICIL

Pedro (Marco Leonardi) y Tita (Lumi Cavazos) en la película.

ENTRE SABROSOS CAL-dos de colitas de res, exquisitas torrejas de nata y unos chiles en nogada para chuparse los dedos, pasa la vida de Tita, la protagonista de *Como agua para chocolate*, una de las películas mexicanas más exitosas de la historia. A caballo en-tre dos siglos, y teniendo como escenario Texas y Coahuila durante la época revolucionaria, Tita es obligada a renunciar al amor de su vida, Pedro, para cuidar a su tirana madre, Elena. Pedro se casará con la hermana mayor de la heroína para estar cerca de su amada, y ésta volcará su pasión en la cocina.

Como agua para chocolate, el sexto largometraje de Alfonso Arau, costó un millón de dólares, recaudó el doble en México y compitió el año pasado por el Oscar. Premiada con diez Arieles, el Oscar mexicano, y con reconocimientos internacionales, *Como agua para chocolate* fue vapuleada por la crítica, que de cocina y cine sabe, por lo visto, poco. Pero conquistó al público nacional que la siguió fielmente durante cuatro meses de exhibición cinematográ-fica, antes de comenzar a circular en video.

La cinta se basa en la exitosa primera novela de la esposa del realizador, Laura Esquivel, que ha sido traducida a quince idiomas en veinticinco países.

Esquivel, responsable también del guión, es una educadora especializada en teatro infantil. Ella concibió su libro como "una novela rosa de entregas mensuales con recetas, amores y remedios caseros", y arranca cada capítulo con una fórmula gastronómica.

Estelarizada por Marco Leonardi, Lumi Cavazos y Regina Torné, la película fue fotografiada por Emmanuel Lubezki y Steve Bernstein, que lograron proyectar el realismo mágico que deseaba el director para emparentar su película con la literatura latinoamericana.

—*Luis Tapia*

Ex. D: 1. $7.000, seis millones de dólares   2. la rivalidad de dos narcotraficantes, el desempleo   3. Robert Rodríguez   4. seis   5. diez Arieles (Mexican Oscars) y un número indeterminado de reconocimientos internacionales

Ex. E: 1. del pago por su participación en un experimento médico en la Universidad de Texas, Austin   2. completar su segunda película acerca de diez niños hispanos en Texas   3. muy negativa; el autor considera que estas opiniones son injustas   4. porque representa la conección con este estilo literario tan importante en Latinoamérica

Ex. F: "El mariachi": I. Introducción: discusión de aspectos técnicos de la película; II. Discusión de un aspecto sobresaliente: el costo de la película original y su posterior versión de Hollywood; III. Resumen de la trama de la película; IV. Elaboración: discusión en más detalle del aspecto más destacado de la película —su financiamiento; V. Conclusión: importancia de la obra y planes futuros del director

D. ¿Comprendió Ud. bien?   Complete las siguientes frases con la información de las reseñas.

1. La versión original de *El mariachi* costó solamente _____, pero la versión final hecha por Columbia Pictures costó _____.

2. Uno de los problemas sociales que se trata en *El mariachi* es _____.

3. El autor, director, fotógrafo y editor de *El mariachi* es _____.

4. *Como agua para chocolate* es la película número _____ del director Arau.

5. *Como agua para chocolate* ha recibido los siguientes premios: _____ y _____.

E. Preguntas y respuestas.   En grupos, respondan a las siguientes preguntas.

1. ¿Cómo obtuvo el director de *El mariachi* el dinero para financiar la primera versión de su película?

2. ¿Qué planes tiene para el futuro el director de *El mariachi*?

3. ¿Cuál ha sido la opinión general de la crítica respecto a la película *Como agua para chocolate*? ¿Qué piensa el autor de la reseña al respecto?

4. ¿Por qué es importante el uso del realismo mágico en la película *Como agua para chocolate*?

Estrategias de lectura

Una manera de facilitar la comprensión de un texto es a través de la identificación de su estructura argumental. Por ejemplo, en la reseña "Agua, chocolate y un amor difícil" encontramos la siguiente estructura:

1. *Introducción:* breve descripción de la trama de la película.

2. *Discusión de los aspectos técnicos de la película:* costo, dirección, opinión de los críticos.

3. *Discusión de un aspecto sobresaliente de la película:* la novela en la que se basa y su autora.

4. *Mención del reparto:* actores principales.

5. *Conclusión:* importancia artística de la película.

¿Podría Ud. ahora identificar la estructura argumental de la otra reseña?

F. Esquemas.   Elabore un esquema de la reseña "El mariachi que llega hasta Hollywood". Use la *Estrategia de lectura* como guía. Después compare su esquema con los de sus compañeros(as).

G. Para discutir.   En grupos de dos o tres estudiantes, discutan las dos películas reseñadas. ¿Cuál de ellas les parece la más interesante? ¿Por qué? Explique su respuesta.

ACTIVIDADES DE EXPANSIÓN

A. Escriba Ud. su propia reseña. Piense en una película que ya ha visto (preferiblemente una película hispana). Escriba una reseña de esta película. Siga el modelo de una de las reseñas anteriores. Preste atención especial a la estructura argumental de su reseña.

B. Escriba su propio cuento corto. Usando las técnicas del realismo mágico que ha observado en cuentos como "Raining Backwards" y "Como agua para chocolate" escriba su propio cuentito corto.

Phrases/Functions:
Persuading; expressing an opinion; talking about films

Vocabulary: Media: photography and video

Grammar: Verbs: subjunctive

http://siempre.heinle.com

¿Cuándo es su graduación?   ¿Qué planes tiene Ud. para ese día?

118

CAPÍTULO

6

UNA CARRERA LUCRATIVA

En este capítulo Ud. va a

- aprender acerca de la situación laboral de la población hispana en los Estados Unidos

- hablar de sus planes profesionales

- expresar conjeturas

- leer sobre algunos aspectos de la educación superior en América Latina y España

- leer acerca de la situación laboral de muchos jóvenes españoles

Estrategias de lectura

- repaso: cómo identificar la estructura argumental de un texto

Y..., ¿qué piensa Ud. hacer después de su graduación?

Vocabulario

Los estudios postsecundarios	*College Studies*
los antecedentes acadé- micos, el expediente	*academic record*
el bachiller	*high school graduate*
el bachillerato	*high school*
los bajos recursos	*low income*
la beca	*scholarship*
graduarse	*to graduate*
gratuito	*free (of charge)*
el licenciado	*licentiate (lawyer / Mexico)*
la licenciatura	*licentiate (professional degree similar to the B.A. or B.S.)*
el master, la maestría	*Master's degree*
la meta	*goal*
el postgrado	*postgraduate work (master's or doctoral degree)*
el pregrado	*undergraduate program*
el pregraduado	*undergraduate*
el préstamo	*loan*
el promedio (de notas)	*G.P.A.*

El mercado laboral	*The Job Market*
los anuncios clasificados	*classified ads*
el ascenso	*promotion*
desempeñar(se)	*to fill a function, carry out a role*
el desempleo	*unemployment*
la desocupación	*unemployment*
emanciparse	*to become financially independent*
el empleo	*employment*
la entrevista	*interview*
el esfuerzo	*effort*
la experiencia laboral	*work experience*
la fuerza laboral	*work force*
ganarse la vida	*to earn a living*
la gerencia (la administración)	*management*
luchar	*to fight, struggle*
el medio tiempo, tiempo parcial	*part-time*
la nómina	*payroll*
la oferta	*offer*
el oficio	*occupation*

las palancas	*connections* (literally, *levers*)
el paro	*layoff, unemployment*
las prestaciones	*job benefits*
el salario	*salary, wages*
el seguro	*insurance*
el seguro social	*social security*
el sindicato	*union*
el sueldo	*salary, wage*
el tiempo completo	*full-time*

PARA EMPEZAR

Estadísticas sobre la fuerza laboral hispana en los Estados Unidos

A. ¿A qué se dedican? Mire las tres fotos a continuación y la foto en la página anterior. ¿A qué se dedican las personas en cada foto? ¿Qué nivel de educación requieren estos trabajos? ¿Es necesario un conocimiento de inglés para desempeñar estos trabajos?

Discuss Activity A as a class, making sure to stress the link between education and employment. Students should feel free to speculate about the job that each person has (more than one answer may be possible for a given picture).

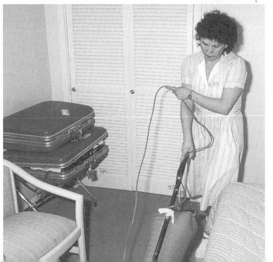

B. Los empleos de la población hispana en los Estados Unidos. Observe la tabla y conteste las preguntas.

1. Según los datos, ¿cuáles son las cinco actividades principales de los trabajadores hispanos?

2. ¿Por qué están empleados tantos hispanos en estos trabajos? Haga una lista de razones posibles.

3. De todas las actividades dadas en el gráfico, ¿cuáles son algunas que requieren una educación buena? ¿Cuáles son algunas que requieren un conocimiento de inglés? Actualmente, ¿trabajan muchos hispanos en estos trabajos? ¿Por qué?

Porcentaje de hispanos empleados por tipo de actividad

El gobierno de EU ha hecho más o menos accesible la inmigración de acuerdo a las necesidades laborales del país. En los años cuarenta y cincuenta, por ejemplo, el auge económico y la escasez de mano de obra generaron trabajo para obreros semicalificados o no calificados. El programa de importación de braceros llevó al país casi cinco millones de trabajadores agrícolas temporarios mexicanos hasta 1964. Actualmente, una gran parte de los hispanos están empleados en la agricultura y los servicios.

Actividad	total nacional (en miles)	hispanos (%)	Actividad	total nacional (en miles)	hispanos (%)
Total empleado	116.877	7,5	Serv. sumistro de personal	658	5,4
Agricultura	3.233	14,0	Adm. de negocios/consultoría	610	3,5
Minas	733	6,6	Computación y procesamiento de datos	847	2,8
Construcción	7.087	8,4	Detective/serv. de protección	399	9,1
Manufactura	20.434	8,5	Serv. a automóviles	1.435	11,8
Transporte, comunicación y otras empresas de servicio público	8.204	6,1	Servicios personales (1)	4.675	12,3
			Residencias privadas	1.000	18,9
Comercio mayorista y minorista	24.055	8,4	Hoteles y lugares de hospedaje	1.813	12,7
Comercio mayorista	4.640	7,3	Entretenimiento y recreación	1.570	7,7
Comercio minorista	19.415	8,6	Servicios profesionales y afines (1)	5.835	5,2
Finanzas, seguros, bienes raíces	7.788	5,6	Hospitales	4.839	5,5
Bancos y otras financieras	3.287	6,3	Serv. de salud, exc. hospitales	4.978	5,9
Seguros y bienes raíces	4.500	5,2	Escuelas elementales y secundarias	6.116	5,4
Servicios	39.705	6,8	Colegios y universidades	2.570	4,3
Servicios de negocios (1)	5.385	7,4	Serv. sociales	2.350	6,8
Publicidad	255	4,1	Serv. legales	1.274	4,0
Serv. a residencias y edificios	833	18,5	Administración pública (2)	5.630	5,6

(1) incluye industrias que no se presentan separadamente; (2) incluye a todos los trabajadores involucrados en actividades propias del gobierno, por ejemplo, judiciales y legislativas

Fuente: U.S. Bureau of Labor Statistics, Employment and Earnings.

C. A buscar empleo. Lea la siguiente lista de anuncios clasificados del *Diario de las Américas,* un periódico hispano de Miami, y responda a las preguntas.

1. ¿Qué tipos de oficios tienen mayor demanda?

2. ¿Qué tipo de entrenamiento se necesita para desempeñar estos empleos?

3. ¿Hay alguna oferta de empleo que le llame la atención? ¿Por qué?

1024—EMPLEOS DE VENTAS

FUNERARIA RIVERO
De Hialeah, busca 3 vendedores de Pre-Necesidad para atender dentro y fuera de la funeraria. Ofrecemos entrenamiento, beneficios y un potencial de $30,000 a $40,000 su primer año. Para entrevista llamar a la Sra. Vicky Quintana de lunes a viernes de 10 am a 5 pm al:
888-6792

¡ATENCION!
Debido a la apertura de nuestro nuevo Cementerio Woodlawn West localizado en la parte Oeste de Hialeah, Caballero Woodlawn necesita 8 consejeros de Pre-necesidad para atender al público dentro y fuera del cementerio.
Si está buscando una carrera en ventas y necesita ganar entre $50,000. y $60,000 al año. Llámenos hoy mismo!
Ofrecemos, entrenamiento, Seguro Médico y Dental, plan de retiro y muchos incentivos más. Para entrevista inmediata. Llamar a la Sra. Izada al 227-4203 de lunes a viernes de 10 a 5 pm.

Real Estate Sale
Let the professional at Century 21 help you Earn your Real ESTATE LICENSE CALL: 591-3521 (Ext. 2)
Solicitamos promotores de servicios inglés no indispensable horario libre aplicar
789 N.E. 125 St. 8-11 am

1027—EMPLEOS TIENDAS AL DETALLE

Solicito muchachas bilingües. Exper. en ventas. Zapatería fina en Coconut Grove. Buen pago. Exper. necesaria, 445-4599. Aplicar 3407 Maine Hwy.

1030—EMPLEOS HOTELES Y RESTAURANTES

Se solicitan, muchachas para cafetería. Aplicar 1821 E. 4 Ave. Hialeah, después 7 pm.

Cupak Restaurant
Solicita camareras con experiencia.
2360 W. 68 St. #130. Hia.

Camarera bilingüe Pizza Plaza Shopping Las Américas #5, C. Way y 122 Ave. 559-5955.

BRINDIS BAR
Solicita empleadas. Buen salario, comisión y propinas, 642-9057.
1708 West Flagler St.

Yambo Restaurant Club en, 1643 SW 1 St. necesita muchachas buena presencia para trabajar turno noche. Debe tener permiso de trabajo.

Camareras ambos turnos para Cafetería El Chirrito, 3034 NW 7 Ave.

Tropicana Rest. Necesita muchachas. Buena presencia, 6 días, $150. Inf: 887-3801.

Muchachas trabajar Las Botellitas Liquor-Lounge. De 5 pm a 1 am. 2150 NW 22 Ave.

Empleadas para El Porkyto. Salario más propina. 643-5850 / 885-8760.

1033—EMPLEOS INDUSTRIALES (FACTORIA) Y OFICIOS

Inmediatas posiciones para trabajar con asbestos. Salario tope 1-(800)-505-9934

Operadoras con exp. en ropa de mujer, saya y pantalones, 1 aguja y Merrow. Holidays y vacaciones pagas. Piece work, 7:15 am-3:45 pm. Hilo MFG 3552 E. 10 Ct.

INSPECTORAS
Se necesitan inspectoras de ropa. Experiencia necesaria conocimiento en costura ayudaría. Debe ser detallista y con producción estable. Aplicar en persona en: 3645 NW 50 St

Se solicita planchador con exper. en Tintorería. Buen salario, vacac. y días festivos. 681-2541.

Se necesita persona para mostrador de ventas con conocim. de partes de trasm. automática 883-8291.

NAPLES. Solicito varios montadores o tapiceros completos d/muebles c/ exp. 1-(813) 793-0818. Llamar 7 a 4:30 pm.

**$200 - $300
SE NECESITAN
2 Operadoras
1 AGUJA CON
EXPER. PARA
EMBOLSILLAR

McKEE II

1055 E. 31 ST
HIALEAH**

1036—EMPLEOS DOMESTICOS

Ama de llaves 1 niña $225 inglés, interna - 661-1299.

Se necesita muchacha con exp. para trabajar en casa, hacer todo. Vivir dentro, 380-1194.

Señora mayor muy responsable para cuidar 2 niños y vivir dentro. 223-3553 Bp. 291-5458

Solicito Sra. para cuidar anciana. Preferible área Miami Lakes o Broward, tener carro.
(305)-680-9377

Familia profesional busca persona dispuesta a mudarse a Alexandria, Virginia. Cerca Washington DC. Mínimo 1 año. Para cuidar 2 pers. mayores mantener casa y cocinar. Vivir dentro. Perros y gatos en la casa. buen salario y beneficios, documentada, 1-(703)-768-1519.

Doméstica interna. Lun-Sáb. Area Homestead niñas (8-11) 252-6960

Nana para niñas, incluye vivienda y se consigue la residencia, llamar Martha 261-0550, desp. 6 pm.

Cuidar enferma. Algún inglés. Vivir dentro. 262-2534

Sra. todos quehaceres casa. Lun. a Sáb. $150 sem. Perrine, 251-2456.

1099—EMPLEOS MISCELANEOS

Planchador para tintorería con experiencia. 3954 SW 8 ST

$300-$500 semanal más Vac. Bonos y Plan Médico, 939-0042.

1099—EMPLEOS MISCELANEOS

Escoja cursos gratis de Hospitales, Dentales, Computadoras, A/C y otros. Le ayudamos a conseguir trabajo, 446-0674

Necesitamos Guardias de Seguridad. Hágase security en 2 días. 5217 NW 79 AVE
592-2596   592-2597

Roland Security. Sacamos licencias D y G. Buscamos guardias seguridad. 444-9745. Lun-sáb. 9 a 5 pm.

Licencia CDL Entrenamiento para los Choferes ver anuncio bajo escuelas CTS, The CDL School, (305)-638-2200

¡¡ATENCION HISPANOS!!
Cía. americana busca personas de ambos sexos para diversas funciones. Salario garantizado $300 sem. más bonos. Sr. Daniel
529-7166

DIETA NATURAL
Pierda 30 lbs. en 30 días. Buscamos vendedores. Gane $50 x día. Part-Time. Inf: 460-5709.

NO INGLES
Empresa americana con planes de expansión en su Departamento hispano, solicita hombres y mujeres con buena preparación en su país de origen, entusiasmo y muchos deseos de progresar. Si Ud. se considera uno de ellos, llame a: Sr. Rodríguez.
372-3652 y 557-1355 Hia

D. Salarios y nivel de educación. Con un(a) compañero(a) observen los siguientes gráficos y contesten las preguntas.

Salarios medianos—Estados Unidos

SALARIOS REALES MEDIANOS POR HORA (POBLACIÓN ENTERA)		
	Hombres	Mujeres
Hispanos	$11.53	$7.43
Anglosajones	$18.20	$10.02
Afroamericanos	$12.92	$8.49
Asiáticos	$18.66	$10.26

SALARIOS REALES MEDIANOS POR HORA (PERSONAS CON TÍTULOS UNIVERSITARIOS)		
	Hombres	Mujeres
Hispanos	$17.37	$14.69
Anglosajones	$21.45	$16.09
Afroamericanos	$16.51	$14.66
Asiáticos	$19.86	$16.03

Fuente: Instituto de Política Económica, Washington, D.C.

Ex. D: 1. Mujeres hispanas. Hombres anglosajones con título universitario. 2. Los hispanos tienen salarios más bajos que los de los anglosajones y los asiáticos. Los salarios de los hispanos y los afroamericanos son semejantes (pero no exactamente iguales). 3. *Answers will vary. Some possible answers include discrimination, language barriers, lack of education or training, etc.* 4. Sí.

1. ¿Cuál es el grupo con más bajos salarios? ¿con más altos salarios?

2. ¿Cómo se comparan los salarios de los hispanos con los otros tres grupos?

3. En su opinión, ¿cómo puede explicarse la disparidad en los ingresos entre los cuatro grupos?

4. ¿Reflejan estas estadísticas una correlación fuerte entre los salarios y una educación universitaria?

Los diarios

¿Qué planes tiene Ud. para el futuro? ¿Dónde estará dentro de cinco años? ¿Cuál cree que será su contribución más importante? Escriba por diez minutos en su diario sobre sus proyectos para el futuro. No se olvide de que también puede hacerle preguntas a su profesor(a) sobre sus proyectos.

ENTREMOS EN MATERIA

Los planes para el futuro

Preparación gramatical

Antes de hacer este ejercicio, repase el uso del tiempo futuro en las páginas 222–223. Después, complete la sección 6.1 de la *auto-prueba*, página 230.

A. Los planes de mi compañero(a). Entreviste a un(a) compañero(a) y averigüe cuáles son sus planes para el futuro. Luego escriba en su cuaderno un resumen de las respuestas.

Después de graduarse, mi compañero(a) trabajará en...

Al terminar, intercambie composiciones con un(a) compañero(a) y comente sobre los siguientes aspectos.

1. *Contenido:* ¿Incluyó suficiente información sobre sus planes para el futuro? ¿Qué otra información debería incluir o tratar más a fondo?

2. *Organización:* ¿Tiene su composición una buena introducción y una conclusión? ¿Están presentadas las ideas de una manera clara y lógica?

3. *Gramática:* ¿Usó correctamente el tiempo futuro, incluyendo los verbos irregulares?

4. *Aspectos mecánicos:* ¿Detecta Ud. algunos errores ortográficos o de puntuación? ¿Cuáles son?

Ahora corrija su propia composición a base de los comentarios de su compañero(a) y entréguesela a su profesor(a) en la próxima clase.

Preparación gramatical

Antes de hacer este ejercicio, repase el uso del condicional y del imperfecto del subjuntivo en las páginas 224–229. Luego, haga las secciones 6.2 y 6.3 de la *auto-prueba*, páginas 230–231.

B. Un trabajo ideal. Describa cómo sería su trabajo ideal. Hable en detalle de las horas de trabajo, el sueldo, el lugar, las actividades, los compañeros, etc.

Si pudiera diseñar un trabajo ideal, éste sería...

C. Una entrevista de empleo. Preparen con un(a) compañero(a) la siguiente situación. Recuerde que algunas parejas presentarán sus diálogos al resto de la clase.

Estudiante A: El (La) jefe(a) de personal

1. Averigüe los antecedentes académicos y laborales de este candidato.
2. Pregúntele acerca de sus planes para el futuro.
3. Investigue lo que haría ante las siguientes situaciones:

- encuentra diez mil dólares en efectivo sobre su escritorio
- tiene compañeros(as) desagradables
- recibe un ascenso
- pierde las prestaciones
- tiene que trabajar muchas horas extra

Estudiante B: El (La) candidato(a)

Responda a las preguntas del (de la) jefe(a) de personal de esta compañía. Recuerde que debe dar una buena impresión para obtener el empleo que desea.

El costo de la educación postsecundaria

A. Antes de leer. Discutan las siguientes preguntas con un(a) compañero(a) y preparen un breve informe de sus opiniones.

1. ¿Qué opinan del costo de la educación superior en los Estados Unidos? ¿Les parece alto, bajo o justo?
2. ¿Están de acuerdo con las personas que dicen que la educación superior debería ser gratuita? ¿Por qué sí o por qué no?
3. ¿Qué puede hacer un(a) estudiante de bajos recursos hoy en día para estudiar en una universidad americana?

B. A leer. Muchos estudiantes hispanos desean ingresar a la universidad, pero menos de un 20% pueden hacerlo debido a limitaciones económicas. El artículo en la siguiente página presenta información sobre programas postsecundarios de tipo técnico en la ciudad de México, donde los estudiantes pueden combinar el estudio y el trabajo. Después de leerlo, complete el cuadro.

Ex. B: Claustro de Sor Juana; Licenciaturas en Ciencias de la Cultura, Comunicación Audiovisual, Comunicación Impresa, Gastronomía, Psicología y Psicodiagnóstico; cinco años (diez semestres); estudios de televisión y radio, salones de revelado de fotografías, cámaras de video, grabadoras, equipos de edición, salas audiovisuales, etc.

Nombre de la universidad	
Programas ofrecidos	
Duración de las carreras	
Equipos / materiales disponibles en la universidad	

C. Para discutir. Con un(a) compañero(a) discutan ahora las siguientes preguntas.

1. ¿Creen que este tipo de programa es una buena solución para los estudiantes mexicanos de bajos recursos económicos? Expliquen su respuesta.
2. ¿Les gustaría estudiar en una universidad como ésta? ¿Por qué?

Universidad del **Claustro** de **Sor Juana**

A la mayoría de los jóvenes nos encantaría tener oportunidad de trabajar mientras estamos en la universidad, sobre todo para poner en práctica los conocimientos que vamos adquiriendo en clases, al mismo tiempo que obtenemos experiencia en nuestra área. Viendo esto, el Claustro de Sor Juana ha creado un nuevo concepto de licenciatura que te permite tener varios diplomas a nivel técnico (dependiendo de la carrera) con los que puedes empezar a trabajar, mientras terminas tus estudios. La licenciatura dura cinco años, divididos en diez semestres, y en cada uno de éstos, procuran enfocarse más a la práctica para que tengas más experiencia. Los diplomas varían de acuerdo con la carrera, unos te los entregan al término de cada año, y otros, a los dos años. Esto quiere decir que podrás trabajar casi desde que empiezas la carrera. Claro, el objetivo es que al término de todos los diplomas, te den el título de la licenciatura que elegiste.

Las licenciaturas
que te ofrece, son:

Lic. en Ciencias de la Cultura
Lic. en Comunicación Audiovisual
Lic. en Comunicación Impresa
Lic. en Gastronomía
Lic. en Psicología y Psicodiagnóstico

Además de esto, puedes estudiar cursos de fotografía, computación, redacción publicitaria y mercadotecnia, entre muchos otros. Dentro de sus instalaciones, están un estudio de televisión, cabina de radio, salones de revelado de fotografías, cámaras de video para estudio y portátiles, grabadoras de audio, equipos de edición, salas audiovisuales, etc.

Si quieres saber más acerca de la universidad **Claustro de Sor Juana**, puedes llamar a los teléfonos: 709•5420 o 709•2952, en México, D.F.

Universidad **Madero**

Esta universidad tiene más de 12 años en la ciudad de Puebla y cuenta con el apoyo del Instituto Mexicano Madero, una de las instituciones con más prestigio en este lugar, pues fue fundada hace 120 años.

La universidad Madero te ofrece un programa educativo que abarca desde el jardín de niños hasta la universidad, y pone mucho énfasis en la preparación cultural, intelectual

PROFESIONES Y OFICIOS

Mosaico cultural video

A. Para discutir. En grupos, discutan las siguientes preguntas.

1. ¿Cuáles son las profesiones más populares entre los jóvenes norteamericanos? ¿Por qué?

2. ¿Cuál cree Ud. que es la profesión o el oficio más importante en la sociedad? Explique.

B. Vocabulario útil. Antes de continuar, estudie las siguientes palabras que le van a ayudar a comprender la información en el video.

el afilador *persona que repara cuchillos y tijeras*
el (la) artesano(a) *persona entrenada en los oficios manuales*
la dignidad *respeto propio*
el (la) indígena *original de América*
la mariposa *insecto de alas muy grandes y, en muchos casos, de colores vivos*
la materia prima *base para la elaboración de un producto*
la mecedora *silla de diseño especial que le permite balancearse hacia adelante y hacia atrás*
la mosca *insecto volador pequeño de color negro que se encuentra con frecuencia en las basuras*
la naturaleza *el universo físico (el paisaje, las plantas, los animales, etc.)*
el (la) peluquero(a) *persona que corta pelo*
la primera dama *la esposa del presidente de un país*

Ahora, complete las siguientes frases con las palabras apropiadas del Vocabulario útil.

Ex. B: 1. artesanos 2. peluquero
3. primera dama 4. materia prima
5. moscas / mariposas

1. Me gustaría comprar una muestra típica del trabajo de los _____ de esta región.

2. Tienes el cabello muy largo. Debes visitar un _____.

3. Nuestra _____ es una mujer admirable.

4. La _____ de estos pantalones es el algodón.

5. Este hombre estudia la fauna de este país. Su colección de _____ es famosa en todo el mundo.

A mirar y a escuchar. Observe ahora el video "Profesiones y oficios", y luego, conteste las siguientes preguntas.

Ex. C: 1. médico, primera dama, administradora de empresas, artesanos
2. through 5. *Answers will vary.*
6. afilador

C. ¿Comprendió Ud. bien? Conteste las siguientes preguntas en su cuaderno.

1. ¿Cuál es la profesión de las siguientes personas?

Raúl Carvajal
Lidya Vásquez Castrellón
Sonia del Carmen Roca de Acevedo
Los hermanos Rodríguez

2. ¿Cuál de estas profesiones u oficios le parece más difícil? ¿Por qué?

3. ¿Cuál le parece más fácil?

4. ¿Cuál le gustaría desempeñar?

5. ¿Cree Ud. que todos estos oficios son apreciados de una manera similar en la sociedad? ¿Por qué?

6. ¿Qué profesiones u oficios que vio en el video no existen en los Estados Unidos?

Aprendices de pobre

Jóvenes en Misquic, México

A. Antes de leer. Conteste las siguientes preguntas en su cuaderno y luego discuta sus respuestas con un(a) compañero(a). Presenten un resumen de sus ideas al resto de la clase.

1. ¿Cree Ud. que va a ser fácil o difícil conseguir un empleo cuando termine su carrera?

2. ¿Cuál de los siguientes factores cree que se necesita para obtener un buen empleo hoy en día?

a. educación

b. palancas

c. belleza física

d. simpatía

e. agresividad

f. un buen guardarropa *(wardrobe)*

g. conocimiento de lenguas extranjeras

h. otros (especifique)

3. ¿Cree Ud. que es mejor ir a la universidad o trabajar por un tiempo después de terminar la escuela secundaria? ¿Por qué?

4. ¿Qué oportunidades de trabajo existen en los Estados Unidos para las personas que no tienen formación profesional? ¿Cómo son sus ingresos?

5. ¿Qué problemas enfrentan los jóvenes que tienen hijos, se casan o simplemente deciden no ir a la universidad al terminar la escuela secundaria?

B. Vocabulario útil. Construya una oración acerca de las carreras y la vida profesional con cada una de las siguientes palabras.

1. **el aprendiz,** *persona novata o sin experiencia, que empieza un trabajo*

2. **rentable,** *que produce renta o ganancias*

3. **estar de prueba,** *estar en un período de observación en el que tendrá que demostrar habilidad para desempeñar el cargo deseado*

4. **el madrugón,** *acción de levantarse muy temprano, usualmente antes del amanecer*

5. **el piso,** *apartamento*

6. **la fe,** *total confianza en algo o alguien*

7. **superarse,** *ser mejor cada día*

8. **estrenarse,** *usar una prenda de vestir por primera vez*

C. A leer. El siguiente artículo trata sobre los problemas que enfrentan los jóvenes españoles para encontrar un empleo satisfactorio y bien remunerado al terminar la escuela secundaria. Léalo y luego conteste las preguntas.

Have students read article once before doing Act. D. Then have them read it a second time before attempting Act. E and Act. F.

Aprendices de pobre

Unos 24.000 jóvenes se 'estrenan' en el mercado laboral a cambio de bajos sueldos

INMACULADA
DE LA FUENTE

Con la misma inercia con que un adulto bebe un café tras otro al cabo del día, ellos beben y beben *coca-cola*. La *chupa*, los tejanos, la camiseta y el calzado deportivo son sus más inmediatas señas de identidad: aún no han aprendido a cambiar esas ropas informales por la corbata, el traje sastre o el uniformado atuendo de trabajo. Para qué, si aún les queda tanto para llegar a oficial, o a dependiente, o a *maître.* Y no digamos a jefe.

Lejos de ser unos soñadores, la mayoría apenas acaricia otra cosa que sacarse el carné de conducir con la primera nómina. Aunque ellas piensan más en tener un coche —"aunque sea destartalado"— y ellos sólo *flipan* a lomos de una moto. Gracias a vivir con sus padres, muchos lograrán parte de sus sueños y entrarán de lleno en la sociedad de consumo. Pero no podrán modificar sustancialmente su vida. Casarse, emanciparse, disponer de una vivienda propia y, eventualmente, tener hijos. Todo eso vendrá después. Mucho después.

Su destino es ser aprendiz. O aprendiza. Porque tienen entre 16 y 28 años, carecen de experiencia y el fantasma del paro les ha bajado los humos y les ha enseñado "a luchar". De nuevo el culto al meritoriaje, la aceptación de que hay que pagar un peaje por ser joven o por entrar en ese selecto club en el que se ha convertido el mercado de trabajo, la asunción de un cierto romanticismo forzoso: sufrir para llegar. ¿Adónde? A la sociedad de consumo, a las colas ante la cajera del hipermercado, a la normalidad de tener un trabajo,

El artículo continúa en la siguiente página.

Vocabulario (para todo el artículo):

a cambio de	*in exchange for*
acceder	*to achieve, reach, obtain*
el afán	*eagerness, hurry, rush*
aprovecharse	*to take advantage of*
asentarse	*to settle down, establish oneself*
bajar los humos	*to take down a peg*
la basura	*garbage*
burlarse	*to make fun of*
la cajera	*cashier*
el calzado	*footwear*
la carga	*load, burden*
el carné de conducir	*driver's license*
el chaval	*boy, young man (slang / Spain)*
la chupa	*jacket (slang)*
el crío	*young child*
el desparpajo	*pertness, flippancy*
destartalado	*shabby*
flipar	*to please, make someone happy (slang)*
la imprenta	*press*
imprescindible	*essential*
el meritoriaje	*merit system*
la mili	*military service*
minusválido	*handicapped*
el peaje	*toll*
la propina	*tip*
quedar	*to remain, be left*
rentable	*profitable*
el repartidor	*distributor*
el reto	*challenge*
sellar	*to seal*
la seña	*sign, signal, indication*
subvencionado	*subsidized*
sufrir	*to suffer, endure*
los tejanos	*blue jeans*
la trampa	*trap*

El artículo continúa en la siguiente página.

un piso y una familia.

Pronto hará 17 años, pero cada vez que sonríe aparece un paisaje de dientes claveteados por un aparato de ortodoncia. Sin duda, un signo inequívoco de adolescencia, por más que la ortodoncia se haya extendido hoy a edades más adultas. Como si esos dientes, en trance ya de ser domesticados, fueran una metáfora de la forja laboral que acaba de iniciar. Vecino de Zarzaquemada, un municipio cercano a Madrid, José Manuel Prieto lleva un mes en una imprenta de la capital como aprendiz. Lo más duro es levantarse temprano —tiene que coger primero un tren y luego el metro— para estar en el trabajo a las nueve. Lo que más le anima es que va a ganar algo más que esas 42.000 pesetas (unos 350 dólares) ralas y legales que a muchos les da vergüenza confesar.

—Yo cobro bastante, 60.000 pesetas (unos 520 dólares), porque según el jefe lo merezco y voy a trabajar más de lo normal.

José Manuel tiene desparpajo. Sólo estudió Educación General Básica (EGB), vive con su madre, viuda, y no le quita el sueño la política ni la ecología, aunque, desde luego, ama la naturaleza. Los fines de semana sale por el barrio de Zarzaquemada, o va a la discoteca Universal Sur de Leganés, una ciudad situada a unos 20 kilómetros de Madrid. Su meta es quedarse en la imprenta y mejorar. Su jefe, Manuel del Prado, es un joven empresario que también empezó desde abajo y que asegura que entiende "a los chavales que buscan una oportunidad".

Dar mala imagen

Pero no todos los empresarios aceptan hablar con naturalidad de sus aprendices. "No da buena imagen admitir que has contratado a alguno", dice el gerente de una cadena de cafeterías. "Es una categoría que aún no está asentada y que los sindicatos han desprestigiado como *contrato-basura*, y los críos lo acusan". Aunque admite que eso es lo que los empresarios han pedido y que "no es rentable estar pagando doscientas mil pesetas (1.200 dólares) por poner un café".

Sólo hasta el 20 de febrero el Inem ha bendecido 24.307 contratos de aprendizaje en toda España, en una proporción de tres chicos por una chica, fundamentalmente en los sectores de servicios y comercio. En enero, el ritmo de contratación diaria se cifró en 300; en febrero ha aumentado a 770 por día. Otros muchos estarán sellándose mientras se escriben estas líneas. Un universo de situaciones personales diferentes, pero lo suficientemente significativo para intuir que, pese al clamor de los sindicatos, muchos están dispuestos a agarrarse a este clavo ardiendo aunque el trabajo en sí no les suscite ninguna pasión ni cumpla sus expectativas. Como si asumieran que algo injusto puede ser, a la vez, condenadamente necesario. Al menos durante un tiempo. Porque ésa es, al menos, la esperanza del aprendiz: que su situación sea transitoria.

Álvaro Muñoz también vive en la zona sur de Madrid, en Leganés, y como Juan Manuel, el aprendiz de la imprenta citado, tiene 17 años. Y también tiene que levantarse al alba para estar a las 7.30 en el puesto de frutería en el que trabaja. Álvaro es repartidor en un puesto del mercado de La Paz, en el barrio madrileño de Salamanca. "Sólo llevo unos días y estoy de prueba, pero me han dicho que me van a hacer el contrato", dice. Consiguió el trabajo a través de otro amigo que lleva tiempo como repartidor en ese mercado y está contento. El trabajo acaba a las tres de la tarde, y además del sueldo —"ganaré unas 60.000 pesetas"—, cuenta con las propinas que recibe al llevar los pedidos.

—Las señoras, o las criadas, suelen darme 100 o 200 pesetas. Y saco unas mil pesetas al día.

Al final, una cantidad importante para un chaval que vive con sus padres. "Por las tardes estoy sacándome el carné de conducir. O me echo la siesta para descansar del madrugón". Los estudios nunca fueron su fuerte. Los dejó en EGB y aún tiene que sacarse el graduado escolar.

—¿Aspiraciones? De momento no tengo ninguna aspiración. Ya vendrán.

Sandra, de 22 años, sí tiene aspiraciones. Lleva un mes de aprendiza en un una tienda de fotocopias, pero ahí acaban sus semejanzas con Juan Manuel o Álvaro. Sandra ha estudiado el Curso de Orientación Universitaria (COU), imprescindible para acceder a la Universidad en España, y luego *marketing* durante tres años. Pero cuando terminó *marketing* se dio cuenta de que no era suficiente para encontrar trabajo y se planteó qué nuevo curso podía hacer después. E hizo uno de *marketing* bancario subvencionado por la Comunidad autónoma de Madrid. Entonces mandó sus currículos a los bancos y sólo una caja le anunció que quizás en junio haya un trabajo para ella. Así que Sandra se enfrentó a la realidad. Y la realidad fue que donde podía trabajar era en las fotocopias por 80.000 pesetas al mes.

Esta joven está habituada a alternar trabajo y estudio desde hace años. "Primero trabajé en una consulta médica. Luego, fui paje real en una de las campañas de Navidad de los grandes almacenes El Corte Inglés. Después vendí calendarios a domicilio para una empresa de ayuda a minusválidos...".

Sandra seguirá haciendo cursos si no prospera en su actual trabajo. Confía en que así, más tarde o más temprano, encontrará el puesto que se merece. Si entretanto el sistema se burla o se aprovecha de sus sueños, tanto peor para el sistema, porque ella tiene fe. Aunque también es realista: "Veo el futuro muy negro y sé que tendré que hacer diversos trabajos hasta asentarme".

Ir a por todas

Raquel tiene 20 años, dos menos que Sandra, pero [comparten un parecido afán de superarse] Vive con sus padres en un barrio cercano a Vicálvaro, en la periferia de Madrid, y estudió COU y primero de Filología y luego informática. También ha trabajado un mes en El Corte Inglés, en rebajas. Ahora, con el contrato de aprendizaje, trabajará como ayudante en una administración de lotería de Madrid. "El sueldo no es alto, pero me dará experiencia", dice, a la vez que anuncia que seguirá estudiando los fines de semana. "Hay que ir a por todas", sentencia.

De la misma edad que Raquel es el valenciano Eduardo Torres, que trabaja también como aprendiz en un taller de automóviles en la capital del Turia. Eduardo comenzó a estudiar formación profesional en la rama de electrónica, pero ha preferido aparcar los estudios y "coger experiencia". "Estoy empezando, y no es que adore esto. pero por ahora está bien. En unos años me gustaría tener más retos, aunque dentro de este sector" añade. "Ahora lo que quiero es ahorrar para la *mili*".

Los sindicatos lo ven de una manera diferente. Además de reiterar que "el contrato de aprendizaje es una trampa para cubrir un puesto de trabajo con mano de obra barata", una sindicalista de Cantabria ligada a la enseñanza señala que "boicotea la formación profesional", "ya que se va a primar la contratación de estudiantes de primer grado de formación profesional como aprendices frente a los de segundo grado, a los que tendrían que contratar en prácticas". Claro que eso a ellos les importa poco. [Lo que ellos quieren es coger el dinero fresco, dejar de ser una carga familiar, poder pagarse la discoteca, comprarse una *chupa* y correr. ¿Hacia dónde? Hacia alguna parte.]

Ex. D: **José:** 17, EGB, aprendiz de imprenta, $42.000 pesetas; **Álvaro:** 17, EGB, repartidor, $60.000 ; **Sandra:** 22, COU / marketing, fotocopias, $80.000; **Raquel:** 20, COU / filología / informática, ayudante en una administración de lotería, *(no information on salary)*; **Eduardo:** 20, electrónica, taller de autos, *(no information on salary)*

D. Los jóvenes españoles. Complete el siguiente cuadro con la información del texto.

Nombre	Edad	Estudios	Emplea actual	Salario
José Manuel Prieto				
Álvaro Muñoz				
Sandra				
Raquel				
Eduardo Torres				

Ex. E: 1. Es un contrato similar al *internship* en los EE.UU. Los jóvenes son contratados por un salario más bajo, hasta que aprenden el oficio. En España parece ser más popular entre los varones (3 a 1) y los trabajos van de mecánico a operador de imprenta. Los salarios de los aprendices son más bajos que los de trabajadores contratados bajo circunstancias normales para desempeñar cargos similares. 2. Los sindicatos están en contra de este sistema porque amenaza los empleos de obreros calificados. 3. Ellos piensan solamente en el presente, dicen que quieren dinero fácil para atender a sus necesidades presentes. 4. La administración se beneficia más de este sistema de trabajo barato. 5. *Internships:* la diferencia es que por lo general son parte de un programa de estudios y sus contratos son por períodos de tiempo más breves. *Examples will vary.*

Estrategias de lectura

Recuerde que es importante identificar la función de las diferentes partes de un texto para comprenderlo mejor. Lea de nuevo el artículo y trate de identificar sus partes (introducción, tesis principales, argumentos, ejemplos, conclusiones e implicaciones). Use el ejercicio F como guía.

Ex. F: *Suggested answers:* **Tesis 2:** Los contratos de aprendiz son cada día más populares, pero los que se benefician no son los jóvenes. *Ejemplos:* Los datos sobre contratos y las opiniones de los administradores y sindicalistas. **Tesis 3:** Los jóvenes son atrapados por el sistema y les cuesta salir del ciclo de la pobreza. *Ejemplos:* Sandra, Raquel, Eduardo **Conclusión:** El sistema de aprendiz es una trampa que interfiere con la formación profesional de los jóvenes; sin embargo, ellos no se dan cuenta del peligro debido a los módicos beneficios económicos inmediatos que les brinda.

E. ¿Comprendió Ud. bien? Responda a las siguientes preguntas.

1. ¿Qué es un contrato de aprendiz? ¿Quiénes escogen más esta opción, los chicos o las chicas? ¿Qué tipo de trabajos hacen? ¿Cómo son sus salarios?
2. ¿Por qué están los sindicalistas en contra de este sistema?
3. ¿Por qué quieren muchos jóvenes españoles ser aprendices? ¿Lo consideran una solución laboral definitiva?
4. ¿Quién se beneficia más de este sistema: los jóvenes, el gobierno o los patrones? Explique.
5. ¿Existe algo similar a este sistema de aprendizaje aquí en los Estados Unidos? Dé ejemplos.

F. El bosquejo *(outline)* del artículo. Complete el siguiente esquema del argumento del artículo. Exprese las ideas en sus propias palabras.

Introducción	*Descripción general de la situación laboral de los jóvenes en España.*
Primera tesis	*Es difícil encontrar un buen empleo. Por eso, los jóvenes se han resignado a pagar un peaje para ingresar al mercado de trabajo.*
Ejemplos	*el caso de José Manuel*
Segunda tesis	
Ejemplos	
Tercera tesis	
Ejemplos	
Conclusión(siones)	

G. Para discutir.

1. ¿Es la autora pesimista u optimista acerca de la situación de los jóvenes en el mercado laboral en España? Explique su respuesta.
2. ¿Cómo es la situación en el mercado laboral para los jóvenes en los Estados Unidos? ¿Es parecida a la situación de España descrita por la autora en *Aprendices de pobre*? Explique con ejemplos.

H. Lo que Ud. haría... ¿Qué haría Ud., si fuera Sandra o Álvaro? ¿Seguiría trabajando como aprendiz? ¿Pediría un préstamo para terminar sus estudios? ¿Dejaría la escuela y buscaría otro empleo de tiempo completo...?

ACTIVIDAD DE EXPANSIÓN

Muchas compañías internacionales buscan empleados jóvenes que tengan metas claras y que puedan comunicarse efectivamente con gente de otras culturas. Escriba un ensayo sobre sus antecedentes académicos, su experiencia laboral y, desde luego, sobre sus metas para el futuro. (Piense que se lo va a entregar a un posible patrón.) Incluya información de cómo piensa usar sus conocimientos de español en sus futuras actividades profesionales.

Phrases/Functions: Writing a letter (formal); expressing intention; requesting or ordering; attracting attention; hypothesizing

Vocabulary: Office; working conditions; professions

Grammar: Verbs: future; conditional; *If*-Clauses

tabaco

jugos naturales

azúcar

MEXICO

La Habana

Ciudad de
México

CUBA

HONDURAS

Tegucigalpa

café

petróleo

carbón

gas

cinc

estaño

Bogotá

COLOMBIA

cereales

carne

BOLIVIA

La Paz

Sucre

camarones

café

Buenos
Aires

langosta

ARGENTINA

bananas

petróleo

electrodomésticos

| 0 | 250 | 500 | 750 | 1000 mi. |

| 0 | 500 | 1000 | 1500 km |

¿Sabe Ud. cuáles son los principales productos de exportación de estos países hispanos?

CAPÍTULO 7

Interamerican integration is closer to becoming a reality today. In December 1994 Chile was invited to join NAFTA, and the presidents of the Americas have also signed an agreement leading to the creation of a hemispheric free trade zone as early as the year 2005.

Answer key: **Argentina:** cereals, leather, meat; **Bolivia:** natural gas, zinc, tin; **Mexico:** oil, machinery, appliances; **Colombia:** coffee, oil, coal; **Honduras:** coffee, bananas, shrimp, and lobster; **Cuba:** sugar, fruit juices, tobacco

LA INTEGRACIÓN INTERAMERICANA

En este capítulo Ud. va a

● aprender acerca del Tratado de Libre Comercio para América del Norte (TLC)

● discutir las ventajas y desventajas de la integración interamericana

● leer acerca de la situación actual de la mujer en América Latina

● aprender acerca de los esfuerzos ecológicos en el mundo hispano

● aprender acerca de los valores patrióticos hispanoamericanos

Estrategias de lectura

● cómo identificar e interpretar el lenguaje figurado de la poesía (metáforas y símiles)

http://siempre.heinle.com

Una los productos de exportación con el país al que corresponden.

Vocabulario

La economía — *Economy*

el arancel	*tariff*
beneficiar	*to benefit*
el consumidor	*consumer*
el desarrollo	*development*
la empresa	*company*
la mano de obra	*work force*
perjudicar	*to harm*
el subdesarrollo	*underdevelopment*
el tratado	*treaty*
el TLC	*NAFTA*

La política — *Politics*

la dictadura	*dictatorship*
la libertad	*freedom*
la patria	*homeland*
el poder	*power*
el voto (sufragio)	*vote*

La ecología — *Ecology*

el bosque	*forest*
la contaminación	*contamination, pollution*
la erosión	*erosion*
explotar	*to exploit*
la lluvia ácida	*acid rain*
el medio ambiente	*environment*
el reciclaje	*recycling*
reciclar	*to recycle*
el recurso natural	*natural resource*
la reforestación	*reforestation*
el río	*river*
la selva	*jungle*
sembrar	*to plant*
el suelo	*soil*

Hombres y mujeres trabajan en una de las muchísimas maquiladoras de Tijuana. Las maquiladoras son producto de la necesidad de mano de obra barata creada por el Tratado de Libre Comercio entre los EE.UU. y México.

PARA EMPEZAR

A. Puntos de vista. Desde el punto de vista de los Estados Unidos, ¿cuáles son algunas de las críticas más comunes acerca del Tratado de Libre Comercio? Discuta sus ideas con otro(a) compañero(a) de clase.

B. ¿Qué piensa Ud.? Entre las objeciones de la prensa hispana al Tratado de Libre Comercio para América del Norte se destacan las siguientes:

* la explotación de la mano de obra hispana
* el impacto ecológico de las empresas que se trasladarán a estos países hispanos
* la pérdida de la autonomía política de América Latina frente al poder de los Estados Unidos

¿Qué piensa Ud. sobre cada uno de estos temas? Hable sobre ellos en grupos de cuatro. Luego, discutan sus ideas con el resto de la clase.

En las siguientes secciones se explorarán en más detalle esos aspectos de la nueva era de relaciones entre los Estados Unidos y América Latina.

C. Adivina. En parejas, déle a su compañero(a) una definición en español de alguna de las palabras del vocabulario. Cuando la adivine, su compañero(a) le dará entonces una definición a Ud. también para que la adivine.

Some students may know very little about NAFTA. Discussing the ideas generated in Act. A as a class is a good opportunity to expose less-informed students to some of the basic concepts related to the agreement. Depending on the nature of the class, you may want to supply the class with a brief paragraph about the agreement before beginning this activity. Then make a transition to Act. B, which looks at the treaty from a Latin American perspective.

ENTREMOS EN MATERIA

El Tratado de Libre Comercio para América del Norte (TLC)

A. Para discutir. Discuta con tres compañeros(as) las siguientes preguntas. Al terminar, presenten un informe al resto de la clase.

1. ¿Qué sabe Ud. acerca del TLC?
2. ¿Cree que ha sido una buena idea? ¿Por qué?
3. ¿Quiénes cree Ud. que se han beneficiado con este tratado? ¿Quiénes cree que se han perjudicado?

B. A leer. Lea ahora el siguiente artículo, escrito a fines de 1993, sobre los comienzos del TLC y responda a las preguntas. **Vocabulario: agilizarse,** *to speed up;* **escaso,** *scant;* **inundación,** *flood;* **vigésima,** *twentieth*

México y Estados Unidos eliminarán sus aranceles

MEXICO, (AP). -Las barreras a más de la mitad del comercio de Estados Unidos con México desaparecerán el 1 de enero. Pero los efectos inmediatos de estos cambios supuestamente radicales del Tratado de Libre Comercio para América del Norte (TLC) han de ser sorprendentemente escasos.

Desaparecerán los aranceles sobre alrededor de la mitad de las exportaciones estadounidenses a México y 75% de las importaciones estadounidenses de México. Para el año 2004, menos de 1% del comercio entre los dos países estará sujeto a aranceles.

México perfecciona su competencia en el mercado mundial

El TLC es sólo una parte, si bien importante, de un proceso que ya liberalizó la economía de México, trayendo una inundación de importaciones y forzando a muchas compañías mexicanas a agilizarse o cerrar.

El pacto es el mayor logro de la campaña del presidente Carlos Salinas de Gortari para que la economía del país pueda competir a nivel mundial.

Pero ambos países negociaron protecciones para industrias leves que pudieran ser afectadas adversamente por la competencia extranjera. En estos casos, la reducción arancelaria tardará hasta 15 años.

Varios economistas dicen que los efectos del TLC seran sentidos principalmente en México, cuya economía tiene una vi-

Camiones de carga esperando para cruzar la frontera México-americana

gésima parte del tamaño de la estadounidense y es por tanto más sensible al cambio.

"La mayoría de las cosas que usted hallarían en (la tienda por departamentos estadounidense) Wal-Mart, por ejemplo, entrarán a México libres de aranceles", dijo Carlos Poza, funcionario económico de la embajada de Estados Unidos en esta capital especializado en el TLC.

Poza dijo que los consumidores mexicanos solo verán cambios graduales.

"Aún hay inventarios sobre los cuales se han pagado aranceles", dijo, y los importadores no estarán dispuestos a sobrellevar la pérdida.

Productos estadounidenses tales como computadoras, helicópteros, máquinas de rayos X, equipo

para telecomunicaciones y numerosos productos agrícolas figuran entre los 4 mil 500 artículos que quedarán libres de aranceles inmediatamente.

Los aranceles sobre los automóviles fabricados en Estados Unidos serán cortados de 10 a 50% el 1 de enero y desaparecerán en cinco años. Las fábricas automovilísticas estadounidenses vendieron unos 5 mil coches en México en 1993 y ésperan vender al menos 10 veces esa cantidad el próximo año.

Los aranceles sobre la mayor parte del equipo industrial estadounidense exportado a México desaparecerán dentro de cinco años.

Alrededor de la mitad de las exportaciones de México a Estados Unidos ya entran libre de aranceles.

C. ¿Comprendió Ud. bien? Conteste las siguientes preguntas en su cuaderno.

1. ¿Cuándo entró en vigencia el Tratado de Libre Comercio para América del Norte?

2. ¿Cuáles son los términos del tratado?

3. ¿Cuál es el beneficio que esperaba obtener México de este tratado?

4. ¿Qué industrias estadounidenses serían las primeras en beneficiarse de este tratado?

Ex. C: 1. el primero de enero de 1994 2. la eliminación de los aranceles de la mitad de las exportaciones de los EE.UU. a México y de 75% de las importaciones mexicanas a los EE.UU.; para el año 2004, menos del 1% del comercio entre los dos países estará sujeto a aranceles 3. más productos de consumo a bajo precio, más producción, más trabajo 4. alta tecnología, maquinaria pesada, automóviles

Optional Activity (after completing *México y Estados Unidos eliminarán sus aranceles*): To summarize the points covered in the article, put a chart on the board listing the pros (+) and cons (-) for both Mexico and the United States.

El sueño americano

A. Un continente sin fronteras comerciales. Es muy posible que la integración comercial entre los países del continente americano sea una realidad a comienzos del siglo XXI. En parejas, lean el siguiente artículo escrito a principios de 1995.

Vocabulario:

adolecer	*to lack*
concretar	*to make concrete*
crecer	*to grow*
reto	*challenge*

EL SUEÑO AMERICANO

La idea nació a mediados del siglo XX, en Uruguay (1967), pero fue el pasado diciembre en Miami cuando se concretó: el Nuevo Continente será, desde el 2005, una zona de libre cambio que agrupará a 33 países en los que, como dice el presidente de EE UU, Bill Clinton, se extenderá el sueño americano. Un sueño, del que sólo está excluida la Cuba de Fidel Castro, que abarca a 850 millones de consumidores, el doble de los de la actual Unión Europea, y que sustituirá a los actuales acuerdos de cooperación regional: el Tratado de Libre Comercio (TLC) y Mercosur.

Pero, aunque las economías de América Latina crecen a un promedio de un 3,7 por ciento, los retos a superar aún son grandes: la pobreza generalizada —casi la mitad de la población al sur del Río Grande es pobre—; excepto Chile, América Latina adolece de falta de ahorro —sólo un 20 por ciento del PIB comparado con el 34 por ciento de Asia—; la dependencia de la inversión extranjera es aún muy fuerte; el nivel de educación deja mucho que desear; la burocracia es excesiva y la metástasis del cancerígeno narcotráfico sigue fuera de control.

Mercosur
Tratado de Libre Comercio

	Población	PIB per cápita (en doláres)
ARGENTINA	33.100.000	6.050
BOLIVIA	8.060.000	680
BRASIL	159.400.000	2.770
CANADA	27.300.000	19.870
COLOMBIA	34.000.000	1.290
COSTA RICA	3.150.000	2.000
CUBA	10.900.000	1.562(89)
CHILE	13.400.000	2.730
ECUADOR	11.300.000	1.070
EL SALVADOR	5.620.000	1.170
EE UU	249.000.000	23.319
GUATEMALA	10.040.000	980
HAITI	6.760.000	380
HONDURAS	5.540.000	580
MEXICO	87.800.000	3.470
NICARAGUA	4.250.000	410
PANAMA	2.500.000	2.440
PARAGUAY	4.650.000	1.340
PERU	22.900.000	950
R.DOMINICANA	7.500.000	1.040
URUGUAY	3.150.000	3.340
VENEZUELA	20.700.000	2.900

Fuente: Banco Mundial y «The Economist»

Preparación gramatical

Antes de hacer este ejercicio repase el uso de la voz pasiva en las páginas 232–233 y de la **se** pasiva en la página 234. Después, haga las secciones 7.1 y 7.2 de la *auto-prueba*, páginas 235–236.

B. ¿Qué dice el artículo?   Respondan a las siguientes preguntas sobre lo que Uds. leyeron.

1. ¿Cuándo y dónde surgió la idea de la creación de una zona de libre cambio en el nuevo continente? ¿Cuándo será una realidad?

2. ¿Cuántos países formarán parte de este convenio? ¿Qué país estará excluido? ¿Por qué?

3. ¿Cómo se compara este mercado con el de la Unión Europea? ¿Qué implicaciones puede tener esta nueva organización económica para los Estados Unidos y para los países hispanos?

4. Mencione cinco de los problemas económicos y sociales más serios que enfrenta América Latina en este momento.

5. ¿Por qué cree Ud. que se llama este artículo "El sueño americano"?

6. Usando las estadísticas del Producto Interno Bruto (PIB) per cápita, explique la frase "casi la mitad de la población al sur del Río Grande es pobre".

C. El impacto del Tratado de Libre Comercio para América del Norte.   Escriba un párrafo breve sobre el TLC. Use la voz pasiva cuando sea apropiado. Al terminar, intercambien sus ensayos con un(a) compañero(a) y comenten sobre los siguientes aspectos.

1. *Contenido:* ¿Incluyó toda la información necesaria (fecha de iniciación del tratado, países envueltos, términos del tratado, importancia para cada país, etc.)?

2. *Organización:* ¿Incluyó una introducción y una conclusión? ¿Presentó las ideas de una manera clara y lógica? ¿Usó los conectores para dar cohesión a su ensayo?

3. *Gramática:* ¿Detectó Ud. problemas de concordancia o de orden de palabra? ¿Usó la voz pasiva correctamente?

4. *Aspectos mecánicos:* ¿Encontró Ud. problemas de ortografía o de puntuación? ¿Qué tal es la presentación del texto?

Después de hacer las correcciones pertinentes a su composición, entréguesela a su profesor(a) en la próxima clase.

D. Diferentes opiniones.   Algunas personas están a favor de la integración económica y cultural de las Américas (incluso, claro está, los Estados Unidos), mientras que otras prefieren que éstas mantengan cierta independencia. Defienda una de estas dos posiciones.

Estudiante A: A favor de la integración

Estudiante B: En contra de la integración

La explotación de la mano de obra hispana

Before beginning the next reading, have students discuss the pictures shown here. What types of jobs do these women have? Are these jobs traditional or non-traditional? Then discuss what kinds of jobs are traditionally held by men as compared to those which are traditionally held by women. This discussion will lead students into pre-reading activity A.

Violeta Chamorro, ex-presidenta de Nicaragua

Obreras en una planta de partes eléctricas en Naco, Sonora, México

Campesina en Cuzco, Perú

Abogada hispana en Hartford, Connecticut

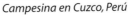

A. Antes de leer. La explotación de la mano de obra hispana ha sido otra de las críticas al TLC. Se piensa que muy pronto las empresas norteamericanas van a explotar a los trabajadores hispanoamericanos. En el siguiente texto Ud. va a encontrar información sobre uno de los grupos más importantes de la fuerza laboral latina: la mujer. Antes de leerlo, discuta con algunos de sus compañeros(as) las siguientes preguntas acerca de la situación de la mujer aquí, en los Estados Unidos.

1. ¿Creen que en el campo laboral la mujer norteamericana tiene las mismas oportunidades que el hombre?

2. ¿Qué problemas enfrenta la mujer americana en el trabajo hoy en día?

3. ¿Creen que la situación de la mujer ha mejorado o empeorado en los últimos años? Expliquen.

B. Vocabulario útil. Escriba una definición para cada una de las siguientes palabras. Puede consultar el diccionario si así lo requiere.

1. obstáculo

2. estereotipo

3. capacitación

4. reivindicación

5. concientización

6. desarrollo

7. discriminación

8. igualdad

C. A leer. Lea el siguiente artículo sobre la situación actual de la mujer en América Latina y prepare un breve resumen de las ideas principales en su cuaderno.

La mujer latinoamericana
PROTAGONISTA

Sin lugar a dudas, la mujer en Latinoamérica ha logrado una serie de reconocimientos en las distintas áreas. Sin embargo, aún existen barreras culturales y políticas que le impiden desarrollarse plenamente.

Aunque han sido grandes las contradicciones y diferencias -estratos socioeconómicos, grados de modernización entre países y origen rural o urbano-, la mujer en Latinoamérica se ha convertido en un sujeto importante dentro de las actividades económicas, políticas y sociales.

Hoy, según la Cepal, la mujer conoce y emplea métodos anticonceptivos, ha optado por tener un número menor de hijos y establecerse en las ciudades, ha experimentado la prolongación de sus años de vida y participa en la economía. De igual forma, la autonomía e independencia económica han empezado a ser parte de sus valores. Como fruto de sus logros surgieron nuevos agentes socializadores, además de la familia, abriendo de esta manera nuevos espacios a su quehacer diario.

Sin embargo, muchos son los obstáculos que frenan la participación integral de la mujer latinoamericana en los diferentes sectores. Estos provienen principalmente de estereotipos culturales, condiciones económicas desfavorables, limitaciones jurídicas, poca educación y capacitación, y falta de empleo suficiente y adecuado.

Lucha continua

Haciendo historia, en la primera mitad del siglo las mujeres latinoamericanas, especialmente las del sector medio y minoritariamente alto, se organizaron para la obtención del sufragio, la educación y el trabajo. Posteriormente, canalizaron sus demandas a través de organizaciones femeninas en torno a temas de derechos

humanos y reivindicaciones en el plano de su situación como mujeres.

Estas organizaciones, según Ofelia Gómez, miembro fundador del Taller de Recursos para la Mujer en Colombia, son heterogéneas y para hablar de ellas en Latinoamérica se hace genéricamente con el nombre de Movimiento Social de Mujeres. Sus centros han recogido información cualitativa sobre la situación de la mujer. A través de las redes han ayudado a difundir información y conocimientos, y a intercambiar ideas.

Son precisamente estas organizaciones las que están generando en la región nuevas demandas con relación al mejoramiento de las condiciones de vida, la protección frente a la violencia familiar, el apoyo en infraestructura para las mujeres trabajadoras, cambios globales en legislación y la concientización de la mujer como sujeto histórico poseedor de imagen e identidad propias.

El hogar y el trabajo

Hoy la mujer latinoamericana cumple dos funciones al mismo tiempo. Se desenvuelve entre el hogar y el trabajo, es decir, tiene una doble jornada laboral. A este respecto, es importante destacar que la crisis de los años ochenta incrementó de manera notable el volumen de hogares con jefatura femenina.

El trabajo femenino en 1950 no configuraba la quinta parte de la fuerza laboral. En 1990 este sector estaba constituido por 40 millones de mujeres, es decir la tercera parte de la fuerza de trabajo en la región. Según estimativos del Banco Interamericano de Desarrollo, BID, para el año 2000 la cifra se elevará a 53 millones. Por otro lado, en el aspecto educativo, la mayor oportunidad en la región se registró en los niveles socioeconómicos altos, y la menor en los grupos rurales pobres.

No obstante, la participación de la mujer en la fuerza laboral está llena de contradicciones. Por un lado, debe enfrentar altos índices de desempleo, salarios más bajos que los hombres, baja movilidad ocupacional, trabas reales de acceso a los niveles ejecutivos públicos y privados, y por otro, debe hacer frente a patrones culturales que la suponen "inferior" frente a los hombres.

La mujer en Latinoamérica está presente en los diferentes sectores económicos. La proporción de ellas en el sector informal creció en el período 1960 a 1980 entre el 35% y el 39%, en comparación con la participación de la mujer en el total del empleo no agrícola, que alcanzó el 30%. Por otro lado, datos de la FAO indican que en 1985 el menor volumen de trabajadores agrícolas a nivel mundial correspondía a las campesinas de América Latina (15%).

Igualdad de derechos

Así mismo, la igualdad, uno de los objetivos del decenio de los ochenta, interpretado por la Conferencia Mundial de las Naciones Unidas para la Mujer: "Igualdad, Desarrollo y Paz", realizada en julio de 1980 en Copenhague, establecía igualdad jurídica y de derechos, eliminación de la discriminación, e iguales responsabilidades y oportunidades para la participación de la mujer en el desarrollo, tanto en calidad de beneficiaria como de agente activo.

En Latinoamérica más de la mitad de los países han ratificado la Convención sobre la Eliminación de Todas las Formas de Discriminación Contra la Mujer.

Sin embargo, tales medidas no han sido suficientes, ya que el condicionamiento cultural de la mujer ha sido, desde una perspectiva histórica, económica en sus orígenes, basado en la división del trabajo.

A ello se suma el que no todos los países de la región consagran en las constituciones los derechos sociales, económicos y culturales que establecen la igualdad de obligaciones y oportunidades de las mujeres y los hombres, en concordancia con la transformación ocurrida en las relaciones familiares, laborales y políticas.

En los noventa

En los noventa la mujer latinoamericana está integrada en los sectores productivos. Su participación en los procesos socioeconómicos de la región es muy activa. Esto la coloca en un lugar preponderante frente al nuevo sistema económico que se impone en América Latina, la apertura.

Según Elsy Bonilla en el documento "La mujer latinoamericana de los 90", las mujeres pueden jugar un papel determinante en beneficio propio y de la región, si se les hacen propicias las condiciones para tal fin. "Los evidentes problemas de recursos económicos y de atraso pueden ser contrabalanceados aplicando las lecciones de las décadas anteriores, que indican que la equidad no se da automáticamente y que las mujeres son verdaderos recursos para el logro de un crecimiento redistributivo, aunque presentan necesidades y urgencias derivadas de la forma como han sido integradas al desarrollo y las cuales han sido agudizadas por la crisis".

Dada su importante participación dentro del mercado laboral, la mujer de la región puede desempeñar un papel determinante si es integrada al proceso de apertura. De lo contrario, puede estar sujeta a graves problemas que limitarán sus posibilidades reales de incrementar la productividad y el crecimiento económico, lo cual estaría en contra de los postulados de la apertura: crecimiento con equidad, y agudizaría las diferencias socioeconómicas existentes en la región.

Vocabulario:

agudizar	*to make more acute*
configurar	*to form, shape*
establecerse	*to establish oneself*
jornada laboral	*workday*
limitaciones jurídicas	*legal constraints*
ratificar	*to ratify*
traba	*tie, bond, obstacle*

Ex. D: 1. el voto, la educación, el trabajo fuera del hogar 2. el uso de métodos anticonceptivos, la reducción del número de hijos, el trabajo fuera del hogar, su concentración en áreas urbanas, la prolongación de sus años de vida y la adopción de valores como la autonomía y la independencia 3. Son organizaciones populares de mujeres; llevan a cabo investigaciones acerca de la situación de la mujer y dan educación y servicios de apoyo a las mujeres latinoamericanas. 4. Las mujeres representan un sector creciente en la fuerza laboral latinoamericana (una tercera parte del total en este momento). 5. estereotipos culturales, condiciones económicas desfavorables, limitaciones jurídicas, falta de educación, desempleo 6. mayor participación en los procesos socioeconómicos de la región 7. un nuevo sistema económico en América Latina que busca el crecimiento con una mejor distribución de la riqueza

D. ¿Comprendió Ud. bien?

En grupos, contesten las siguientes preguntas.

1. ¿Cuáles fueron los principales logros de la mujer latina entre 1900 y 1950?
2. ¿Qué cambios han tenido lugar recientemente en la situación de la mujer latinoamericana?
3. ¿Qué es el "Movimiento Social de Mujeres"? ¿Qué contribuciones ha hecho para mejorar la situación de la mujer latina?
4. Explique la importancia de la fuerza laboral femenina en la economía de los países latinoamericanos.
5. ¿Cuáles son los obstáculos que existen hoy en día para la mujer en América Latina?
6. ¿Cuáles son las perspectivas para la mujer latina en los años noventa?
7. ¿Qué es "la apertura"? ¿Cuál es su importancia?
8. ¿Cómo se compara la situación de la mujer latina con la de la mujer norteamericana?

E. ¿Qué opina Ud.?
¿Cree Ud. que la situación de la mujer latina va a mejorar o a empeorar con el TLC? Discuta con un(a) compañero(a) sus ideas acerca de esta pregunta. Después compartan sus opiniones con toda la clase.

LA CONSERVACIÓN DE LA NATURALEZA

Mosaico cultural video

Al tiempo de la firma del TLC la atención de la prensa se enfocó también en las deficiencias de la política ecológica en los países hispanoamericanos. Antes de observar el siguiente video sobre programas ecológicos en España y América Latina, complete la siguiente encuesta.

A. Encuesta.
En grupos, contesten las siguientes preguntas y presenten un breve resumen de sus respuestas al resto de la clase.

1. ¿Practican el reciclaje de basuras?
2. ¿Usan sólo detergentes biodegradables?
3. ¿Están a favor de la protección de especies en vías de extinción?
4. ¿Creen que el gobierno debe crear más reservas naturales?
5. ¿Usan productos que no contienen químicos que dañen la capa de ozono?
6. ¿Prefieren productos fabricados a base de productos reciclados?
7. ¿Prefieren usar el transporte público para reducir la contaminación?

Ex. B: aerosoles, gasolina sin plomo, multas, ecoturismo, quetzal

B. Vocabulario útil.
Lea la definición de las siguientes palabras y luego complete el párrafo con la palabra que corresponda según el contexto.

el aerosol *empaque de uso frecuente en productos de uso casero*
la cotorra *pájaro famoso por producir sonidos similares a los humanos*

el deterioro *daño*

el ecoturismo *mezcla de turismo y conservación de la naturaleza*

la gasolina sin plomo *tipo especial de gasolina que contiene menos contaminantes*

el hongo *vegetal simple, usualmente de color blanco o marrón, que se usa frecuentemente en ensaladas y pizzas*

el humo *gas blanco o gris que resulta de un fuego*

el incendio *fuego*

el manejo *control*

la multa *una tarifa que se debe pagar cuando se comete una infracción*

el nido *hogar construido por los pájaros para la crianza de sus pajaritos*

el nutriente *alimento, algo necesario para la vida*

el quetzal *pájaro original de América Central, símbolo nacional de Guatemala*

La conservación del medio ambiente es problema de todos. Los _____, por ejemplo, deben ser reemplazados por otras formas de empaque menos perjudiciales a la capa de ozono. Todos los coches deben usar _____ para reducir la emisión de contaminantes que aumente el fenómeno de calentamiento global. También es necesario que se le den severas _____ a aquellas personas que no cumplan con las leyes de protección del medio ambiente. En vez de construir más hoteles gigantes, sería mejor estimular el _____ y hacer que más personas conozcan y aprecien especies tan bellas de nuestra región, como el _____, que estará muy pronto en vía de extinción si no salvamos su medio natural.

A mirar y a escuchar. Observe con atención el video "Nuestra naturaleza" y responda a las siguientes preguntas.

Tráfico y contaminación en la Ciudad de México

Ex. C: Costa Rica: deforestación; ecoturismo; día del árbol; **Puerto Rico:** deforestación, creación de parques naturales como el Yunque; **México:** contaminación; restricciones del tráfico de automóviles, mejoramiento de los parques en la ciudad, uso de gasolina sin plomo y de taxis ecológicos; **España:** incendios, contaminación, desertificación; legislación, educación

C. ¿Comprendió Ud. bien? Complete el cuadro con la información del video.

País	Problema ecológico	Solución

D. Para discutir. En grupos, respondan a la siguiente pregunta.

- ¿Qué otras cosas creen Uds. que podrían hacer los países hispanos para mejorar su situación ambiental?

¿Es Ud. amigo de la naturaleza?

Ex. A: 1. c, 2. d, 3. a, 4. e, 5. b

A. Vocabulario útil. Empareje las siguientes palabras con la definición correspondiente. Consulte el diccionario si es necesario.

_____ **1.** increpar   **a.** acto de cazar

_____ **2.** moda pasajera   **b.** nocivo, dañoso, perjudicial

_____ **3.** cacería   **c.** regañar

_____ **4.** conocidos   **d.** fenómeno temporal

_____ **5.** dañino   **e.** amigos

B. Una prueba. Después de leer las instrucciones, tome Ud. la siguiente prueba. Luego, presente los resultados al resto de la clase. ¿Son los miembros de su clase amigos de la naturaleza?

TEST / MARÍA DUEÑAS

¿Es amigo de la naturaleza?

El mundo es de todos, y la obligación necesaria de salvarlo lo mismo. No es patrimonio de ecologistas, biólogos o políticos. Tampoco valen actitudes egoístas que responden con un "yo no lo veré", "que se preocupen cuando tengan el problema". ¿Cómo es su amistad con la naturaleza?

Conteste sí o no a cada una de las siguientes preguntas:

1. ¿Tira usted las latas de refrescos a la basura con todo lo demás?

2. ¿Busca en el supermercado los productos de limpieza no tóxicos para el medio ambiente?

3. ¿Prefiere usar papel reciclado?

4. ¿Mantiene su coche a punto para no contaminar más de lo imprescindible?

5. ¿La cuestión del ozono le parece una moda pasajera?

6. ¿Procura emplear el transporte público siempre que puede, o incluso ir andando?

7. ¿Cree que es necesario controlar el tamaño de las capturas de pesca?

8. ¿Le parecen un entretenimiento de gente desocupada ciertas campañas a favor de los animales?

9. ¿Selecciona, si es posible, productos biodegradables?

10. ¿Quemaría las bolsas o botellas de plástico, que son para tirar, en una chimenea?

11. Si no le ven, ¿tira los papeles en plena calle?

12. ¿Es usted fumador?

13. ¿Considera irrenunciable la conservación y defensa de los parques naturales?

14. ¿Recicla usted el vidrio?

15. ¿Piensa que la mejor manera de ayudar a los países pobres es mandarles comida?

16. ¿Siente que es obligación suya conservar la naturaleza, en la medida en que puede, para el mañana?

17. ¿Participaría en una cacería de rinocerontes o elefantes?

18. ¿Entiende que la tala de bosques es necesaria y, por tanto, inevitable?

19. ¿Se interesa lo suficiente por las cuestiones medioambientales?

20. ¿Increpa a sus conocidos cuando tienen conductas dañinas para la naturaleza?

Valoración

Sume un punto por cada una de sus contestaciones que coincida con las siguientes:

1. NO	5. NO	9. SÍ	13. SÍ	17. NO
2. SÍ	6. SÍ	10. NO	14. SÍ	18. NO
3. SÍ	7. SÍ	11. NO	15. NO	19. SÍ
4. SÍ	8. NO	12. NO	16. SÍ	20. SÍ

De 0 a 6 puntos. Usted, de amigo de la naturaleza, nada. Más bien un enemigo desinteresado y hasta destructivo. Su actitud navega entre la irresponsabilidad y el egoísmo. Así no hace más que daño.

De 7 a 14 puntos. Usted es un amigo, de los flojos, de la naturaleza. Suele atender a su cuidado siempre y cuando no le suponga un gran esfuerzo. Pero, ¡qué duda cabe!, con lo que hace ya es una gran ayuda.

De 15 a 20 puntos. La naturaleza tiene en usted uno de sus amigos más fieles, responsables y fuertes. Usted se preocupa por el medio ambiente, por el mundo que nos circunda a todos los que hoy estamos y los que estarán mañana. Gracias.

Amor a la patria

El general Simón Bolívar al comando de sus tropas en la lucha por la independencia de Colombia.

A. Antes de leer.   Conteste las siguientes preguntas en su cuaderno y luego compare sus respuestas con las de uno(a) de sus compañeros(as).

1.   ¿Recuerda Ud. quién es este héroe hispanoamericano?

2.   ¿Qué puede decir acerca de él (dónde nació, qué hizo, cuáles fueron sus ideales, etc.)?

Si no recuerda bien, repase las actividades que hizo para el video en el Capítulo Dos.

B. Vocabulario útil.   Prepare en su cuaderno una definición breve de los siguientes verbos. Consulte el diccionario si así lo requiere.

1.   padecer   **3.**   comulgar

2.   juzgar   **4.**   velar

C. A leer: El tema de la independencia cultural y política se ha usado también como argumento en contra a la integración interamericana. En el siguiente poema Ud. encontrará una síntesis de los valores patrióticos tradicionales de Hispanoamérica. Léalo y responda a las preguntas.

Miguel Ángel Asturias

Nació en Guatemala en 1899. Su gran habilidad como prosista le hizo merecedor del premio Nóbel de literatura en 1967. En el área de la poesía, Miguel Ángel Asturias exploró el pasado histórico de su país y especialmente la tradición cultural maya. Entre sus obras más conocidas están Leyendas de Guatemala *(1930),* El señor Presidente *(1946),* Sien de Alondra *(1949) y* El papa verde *(1954). Murió en 1974.*

Credo

¡Credo en la Libertad, Madre de América,
creadora de mares dulces en la tierra,
y en Bolívar, su hijo, Señor Nuestro
que nació en Venezuela, padeció
bajo el poder español, fue combatido,
sintiéndose muerto sobre el Chimborazo,
resucitó a la voz de Colombia,
tocó al Eterno con sus manos
y está parado junto a Dios!

¡No nos juzgues, Bolívar, antes del día último,
porque creemos en la comunión de los hombres
que comulgan con el pueblo, sólo el pueblo
hace libres a los hombres, proclamamos
guerra a muerte y sin perdón a los tiranos,
creemos en la resurrección de los héroes
y en la vida perdurable de los que como Tú,
Libertador, no mueren, cierran los ojos y se quedan velando!

Vocabulario:

credo	*I believe*
Chimborazo	*volcanic mountain peak in Ecuador*

Explain to students that this poem imitates the style of the Apostle's Creed. This religious connection adds a special level to the poem that can be noted more easily when comparing it to the prayer. If possible, give students a copy of the Apostle's Creed written in English and Spanish so that they can see this for themselves. This will add an exciting new dimension to the presentation of this poem, as well as provide a context for its interpretation.

Estrategias de lectura

En la poesía es frecuente encontrar metáforas y símiles. Las metáforas son figuras de expresión en las cuales el nombre o las características de un objeto se le asignan a otro (por ejemplo, nervios de acero, mirada fría, etc.). Los símiles, por su parte, son comparaciones directas entre dos cosas o conceptos, usualmente por medio de la palabra como (blanca como la nieve, buena como el pan, etc.).

D. ¿Comprendió Ud. bien?   Conteste las siguientes preguntas en su cuaderno.

1. ¿Qué valores hispanos se destacan en este poema?

2. ¿Por qué recibe Bolívar tanta atención?

3. ¿Cómo es el tono del poema cuando se refiere a la tiranía? ¿Conoce Ud. algún ejemplo de este fenómeno en la historia de España o de la América Latina?

E. A leer otra vez.   Lea de nuevo el poema y trate de identificar las metáforas y símiles que usó el autor. Apúntelos y compárelos con el resto de la clase.

F. Su propio poema.   Escriba un poema corto en homenaje a los valores patrióticos de su país. Use metáforas y símiles para describir a los héroes en su poema. Puede usar el modelo anterior como guía.

G. Para investigar.   ¿Qué países no tienen un sistema democrático en el mundo hispano? ¿Cuáles son los países que recientemente se convirtieron de dictaduras a democracias? Después de investigar, discuta lo que ha descubierto con el resto de la clase.

H. Para discutir.   Respondan en grupos a las siguientes preguntas y luego presenten un breve informe de sus ideas al resto de la clase.

● ¿Cree Ud. que las relaciones económicas entre los EE.UU. y América Latina tuvieron algún efecto en la política interna de los países que recientemente se hicieron democracias? Explique.

● ¿Cree Ud. que las relaciones económicas entre los EE.UU. y América Latina van a tener algún impacto en la política interna de los países donde NO existe la democracia? Explique.

Un vendedor de diarios en Santiago, Chile muestra la primera plana de un periódico anunciando que el ex-dictador, Augusto Pinochet, no tiene inmunidad en la corte mundial por los crímenes cometidos durante sus 19 años como líder de Chile.

ACTIVIDADES DE EXPANSIÓN

Los diarios

En su último artículo en este diario comente sobre sus experiencias en este curso de español. Por diez minutos escriba sobre lo que más le gustó de esta clase, y déle a su profesor(a) las sugerencias que considere pertinentes.

Ensayo final

Ha llegado el fin de este semestre. Es tiempo entonces de reflexionar y hacerse preguntas como:

- ¿He aprendido algo de valor?
- ¿Cuánto español sé realmente? ¿Qué puedo hacer con lo que sé?
- ¿Cómo podré usar estos conocimientos del español en el futuro?

Escriba un ensayo acerca de la importancia del estudio de lenguas y culturas extranjeras. Incluya detalles de su experiencia personal, proporcione ejemplos de lo que ha aprendido sobre el mundo hispano en este curso y póngalo todo en perspectiva hablando del papel de las lenguas en una América cada vez más interdependiente.

Phrases/Functions: Writing an essay; asserting and insisting; hypothesizing

Vocabulary: Dreams and aspirations

Grammar: Verbs: subjunctive; compound tenses; passive

Referencia gramatical

ESTRUCTURAS

EL ESTUDIO DEL ESPAÑOL

I. PREGUNTAS

¿Quién(es)?	*Who?*
¿Qué?	*What?*
¿Cuál(es)?	*Which one(s)? What?*
¿Cuándo?	*When?*
¿A qué hora?	*At what time?*
¿Dónde? (¿Adónde?)	*Where?*
¿De dónde?	*From where?*
¿Cómo?	*How?*
¿Cuánto(a)?	*How much?*
¿Cuántos(as)?	*How many?*

¿Quién es tu mejor amigo?
Who is your best friend?

¿Qué* piensas hacer después de este semestre?
What do you intend to do after this semester?

¿Cuál* es tu clase preferida?
What is your favorite class?

¿Cuánto† tiempo pasas en casa los fines de semana?
How much time do you spend at home on weekends?

¿Cuántas† clases tienes este semestre?
How many classes do you have this semester?

* Note the difference between *qué* and *cuál(es)*. *¿Qué?* asks for a definition or an explanation, whereas *¿Cuál?* is the equivalent of *Which one?*

† Note that *cuánto* and *cuántas* agree with the nouns they modify in both gender and number.

http://siempre.heinle.com

II. *Hay*

In Spanish, the invariable present tense form of the verb *haber* is **hay.** It is used to express the English terms "there is" and "there are."

> En esta clase **hay** 25 estudiantes. No **hay** muchos estudiantes de ingeniería, pero **hay** bastantes estudiantes de psicología.
> *In this class **there are** 25 students. **There are** not many engineering students, but **there are** many psychology majors.*

> **Hay** un restaurante que le gusta mucho al profesor.
> *There is one restaurant that the professor likes a lot.*

III. LOS DEMOSTRATIVOS

The demonstrative adjectives indicate the relative location of objects or people. They agree in gender and number with the nouns they refer to and are normally placed before them.

Demonstrative adjective	Usage	Translation
este, esta	singular (masc. / fem.)	*this*
estos, estas	plural (masc. / fem.)	*these*
ese, esa	singular (masc. / fem.)	*that*
esos, esas	plural (masc. / fem.)	*those*
aquel, aquella	singular (masc. / fem.)	*that* (over there)
aquellos, aquellas*	plural (masc. / fem.)	*those* (over there)

*Aquel is often accompanied by a pointing gesture, or at least the desire to point to the alluded object(s).

> **Aquellos** libros son más interesantes que **estas** revistas.
> *Those books (over there) are more interesting than **these** magazines.*

IV. LOS POSESIVOS

> La clase favorita **de** este chico es biología, pero **sus** notas en esa clase no son muy buenas.
> *This kid's favorite class is biology, but **his** grades in that class aren't very good.*

Ownership in Spanish can be indicated in three ways:

1. By putting a possessive adjective before the noun(s). Remember that these adjectives must agree in number and gender with the noun(s) they modify.

> **Mi** deporte favorito es el tenis, pero **mis** amigos prefieren jugar baloncesto.
> *My favorite sport is tennis, but **my** friends prefer to play basketball.*

Lisa es estudiante. **Sus** clases son muy interesantes.
*Lisa is a student. **Her** classes are very interesting.*

En **mi** opinión, el SIDA es un problema muy grave en **nuestra** sociedad.
*In **my** opinion, AIDS is a very serious problem in **our** society.*

Adjetivos posesivos

Person	Adjective	Translation
yo	mi	*my* (singular)
	mis	*my* (plural)
tú	tu	*your* (familiar singular)
	tus	*your* (familiar plural)
usted, él, ella	su	*your* (formal), *his, her, its* (singular)
	sus	*your* (formal), *his, her, its* (plural)
nosotros(as)	nuestro(a)*	*our* (singular)
	nuestros(as)	*our* (plural)
vosotras(as)†	vuestro(a)*	*your* (familiar singular)
	vuestros(as)	*your* (familiar plural)
ustedes, ellos, ellas	su	*your, their* (singular)
	sus	*your, their* (plural)

*Since they end in "o", only *nosotros* and *vosotros* require gender agreement among possessive adjective(s) and the noun(s) they describe: *nuestra casa* ("our house").

†*Vosotros* is the familiar plural form of *you;* this and the forms *vuestro(a)(os)(as)* are used only in Spain.

2. By relating the thing(s) owned to their owner(s) by means of *de*.

Este es el libro **de** Marcela.
This is Marcela's book.

El apartamento **de** Alicia está muy cerca de la universidad.
Alicia's apartment is very close to the university.

La actividad favorita **del** profesor es leer.
The professor's favorite activity is reading.

3. By using a possessive pronoun (which stands for the object owned). This choice places much greater emphasis on the owner than on the object owned. (See the chart on the next page.)

Este lápiz no es **mío**, es **tuyo.** El lápiz **mío** es rojo.
*This pencil is not **mine**, it is **yours**. My pencil is red.*

Aquellos libros son **nuestros.**
*Those books (over there) are **ours**.*

Las dos historias son buenas, pero la **tuya** es mejor.
*Both stories are good, but **yours** is better.*

Notice that pronouns can be used as adjectives by placing them **after** the noun(s). The effect of emphasis on the owner(s) remains the same.

Pronombres posesivos		
Person	**Pronoun**	**Translation**
yo	mío(a) míos(as)	*mine* (singular) *mine* (plural)
tú	tuyo(a) tuyos(as)	*yours* (familiar singular) *yours* (familiar plural)
usted, él, ella	suyo(a) suyos(as)	*yours* (formal), *his, hers, its* (singular) *yours* (formal), *his, hers, its* (plural)
nosotros(as)	nuestro(a) nuestros(as)	*ours* (singular) *ours* (plural)
vosotros(as)	vuestro(a) vuestros(as)	*yours* (familiar singular) *yours* (familiar plural)
ustedes, ellos, ellas	suyo(a) suyos(as)	*yours, theirs* (singular) *yours, theirs* (plural)

V. EL OBJETO DIRECTO

When the direct object of a verb is a specific person (or persons), an animal, or a personified thing, do not forget to use the personal *a,* which, of course, has no equivalent in English.

Quiero llamar **a** mi madre el día de su cumpleaños.
I want to call my mother on her birthday.

Verenice alimenta **a** su gato por la mañana.
Verenice feeds her cat in the morning.

Esteban adora **a** su pueblo.
Esteban adores his hometown.

Pronombres de objeto directo	
Pronoun	**Translation**
me	*me*
te	*you* (familiar singular)
lo, la, (le)*	*you* (formal singular), *him, her, it*
nos	*us*
os	*you* (familiar plural in Spain)
los, las (les)	*you* (formal plural), *them*

* Le (les) often takes the place of *lo* or *la (los* or *las)* in countries such as Colombia, Costa Rica, and Spain.

When the direct object is referred to again after a first mention, a pronoun is often used instead.

> —¿Compraste ya **el libro de español**?
> —**Lo** compré la semana pasada y creo que voy a **usarlo** con mucha frecuencia.
> *"Did you buy **the Spanish book** yet?"*
> *"I bought **it** last week, and I think I am going **to use it** frequently."*

Notice that direct object pronouns must be placed before the conjugated verb. Pronouns may be placed either before the conjugated auxiliary verbs or they can be attached to infinitives and present participles.

Position of direct object pronouns		
Pronoun — Verb	**Pronoun** —	Verb #1 — Verb #2
		Verb #1 — Verb #2 + **Pronoun**

> —¿Leíste **la revista**?
> —No, **la** voy a leer mañana. ¿**La** necesitas?
> —Sí, quisiera leer**la** esta noche.
> *"Did you read **the magazine**?"*
> *"No, I'm going to read **it** tomorrow. Do you need **it**?"*
> *"Yes, I would like to read **it** tonight."*

> **Lo** voy a comprar mañana.
> Voy a comprar**lo** mañana.
> *I am going to buy **it** tomorrow.*

> **Te** debo llamar por teléfono.
> Debo llamar**te** por teléfono.
> *I must call **you** on the telephone.*

VI. EL OBJETO INDIRECTO

Indirect objects can be identified by asking the question *¿a quién?* or *¿para quién?* ("to whom?" or "for whom?"). Although it may appear redundant for English speakers, the actual indirect object nouns and their corresponding pronouns are often present in the same sentence in Spanish.

> **Le** voy a dar un regalo especial *a mi novio* el día de San Valentín. Quisiera **comprarle** una camisa de seda, pero no sé si tengo suficiente dinero. Si me hace falta creo que **se la voy a comprar** con la tarjeta de crédito de mi papá.
> *I am going to give my boyfriend a special gift on Valentine's Day.* * *I would like to **give him** a shirt, but I am not sure if I have enough money. If I don't, I think I'll **buy it for him** with my father's credit card.*

*Notice that in English there is no need for a pronoun in this case, since the indirect object (boyfriend) is already mentioned in the sentence.

When both direct and indirect object pronouns are used in the same sentence, the indirect object pronoun is placed before the direct object pronoun.

Position of object pronouns		
Indirect object pronoun*	+	Direct object pronoun

*Use *se* instead of *le* or *les* before direct object pronouns in the third person:

Le doy *el lápiz.*　　　　　→　　**Se** *lo* doy.
*I give **him** the pencil.*　　　　*I give it **to him**.*

Juan **les** dio *la foto.*　　　　→　　Juan **se** *la* dio.
*Juan gave **them** the photo.*　　　*Juan gave it **to them**.*

Pronombres de objeto indirecto	
Pronoun	**Translation**
me	*to / for me*
te	*to / for you* (familiar singular)
le	*to / for you* (formal singular), *him, her, it*
nos	*to / for us*
os	*to / for you* (familiar plural in Spain)
les	*to / for you* (formal plural), *them*

Me gusta tu disco compacto. ¿**Me lo** puedes prestar?
*I like your compact disc. Can you lend **it to me**?*

El profesor no tiene nuestra tarea. Me pregunto cuándo va a
　devolvér**nosla**.*
*The profesor doesn't have our homework. I wonder when he's going to
　give **it** back **to us**.*

No tengo su número de teléfono. ¿**Me lo** das?
*I don't have his telephone number. Will you give **it to me**?*

María tiene un coche pequeño. Sus padres **se lo** compraron el año pasado.
*María has a small car. Her parents bought **it for her** last year.*

El padre de Ana no tiene esa chaqueta. Ella quiere comprár**sela**.*
*Ana's father doesn't have that jacket. She wants to buy **it for him**.*

*Notice that a written accent is required on the last syllable of the infinitive when two object pronouns are attached after it. This is done in order to retain the stress on that syllable in its spoken form.

VII. DEBER

The auxiliary verb *deber* has several English equivalents: "must, ought to, have to, should." It is followed by the infinitive form of the main verb. Observe the following pattern.

Form of *deber* + Infinitive form of the main verb		
yo	debo	repasar los ejercicios.
tú	debes	investigar el tema.
usted, él, ella	debe	escuchar al profesor.
nosotros(as)	debemos	leer el texto.
vosotros(as)	debéis	escribir la composición.
ustedes, ellos, ellas	deben	...

Yo **debo** participar un poco más en clase.
I should participate a little more in class.

VIII. PLANES PARA EL FUTURO

To talk about plans for the immediate future, use the following constructions.

Form of auxiliary verb + Infinitive form of the main verb		
	ir a	
yo	voy a	
tú	vas a	
usted, él, ella	va a	
nosotros(as)	vamos a	
vosotros(as)	vais a	
ustedes, ellos, ellas	van a	
	pensar	
yo	pienso	
tú	piensas	hacer toda la lectura.
usted, él, ella	piensa	buscar los artículos.
nosotros(as)	pensamos	corregir los errores.
vosotros(as)	pensáis	hablar con la profesora.
ustedes, ellos, ellas	piensan	...
	planear	
yo	planeo	
tú	planeas	
usted, él, ella	planea	
nosotros(as)	planeamos	
vosotros(as)	planeáis	
ustedes, ellos, ellas	planean	

Este semestre **voy a aprovechar** mi clase de español.
*This semester I **am going to take full advantage of** my Spanish class.*

Pienso practicar la conversación con mi compañero(a) de cuarto.
*I **intend to practice** conversation with my roommate.*

También **planeo visitar** el laboratorio de lenguas con frecuencia.
*Also, I **plan to visit** the language lab often.*

AUTO-PRUEBA

I. Aquí tiene un diálogo entre dos estudiantes, Jason y Gregg. Llene los espacios con las palabras o expresiones interrogativas necesarias.

Jason: ¡Hola! Yo soy Jason. ¿ _____ te llamas?

Gregg: Me llamo Gregg. ¡Mucho gusto!

Jason: ¡Mucho gusto! ¿ _____ eres?

Gregg: Soy de Pittsburgh, Pennsylvania. ¿Y tú?

Jason: Soy de Richmond, Virginia.

Gregg: ¿ _____ es tu especialidad?

Jason: Estudio informática aquí.

Gregg: ¿Sí? ¿ _____ horas estudias cada día normalmente?

Jason: Debo estudiar por lo menos cuatro o cinco horas todos los días.

¿ _____ estudias tú?

Gregg: Yo estudio sicología.

II. El siguiente cuadro indica el número de especialidades representadas por los estudiantes de la clase del Profesor González. Conteste las preguntas que siguen con frases completas.

La clase del profesor González	
Especialidad	**Estudiantes**
ingeniería	3
ciencias políticas	4
periodismo	2
lingüística	3
nutrición	1

1. ¿Cuántos estudiantes hay en la clase del profesor González?

_____

2. ¿Cuántos estudiantes de lingüística hay?

_____

3. ¿Cuántos estudiantes de nutrición hay?

_____

4. ¿Cuántas especialidades hay en las humanidades?

_____

5. ¿Cuántas especialidades hay en las ciencias?

_____

III. Pedro y Elena van de compras. En el diálogo que sigue, llene los espacios con las formas apropiadas de los adjetivos demostrativos.

Pedro: Me parece que _____ naranjas son muy buenas.

Elena: Pero, yo prefiero las que venden en el supermercado. Bueno, puedes comprar _____ naranjas si quieres.

Pedro: Bien. ¿Qué es _____ libro que tienes?

Elena: _____ libro es un diccionario español-inglés. Lo necesito para mi clase de español.

Pedro: Tengo que ir a _____ tienda. ¿Vas conmigo?

IV. Llene los espacios que siguen con la formas apropiadas de los posesivos.

1. John tiene un horario muy difícil este semestre. _____ primera clase es a las ocho de la mañana, y _____ última clase es a las cinco de la tarde.

2. Nosotros vivimos muy cerca de la universidad. _____ apartamentos son pequeños pero suficientes.

3. Yo pienso que el racismo es un problema muy grave. En _____ opinión, todos tenemos que respetar a las otras personas.

V. Llene los espacios del siguiente diálogo con las formas apropiadas de los pronombres de objeto directo.

> *Jill:* ¡Hola, Alex! ¿Cómo estás?
>
> *Alex:* Muy bien, gracias. Jill, ¿ya compraste tu libro de español?
>
> *Jill:* Sí, _____ compré ayer en la librería de la universidad. ¿No compraste el tuyo?
>
> *Alex:* Todavía no. De hecho, necesito comprar los libros para todas mis clases. Quiero comprar_____ más tarde hoy. ¿Quieres ir conmigo?
>
> *Jill:* Lo siento, pero no puedo. Tengo que terminar la tarea para mi clase de literatura esta tarde. No _____ terminé anoche, y la clase es a las dos y media.
>
> *Alex:* Bueno, tienes que terminar_____ ahora porque ¡ya son las dos! Quiero hablar contigo más tarde. ¿_____ puedes llamar por teléfono?
>
> *Jill:* De acuerdo. _____ voy a llamar a las ocho. ¿Está bien?
>
> *Alex:* Muy bien, Jill. ¡Buena suerte con la tarea!

VI. Llene los espacios con las formas apropiadas de los pronombres de objeto indirecto.

1. Los profesores _____ dan mucho trabajo a los estudiantes.

2. Yo estoy contento porque mi amigo _____ escribió una carta desde España.

3. Cuando James no tiene dinero, sus amigos siempre _____ _____ prestan.

4. A nosotros _____ gusta hablar con nuestros amigos porque siempre _____ dan buenos consejos.

5. Es el cumpleaños de tu madre. ¿Qué vas a comprar_____?

VII. Lea la situación de cada persona que sigue. Luego, llene los espacios para indicar lo que deben hacer. Para cada frase, escriba la forma correcta del verbo *deber* y la expresión más apropiada de la siguiente lista:

> escuchar al profesor cuando habla
> repasar los ejercicios en el cuaderno
> buscar otro apartamento más cerca
> investigar el tema en Internet
> buscar oportunidades para practicar la conversación

1. Tomás vive muy lejos de la universidad.

   Tomás _____

2. Nosotros hablamos en clase mientras el profesor habla.

   Nosotros _____

3. Uds. quieren mejorar su español.

Uds. _____

4. Yo pienso escribir una composición sobre la pintura española.

Yo _____

5. Tú no comprendes la lección.

Tú _____

VIII.   Lea el siguiente párrafo, en el cual Alicia describe sus planes para el verano. Llene los espacios con las formas correctas de los verbos entre paréntesis.

Este verano, Alicia _____ (**pensar**) ir de vacaciones con su familia.

Ellos _____ (**ir a**) viajar en avión a Puerto Rico. Las hermanas de

Alicia _____ (**pensar**) pasar mucho tiempo en la playa para tomar

el sol. Sus padres _____ (**planear**) visitar la ciudad de San Juan. En

su opinión, Alicia _____ (**ir a**) divertirse mucho este verano.

ESTRUCTURAS

ÉSTA ES MI GENTE

I. EL PRESENTE DEL INDICATIVO

The present tense is used to refer to actions that:

1. are happening at the present time

> En este momento **trabajo** en un supermercado.
>
> *Right now, I'm working in a supermarket.*

2. occur normally

> **Vivo** con mi hermano en un apartamento en el centro.
>
> *I live with my brother in an apartment downtown.*

3. will occur in the near future

> Mañana **salgo** para Madrid con mi novia.
>
> *Tomorrow, I am leaving for Madrid with my girlfriend.*

A. Formación

Verb conjugations in the present tense fall under one of the following two groups:

- verbs with endings in *-ar* (**bailar, cantar, hablar**...)
- verbs with endings in either *-er* or *-ir* (**beber, comer, vivir, sufrir**...)

Verbs ending in *-ar* are conjugated by dropping the *-ar* ending from the infinitive and replacing it with one of the endings in the chart below.

Verbos del grupo *-ar*		
Person	**Ending**	**Example:** *Amar*
yo	-o	am**o**
tú	-as	am**as**
usted, él, ella	-a	am**a**
nosotros(as)	-amos	am**amos**
vosotros(as)*	-áis	am**áis**
ustedes, ellos, ellas	-an	am**an**

*Vosotros, the plural form of the second person, is used only in Spain.

Verbs ending in *-er* or *-ir* are conjugated by dropping the *-er / -ir* ending from the infinitive and replacing it with one of the following endings.

Verbos de los grupos *-er / -ir*			
Person	**Ending**	**Example:** *Beber*	**Example:** *Vivir*
yo	-o	beb**o**	viv**o**
tú	-es	beb**es**	viv**es**
usted, él, ella	-e	beb**e**	viv**e**
nosotros(as)	-emos / -imos*	beb**emos**	viv**imos**
vosotros(as)	-éis / -ís*	beb**éis**	viv**ís**
ustedes, ellos, ellas	-en	beb**en**	viv**en**

*Note that the only difference between the conjugations of *-er* and *-ir* verbs in the present tense is the *nosotros* and *vosotros* forms.

Self-check: Do Exercise 1.1 in the **Cuaderno de ejercicios.**

B. Verbos con cambios en la raíz

There are three possible stem changes in the present tense of the indicative:

- *e → ie*
- *o → ue*
- *e → i* (*-ir* verbs only)

The first two types of stem changes involve replacing the stem vowel with a diphthong (the combination of a strong and a weak vowel). The changes affect all but the *nosotros* and *vosotros* forms.

Verbos *e → ie*		
Negar *(to deny)*	**Perder** *(to lose)*	**Sentir** *(to feel)*
n**ie**go	p**ie**rdo	s**ie**nto
n**ie**gas	p**ie**rdes	s**ie**ntes
n**ie**ga	p**ie**rde	s**ie**nte
n**e**gamos	p**e**rdemos	s**e**ntimos
n**e**gáis	p**e**rdéis	s**e**ntís
n**ie**gan	p**ie**rden	s**ie**nten

Verbos o→ *ue*		
Contar *(to count, tell)*	**Morder** *(to bite)*	**Dormir** *(to sleep)*
cuento	muerdo	duermo
cuentas	muerdes	duermes
cuenta	muerde	duerme
contamos	mordemos	dormimos
contáis	mordéis	dormís
cuentan	muerden	duermen

Verbos e → *i*
Servir *(to serve)*
sirvo
sirves
sirve
servimos
servís
sirven

Some additional common stem-changing verbs appear in the following three charts.

Verbos e → *ie*					
Verbos del grupo *-ar*		**Verbos del grupo** *-er*		**Verbos del grupo** *-ir*	
cerrar	*to close*	defender	*to defend*	divertir	*to amuse*
comenzar	*to begin*	encender	*to turn on, light*	mentir	*to lie*
despertar	*to awaken*	entender	*to understand*	preferir	*to prefer*
empezar	*to begin*	querer	*to want, love*		
pensar	*to think*				

Verbos o → ue					
Verbos del grupo -*ar*		**Verbos del grupo -*er***		**Verbos del grupo -*ir***	
acostar	*to put to bed*	devolver	*to return*	morir	*to die*
almorzar	*to have lunch*	llover	*to rain*		
colgar	*to hang*	mover	*to move*		
costar	*to cost*	poder	*to be able to*		
encontrar	*to find*	volver	*to return*		
mostrar	*to show*				
probar	*to try*				
recordar	*to remember*				
soñar	*to dream*				
volar	*to fly*				

Verbos e → i			
competir	*to compete*	impedir	*to prevent*
conseguir	*to find*	perseguir	*to chase*
corregir	*to correct*	repetir	*to repeat*
despedir	*to fire*	seguir	*to follow*
elegir	*to elect*	vestir	*to dress, wear*

Self-check: Do Exercise 1.2 in the **Cuaderno de ejercicios.**

C. Verbos con cambios ortográficos

Some -*er* and -*ir* verbs need adjustments in the spelling of the first-person singular forms in order to properly show the original sounds of the stem. These spelling changes can be grouped in the following two ways.

1. Grupo *g* → *j*

It is easier to understand why this spelling change takes place if we think about the way the letter *g* is pronounced before certain vowels.

Before *a*, *o*, and *u*, *g* has a "hard" sound, as in the English words **g**ate, **g**as, and **g**ap:

gato *(cat)*
gobierno *(government)*
gusto *(taste, liking)*

Before *e* and *i*, *g* has a "soft" sound, as in the English words **h**istory, **h**ello, and **h**elp:

gente *(people)*
girafa *(giraffe)*

The reason *g* changes to *j* in the first-person singular form of **proteger**, for example, is so that the soft sound may be maintained before *o*.

> **Proteger** *(to protect)*: protejo, proteges, protege, protegemos, protegéis, protegen

Other common verbs with this change: **coger** *(to catch, get)*, **corregir** *(to correct)*, **escoger** *(to choose)*, **recoger** *(to pick up)*.

2. Grupo *c* → *z*

As with the letter *g* above, *c* also has a hard and a soft pronunciation. The *c* in **casa**, **color**, and **Cu**ba sounds like the *c* in the English words **car** and **cake**, but the *c* in **ceja** *(eyebrow)* and **cine** sounds like the *c* in the English words place and face.

The reason *c* changes to *z* in the first-person singular form of **torcer**, then, is so that the soft sound may be maintained before the o. (Note that in Spain, *c* before *e* and *i* resembles the sound of *th* in the English word cloth. The letter *z* is always pronounced this way.)

> **Torcer** *(to twist)*: tuerzo, tuerces, tuerce, torcemos, torcéis, tuercen

Other verbs: **vencer** *(to defeat)*, **cocer** *(to cook)*, **convencer** *(to convince)*, **ejercer** *(to exercise, manage)*.

D. Verbos irregulares en el presente del indicativo

1. Grupo *g*

Verbs that belong to this group show irregular *yo* forms in the present tense.

> **Poner** *(to put)*: pongo, pones, pone, ponemos, ponéis, ponen

Other verbs: **componer** *(to compose)*, **disponer** *(to dispose)*, **oponer** *(to oppose)*, **proponer** *(to propose)*, **salir** *(to leave, exit)*, **suponer** *(to suppose)*, **valer** *(to be worth)*.

2. Grupo *ig*

> **Traer** *(to bring)*: traigo, traes, trae, traemos, traéis, traen

Other verbs: **atraer** *(to attract)*, **caer** *(to fall)*, **distraer** *(to distract)*.

3. Grupo *g* con cambio en la raíz (*e* → *i*; *e* → *ie*)

- *e* → *i*

> **Decir** *(to say)*: digo, dices, dice, decimos, decís, dicen

- *e* → *ie*

> **Venir** *(to come)*: vengo, vienes, viene, venimos, venís, vienen

Other verbs: **tener** *(to have)*, **contener** *(to contain)*, **detener** *(to detain)*, **entretener** *(to entertain)*, **obtener** *(to obtain)*.

4. Grupo *í* / *ú*

All verbs ending in *-uar* and some ending in *-iar* have stressed *ú* or *í*, respectively, in their present conjugation in all but the *nosotros* and *vosotros* forms.

Since *u* and *i* are considered weak vowels, the written accent serves as a reminder that they are stressed syllables in pronunciation. Without a written accent, the combinations *ua* and *ia* would count as diphthongs, with the stress falling on the strong vowel *a*.

Continuar *(to continue)*: continúo, continúas, continúa, continuamos, continuáis, continúan

Other verbs: **acentuar** *(to accentuate)*, **graduarse** *(to graduate)*.

Confiar *(to trust)*: confío, confías, confía, confiamos, confiáis, confían

Other verbs: **enviar** *(to send)*, **fiar** *(to lend, trust)*, **fiarse** *(to trust)*, **guiar** *(to guide)*.*

*Many verbs ending in *-iar* are regular. Examples: **cambiar** *(to change)*, **copiar** *(to copy)*, **estudiar** *(to study)*, **limpiar** *(to clean)*, **pronunciar** *(to pronounce)*, etc.

5. Grupo *c* → *zc*

The letter *c* changes to *zc* in the conjugation of the first-person singular.

Conocer *(to know)*: cono**zc**o, conoces, conoce, conocemos, conocéis, conocen

Other verbs: **agradecer** *(to thank)*, **aparecer** *(to appear)*, **conducir** *(to drive)*, **introducir** *(to introduce)*, **merecer** *(to deserve)*, **obedecer** *(to obey)*, **ofrecer** *(to offer)*, **parecer** *(to seem)*, **permanecer** *(to remain)*, **pertenecer** *(to belong to)*, **producir** *(to produce)*, **reconocer** *(to recognize)*, **traducir** *(to translate)*.

6. Grupo *i* → *y*

The letter *i* changes to *y* in the conjugation of the first-person singular.

Note that this spelling change affects all but the *nosotros* and *vosotros* forms.

Concluir *(to conclude)*: concluyo, concluyes, concluye, concluimos, concluís, concluyen

Other verbs: **construir** *(to build)*, **contribuir** *(to contribute)*, **destruir** *(to destroy)*, **distribuir** *(to distribute)*, **huir** *(to flee)*, **incluir** *(to include)*.

7. Otros verbos irregulares

Some verbs exhibit a variety of irregularities in the present tense that are not explained by the previous rules.

Infinitive	Translation	Forms
dar	*to give*	doy, das, da, damos, dais, dan
estar	*to be*	estoy, estás, está, estamos, estáis, están
haber	*to have* (auxiliary)	he, has, ha, hemos, habéis, han
ir	*to go*	voy, vas, va, vamos, vais, van
oír	*to hear*	oigo, oyes, oye, oímos, oís, oyen
reír	*to laugh*	río, ríes, ríe, reímos, reís, ríen*
saber	*to know*	sé, sabes, sabe, sabemos, sabéis, saben
ser	*to be*	soy, eres, es, somos, sois, son
ver	*to see*	veo, ves, ve, vemos, veis, ven

*All derived verbs, such as *reír / sonreír, tener / obtener, decir / maldecir, hacer / deshacer,* will follow the irregular pattern of the original verb.

Self-check: Do Exercise 1.3 in the ***Cuaderno de ejercicios.***

II. VERBOS Y CONSTRUCCIONES REFLEXIVAS

Some verb constructions have reflexive pronouns to indicate that the subject of an action (the "doer") and its object (the "recipient") are one and the same. In English these pronouns are often omitted, but in Spanish they are necessary.

En casa, **nos levantamos** a las siete, luego **nos bañamos** y después desayunamos justo antes de salir a la universidad.

*At home, we **get up** at seven, then we **shower**, and after that we have breakfast right before going to the university.*

Pronombres reflexivos	
Pronoun	**Translation**
me	*(for/to) myself*
te	*(for/to) yourself* (familiar)
se	*(for/to) yourself* (formal), *(for/to) himself, herself, itself*
nos	*(for/to) ourselves*
os	*(for/to) yourselves* (familiar in Spain)
se	*(for/to) yourselves* (formal), *(for/to) themselves*

Reflexive pronouns are placed before the conjugated verb or attached to the end of the infinitive becoming one word.*

> Al llegar a casa, **me voy a duchar** rápidamente y después **voy a ponerme** mi traje nuevo. No quiero llegar tarde a mi cita.
>
> *When I get home, **I'm going to take a** quick **shower**, and after that **I'm going to put on** my new suit. I don't want to be late for my date.*

*Affirmative commands are like infinitives in that the pronoun is attached.

Some verbs like **arrepentirse** *(to repent)* and **quejarse** *(to complain)*, are always reflexive. The reflexive meaning indicated above is not shown in English.

> ¿Por qué **te quejas** siempre de tu jefe?
> *Why do you always **complain** about your boss?*

Other verbs change in meaning when used reflexively.

Reflexive Verbs		
ir *(to go)*	→	irse *(to leave)*
dormir *(to sleep)*	→	dormirse *(to fall asleep)*
levantar *(to lift)*	→	levantarse *(to get up)*

Reflexive Constructions		
llevar *(to carry)*	→	llevarse *(to carry away)*
probar *(to taste, try)*	→	probarse *(to try on)*
poner *(to put)*	→	ponerse *(to put on)*
quitar *(to take away)*	→	quitarse *(to take off [clothing])*

Juan **pone** el libro en la mesa. Juan **se pone** el abrigo.
*Juan **puts** the book on the table.* *Juan **puts on** his coat.*

Emma **duerme** ocho horas. Emma **se duerme** a las diez de la noche.
*Emma **sleeps** eight hours.* *Emma **falls asleep** at ten P.M.*

In the plural, the reflexive construction is used to indicate a reciprocal action. The expressions *mutuamente* or *el uno al otro* can be added for emphasis or clarity.

> Mis padres **se aman** y **se respetan** mutuamente.
> *My parents **love** and **respect each other**.*

Self-check: Do Exercise 1.4 in the **Cuaderno de ejercicios.**

III. EL VERBO *GUSTAR*

In order to express preferences using a verb from the *gustar* "family" (verbs such as **encantar** [*to delight*], **fascinar** [*to fascinate*], **disgustar** [*to displease*], and **enojar** [*to annoy*]), the following structures are used.

Indirect object pronoun	Translation of pronoun	Third-person form of *gustar*	Object(s)
me	*to me*	**gusta**	la televisión *object is singular*
te	*to you* (familiar)		
le	*to you* (formal), *him, her, it*		
nos	*to us*	**gustan**	los partidos de fútbol *object is plural*
os	*to you* (familiar)		
les	*to you* (formal), *them*		

Me gusta cuando mis padres me llaman en la universidad para saber cómo estoy, pero la verdad es que a veces **me enojan** algunas de sus preguntas. A ellos* **les fascina** hablar de mis clases y mi salud y también **les encanta** saber de mis amigos. Pero a mí* **me disgustan** esos temas. ¡Yo prefiero hablar del dinero que me hace falta!

*I **like** it when my parents call me at college to find out how I am, but sometimes I **get annoyed** by some of their questions. They **love** to talk about my classes and my health, and they very much **enjoy** finding out about my friends. But I really **don't like** to talk about that. I'd rather talk about the money I need!*

*The indirect object may be further specified for emphasis or clarity, but it must be introduced with the preposition *a.*

Gustar works in Spanish very much like the verb "to please" works in English.

> **Me** gusta la música salsa.
> *Salsa music pleases **me**.*

"Music" is the subject of each sentence and *me* is the indirect object pronoun.

Self-check: Do Exercise 1.5 in the ***Cuaderno de ejercicios.***

1.1 La familia Pérez tiene muchos quehaceres domésticos. Llene los espacios con las formas apropiadas de los verbos entre paréntesis para indicar lo que hace cada persona.

1. Eduardo y su hermana Elena _____ sus cuartos. (**limpiar**)

2. El Sr. Pérez _____ el césped. (**cortar**)

3. Felipe _____ la basura. (**sacar**)

4. La Sra. Pérez _____ el jardín. (**cuidar**)

5. A las cinco de la tarde, el padre y los niños _____ la cena.

(**preparar**)

1.2 Complete el siguiente párrafo para describir lo que hace Jorge esta mañana. Llene los espacios con las formas apropiadas de los verbos entre paréntesis.

El día de Jorge _____ (**empezar**) cuando su perro Pecas le _____ (**morder**) los dedos del pie a las siete de la mañana. Normalmente, no _____ (**querer**) levantarse tan temprano. _____ (**preferir**) dormir un poco más, pero desafortunadamente, no _____ (**poder**) a causa de su perro. Por lo tanto, Jorge se levanta de la cama y _____ (**encender**) la luz de su cuarto. Después de ducharse, desayuna café con leche y _____ (**empezar**) a pensar en todo lo que tiene que hacer durante el día. De repente, _____ (**recordar**) que hoy es sábado y no tiene que ir a la universidad. Por eso, _____ (**volver**) a la cama y _____ (**dormir**) hasta las dos de la tarde.

1.3   Cada persona de la familia Pérez va a decir algo sobre lo que hace o va a hacer. Complete las frases con la forma apropiada del verbo.

1. El Sr. Pérez: "Yo _____ (**cocinar**) para la familia con frecuencia."

2. Felipe: "Yo les _____ (**enviar**) una carta a mis tíos."

3. Elena: "Yo _____ (**ponerse**) un suéter porque hace frío afuera."

4. Eduardo: "Yo _____ (**graduarse**) de la escuela secundaria la semana próxima."

5. La Sra. Pérez: "Yo _____(**recoger**) a los niños de la escuela esta tarde."

1.4   La Sra. Pérez va de compras con su hija Elena, quien quiere comprar una camisa. Ahora están hablando en la tienda de ropa. Complete su conversación con las formas apropiadas de los verbos entre paréntesis.

Sra. Pérez: *¡Ay, mi hija! ¿Por qué siempre _____ (**quejarse**) de la ropa que tienes ahora?*

Elena: *Es que ya no me gusta, especialmente las camisas. Quiero una camisa nueva. ¡Mira aquellas camisas muy bonitas! Voy a _____ (**probarse**) la camisa azul.*

Sra. Pérez: *Pues, debes _____ (**quitarse**) la chaqueta primero, Elena.*

Elena: *Gracias, Mamá. Ahora _____ (**ponerse**) la camisa. ¿Y qué piensas?*

Sra. Pérez: *Muy bonita. ¡Qué lástima que no tengas suficiente dinero para comprarla!*

   (Silencio.)

Elena: *¿Mamá?*

Sra. Pérez: *¿Sí, Elena?*

Elena: *Nosotras _____ (**quererse**), ¿verdad?*

1.5 A los Pérez les gustan ciertas cosas y otras no. Llene los espacios con el pronombre y la forma apropiada del verbo **gustar**.

1. Al Sr. Pérez _____ mirar la televisión. _____ mucho las noticias.

2. A Eduardo _____ jugar al fútbol. _____ el béisbol también.

3. A la Sra. Pérez _____ las novelas románticas.

4. A Elena y Felipe _____ visitar a sus abuelos.

5. A los padres no _____ cuando sus hijos no ayudan con los quehaceres domésticos.

ESTRUCTURAS

LOS JÓVENES

I. PREPOSICIONES

The following prepositions are used to indicate the relative location of one or more objects.

al lado derecho (a la derecha) de	*to the right of*
al lado izquierdo (a la izquierda) de	*to the left of*
alrededor de	*around*
antes de	*before*
cerca de	*near*
debajo de	*underneath*
delante de (enfrente de, frente a)	*in front of*
dentro de	*inside*
después de	*after*
detrás de	*behind*
encima de (arriba de)	*on top (above) of*
fuera de	*outside*
junto a (al lado de)	*next to*

Self-check: Do Exercise 2.1 in the ***Cuaderno de ejercicios.***

II. ADJETIVOS DESCRIPTIVOS

Adjectives are words used to describe people and objects. In Spanish, adjectives agree in gender (masculine / feminine) and in number (singular / plural) with the words they modify.

Adjective: *blanco*	Masculine	Feminine
Singular	**-o** auto blanc**o**	**-a** casa blanc**a**
Plural	**-os** autos blanc**os**	**-as** casas blanc**as**

Algunas personas piensan que **los jóvenes** de hoy en día son **despreocupados, insensatos** e **irresponsables.**
*Some people think that **young people** today are **carefree, lack good sense, and are irresponsible.***

http://siempre.heinle.com

Capítulo 2

A. Formación

Spanish adjectives ending in *-o* for the masculine form end in *-a* for the feminine. Those ending in *-án, -ón,* or *-dor* for the masculine add *-a* for the feminine. The same is true of adjectives of nationality.

> Alberto es muy **simpático** y dicen que Ana, su novia, es muy **simpática** también.
> *Alberto is very **nice** and they say that his girlfriend, Ana, is very **nice** too.*

> Hans, el padre de Alberto, es **alemán.** Marta, su madre, no es **alemana.** Ella es **venezolana.**
> *Hans, Alberto's father, is **German**. Marta, his mother, is not **German**. She is **Venezuelan**.*

All other adjectives have the same form in the masculine and feminine.

> Alberto es **joven** y **optimista,** y pienso que Ana es **joven** y **optimista** también.
> *Alberto is **young** and **optimistic**, and I think that Ana is **young** and **optimistic** as well.*

The plural of adjectives ending in vowels add an *-s.* In the case of those adjectives ending in consonants, they add *-es.*

> Aunque los padres de Alberto no son muy **jóvenes,*** son muy **activos.**
> *Although Alberto's parents are not very **young**, they are very **active**.*

* Note that in the plural form **jóvenes**, the written accent serves as a reminder that the first syllable is stressed in pronunciation.

B. Orden de palabras

Adjectives typically are placed after the nouns they modify.

> Estos **jóvenes comprometidos** ayudan a las **personas necesitadas** y se interesan por los **problemas ecológicos** de su país.
> *These **committed young men and women** help the **needy** and are concerned about the **ecological problems** of their country.*

However, when the adjective is viewed as an inherent characteristic of the noun, or when it expresses an opinion or value judgment (*excelente / pésimo, intenso / suave, fuerte / débil,* etc.), it can be placed before the noun.

> En esta **gran nación,** hay **inmensos problemas sociales** que afectan de manera especial a las **nuevas generaciones** ya que les impiden asegurarse un **mejor mañana.**
> *In this **great nation**, there are **immense social problems** that especially affect the **younger generations**, since they prevent them from securing a **better tomorrow** for themselves.*

The following adjectives have reduced masculine singular forms when placed before the noun.

alguno	algún	*some*
bueno	buen	*good*
malo	mal	*bad*
ninguno	ningún	*no, not any*

Other adjectives change meaning depending on whether they are placed before or after the noun.

Adjective	After the noun	Before the noun
antiguo / viejo	old	former
nuevo	new	another
pobre	poor (penniless)	unfortunate
único	unique, unusual	only

Compré un coche **antiguo** el mes pasado.
*I bought an **old** car last month.*

Mi **antiguo** coche era rojo.
*My **former** car was red.*

Pamela quiere un vestido **nuevo.**
*Pamela wants a **new** dress.*

Pamela se puso un **nuevo** vestido.
*Pamela put on **another** dress.*

Paco es un chico **pobre.**
*Paco is a **penniless** guy.*

Este libro es del **pobre** Paco.
*This book belongs to **poor** Paco.*

Mis amigos dicen que es un curso **único.**
*My friends say that it is a **unique** course.*

Mis amigos piensan que es el **único** curso que vale la pena.
*My friends think that it is the **only** course worth the trouble.*

Self-check: Do Exercise 2.2 in the **Cuaderno de ejercicios.**

C. Comparaciones

más	+	(noun / adjective / adverb)	+	que
menos	+	(noun / adjective / adverb)	+	que

Use the expressions *más... que* ("more... than") and *menos... que* ("less... than") to indicate differences in quantity or quality between **nouns, adjectives,** or **adverbs.**

> Paco es **más alto que** su hermano Esteban, es un poco **más gordo que** su primo Rafael y **menos fuerte que** su tío Miguel; sin embargo, Paco trabaja más (¡ayer él trabajó por **más de*** doce horas!).
> *Paco is **taller than** his brother Esteban, a bit **fatter than** his cousin Rafael, and **not as strong as** his uncle Miguel; however, Paco works more (yesterday he worked for **more than** twelve hours!).*

> Las clases en la universidad son **más difíciles que** las clases en la escuela secundaria.
> *College classes are **more difficult than** high school classes.*

*Use the expression *más de* ("more than") before specific quantities or numbers.

tan	+	(adjective / adverb)	+	como

To indicate equality between **adjectives** and **adverbs** use the expression *tan... como* ("as... as").

> Marta es **tan bonita, sincera** y **agradable como** su hermana Ana y trabaja **tan fuertemente como** ella también.
> *Marta is **as pretty, sincere,** and **nice as** her sister Ana, and she works just **as hard** too.*

> Los estudiantes de esta clase son **tan simpáticos como** los de mi clase de teatro.
> *The students in this class are **as nice as** those in my theater class.*

tanto(a)	+	(noun)	+	como
tantos(as)	+	(noun)	+	como

To express equality between **nouns,** use the expressions *tanto(a)... como* ("as much as") or *tantos(as)... como* ("as many... as").

> Mi primo Arturo recibe **tantas notas*** sobresalientes en sus exámenes de español **como** su hermana Marcela, pero no participa en clase **tanto como** ella.† Creo que él no tiene **tanto interés*** en español **como** su hermana.
> *My cousin Arturo gets **as many** good **grades** on his Spanish tests **as** his sister Marcela, but he doesn't participate in class **as much.** I think that he does not have **as much interest** in Spanish **as** his sister does.*

*Note that *tanto* agrees in gender and number with the noun that follows.

†*Tanto como* means "as much as."

---

el (la) mismo(a) (que)...

To express equality between nouns, you may also use the expression *el mismo (que)* ("the same [as]").

> El modelo en esta revista hispana lleva **el mismo** traje **que** el modelo en esta revista norteamericana. Es de **la misma** tela, **el mismo** diseño, **los mismos*** adornos, todo. ¿Una coincidencia? No lo creo.
>
> *The model in this Hispanic magazine is wearing **the same** outfit **as** the model in this American magazine. **The same** fabric, **the same** design, **the same** accessories, everything. A coincidence? I don't think so.*

*Notice that *el* and *mismo* agree in gender and number with the noun(s) they modify.

D. Formas comparativas irregulares

The following adjectives have irregular comparative forms.

Adjective	Comparative
bueno *(good)*	mejor *(better)*
malo *(bad)*	peor *(worse)*
mucho *(much)*	más *(more)*
poco *(little of)*	menos *(less)*
grande, viejo *(big, old)*	mayor *(bigger, older)*
pequeño, joven *(small, young)*	menor *(smaller, younger)*

> Creo que Marta Gonzáles tiene más futuro que Alicia Sánchez como artista. Alicia canta muy **bien,** pero Marta canta **mejor.** Yo pienso también que Marta es más fotogénica y que se expresa **mejor** que Alicia.
>
> *I believe that Marta Gonzales has more of a future as an artist than Alicia Sanchez. Alicia sings very **well,** but Marta sings **better.** I also believe that Marta is more photogenic, and that she expresses herself **better** than Alicia.*

Self-check: Do Exercise 2.3 in the ***Cuaderno de ejercicios.***

E. Superlativos

The Spanish superlative ("the most / the least") has the following pattern.

Definite article / (noun)	Más / menos	Adjective
el (hombre), la (mujer)	más / menos	alto, alta
los (hombres), las (mujeres)	más / menos	altos, altas

Juan José es más alto que su hermano Alberto, pero Marcos, el padre de los dos, es **el más alto de*** la familia.

*Juan José is taller than his brother Alberto, but Marcos, their father, is **the tallest one in** the family.*

*If the group to which the noun belongs is stated, the preposition *de* is used (*el más alto de la familia* ["the tallest one in the family"]).

Self-check: Do Exercise 2.4 in the **Cuaderno de ejercicios.**

III. ADVERBIOS

Adverbs are words used to qualify adjectives, verbs, or other adverbs. Some adverbs state location, manner, time, or frequency of the verb.

Most adverbs of manner are formed by adding *-mente* to the feminine singular form of adjectives.

rápido	→	rápidamente
fácil	→	fácilmente
leve	→	levemente

Este muchacho corre **rápidamente**, **frecuentemente** levanta pesas y también se alimenta **muy** bien. Él trabaja **aquí** en este edificio, pero no conversamos **mucho*** porque llega y sale **muy** temprano de su oficina. Es **realmente** un fanático del buen estado físico.

*This guy runs **fast**, he **often** lifts weights, and he eats **very** well too. He works here in this building, but we don't talk **much**, because he comes in and leaves his office **very** early. He is **truly** a physical fitness fanatic.*

*Note the difference between **muy** and **mucho**; the former precedes an adjective or adverb, the latter ends the phrase.

Adjective	Adverb
bueno *(good)*	bien *(well)*
malo *(bad)*	mal *(badly)*

Roberto realmente no es **malo**, su problema es que a veces trata **mal** a sus amigos. Su novia Myriam piensa que es muy **bueno** (y dice en su favor que además de todo cocina muy **bien**).

*Robert is not really a **bad person**, his problem is that he treats his friends **badly** from time to time. Myriam, his girlfriend, thinks that he is a very **good** person (and she says in his favor that on top of everything else he cooks **well** too).*

Self-check: Do Exercise 2.5 in the **Cuaderno de ejercicios.**

IV. *SER Y ESTAR*

Although *ser* and *estar* both mean "to be," they really mean different things in Spanish.

A. *Estar*

1. Refers to the **location** of something or someone.

Sofía no **está** en clase hoy. Se quedó en casa porque no se siente bien.
*Sofía **is** not in class today. She stayed at home because she does not feel well.*

2. Indicates **condition** or "state of being" with adjectives or with adverbs of manner.

Ella **está** enferma. Tiene gripe.
*She **is** sick. She has a cold.*

3. Forms the progressive tenses,* along with the present participle form of the main verb (verb stem + *-ando / -iendo* endings).

Sofía **está tomando** una medicina para la tos.
*Sofía **is taking** some cough medicine.*

*See Section V for more details on the use and formation of the present progressive tense.

B. *Ser*

1. Refers to basic or **inherent characteristics.**

Sofía nunca se enferma. **Es** una chica muy fuerte y saludable.
*Sofía never gets sick. She **is** a very strong and healthy girl.*

2. Refers to the time and location of an **event.**

Ella se va a atrasar en sus clases. ¡Y lo peor es que nuestro examen final **es** mañana en el auditorio de la universidad!
*She is going to fall behind in her classes. And the worst part is that our final exam **is** tomorrow at the university auditorium!*

C. Significados diferentes

Ser and *estar* can be used with the same adjectives and adverbs, but the meaning in each case is very different.

ser + adjective	estar + adjective
Sofía **es** mala. *Sofía **is** a bad person.*	Sofía **está** mala. *Sofía **feels** ill.*
Sofía **es** aburrida. *Sofía **is** a boring person.*	Sofía **está** aburrida. *Sofía **is** bored.*
Sofía **es** fea. *Sofía **is** an ugly person.*	Sofía **está** fea. *Sofía **looks** ugly (bad) at the moment.*

In the first column, the use of *ser* treats the adjective as an inherent characteristic of the person (i.e., Sofía is bad, boring, and ugly *by nature*). In the second column, the use of *estar* treats the same adjectives as temporary states of being (i.e., Sofía feels ill, is bored, and looks ugly *now*, but these states of being will eventually change).

Self-check: Do Exercise 2.6 in the **Cuaderno de ejercicios.**

V. EL PRESENTE PROGRESIVO

To indicate that something is happening at the present time, you can use the simple present tense (as discussed in the previous chapter), or you may use the present progressive tense, which is the equivalent of the English "to be + -ing" structure (*I am reading this book right now*). Usage of the present progressive tense gives emphasis to the fact that the action is in progress.

> En este momento **estoy estudiando** para mi clase de español, pero mi compañera de cuarto **está escuchando** música con sus amigas Jennifer y Christine... Me cuesta estudiar cuando otras personas **están haciendo** ruido a mi alrededor. Es mejor que termine de leer este capítulo en la biblioteca, donde hay más silencio.
> *Right now I **am studying** for my Spanish class, but my roommate **is listening** to some music with her friends, Jennifer and Christine... It is hard for me to study when people **are making** noise around me. I'd better finish reading this chapter in the library where there is more peace and quiet.*

A. Formación

To form the present progressive tense, you need to combine the corresponding form of the auxiliary verb *estar* with the present participle form of the main verb.

Auxiliary verb *estar*	+	Present participle of the main verb	
		-ar verbs	*-er* *-ir* verbs
estoy			
estás			
está	+	hablar / hablando	comer / comiendo
estamos			
estáis		pensar / pensando	vivir / viviendo
están			

All object pronouns should be placed either before the auxiliary verb *estar* or attached at the end of the present participle form of the main verb.

> En este momento, Marta **está peinándose**,* mientras Elena **se está poniendo** el abrigo.
> *At this moment, Marta **is combing** her hair, while Elena **is putting on** her coat.*

> Al salir de la casa, Elena se da cuenta de que **está lloviendo**†. Siempre es una buena idea llevar un paraguas cuando llueve.
> *Upon leaving the house, Elena realizes that it **is raining**. It's always a good idea to carry an umbrella when it rains.*

* Note that when the object pronoun is attached to the end of the present participle, a written accent is added as a reminder that the *a* is stressed in pronunciation: *peinando* vs. *peinándose*. The same is true for present participles of *–er* and *–ir* verbs.

† Note that there is no stem change in the present participle form of stem-changing *–ar* and *–er* verbs: *Juan está pensando* vs. *Juan piensa, está lloviendo* vs. *llueve*.

B. Verbos con irregularidades en el gerundio

All *-ar* verbs have regular present participle forms.

cantar	cantando	*singing*
caminar	caminando	*walking*
comenzar	comenzando	*beginning*

When the stem of an *-er* verb ends in a vowel, change the required *-iendo* ending to *-yendo*.

leer	leyendo	*reading*
caer	cayendo	*falling*

The following **stem** changes apply to *-ir* verbs.

e → i		o → u	
pedir	pidiendo	dormir	durmiendo
sentir	sintiendo	morir	muriendo

Self-check: Do Exercise 2.7 in the **Cuaderno de ejercicios.**

AUTO-PRUEBA

2.1 Escriba una oración completa para indicar dónde se sitúa cada cosa o acción en relación con otra.

MODELO: los libros de Jorge están / *(on top of)* / la computadora
Los libros de Jorge están encima de la computadora.

1. el apartamento de John está / *(near)* / la universidad

_____

2. el edificio Sparks está / *(next to)* / la biblioteca Pattee

_____

3. hay un café / *(inside)* / el edificio Kern

_____

4. hay una alfombra / *(underneath)* / el sillón

_____

5. el Sr. Andrade toma café con leche / *(before)* / ir al trabajo cada mañana

_____

2.2 ¿Cómo son las personas a continuación? Escriba oraciones completas con la forma necesaria del verbo **ser** (**es** o **son**) y las formas apropiadas de los adjetivos.

MODELO: Ana / conservador
Ana es conservadora.

1. Ramón y Esteban / extrovertido

_____

2. la profesora Martínez / amigable pero muy serio

_____

3. esas chicas / despreocupado e irresponsable

_____

4. Juana / atlético y fuerte

_____

5. los estudiantes de mi clase / simpático y generoso

_____

2.3   Compare las posesiones de las personas que siguen.

	los libros	las revistas	los cuadernos
Miguel	17	9	5
Alicia	32	13	3
Javier	12	13	5

MODELO: revistas / Miguel y Javier
Miguel tiene menos revistas que Javier.

1. libros / Alicia y Javier

_____

2. cuadernos / Javier y Miguel

_____

3. revistas / Miguel y Alicia

_____

4. libros / Javier y Miguel

_____

5. revistas / Alicia y Javier

_____

2.4   En muchos aspectos, María es la mejor estudiante de su clase, si no de la escuela entera. Tiene todas las características positivas y casi ninguna característica negativa. Use la forma superlativa apropiada de los adjetivos a continuación para describir a María.

MODELOS: la estudiante / inteligente / la clase de matemáticas
María es la estudiante más inteligente de la clase de matemáticas.

tímida / su escuela
María es la menos tímida de la escuela.

1. la amiga / leal / todos sus compañeros de clase

_____

2. considerada / la clase

_____

3. habitante / ruidosa / la residencia escolar

_____

4. la estudiante / ambiciosa / la clase de administración de empresas

_____

5. popular / los estudiantes de tercer año

_____

2.5 Llene cada espacio con un adverbio basado en el adjetivo entre paréntesis.

1. Pedro va al cine _____ (**frecuente**).

2. El profesor habla español _____ (**rápido**).

3. Uds. necesitan estudiar _____ (**inmediato**).

4. Mi madre quiere descansar _____ (**tranquilo**).

5. _____ (**normal**), yo voy al cine todos los viernes.

2.6 Complete cada oración a continuación con la forma apropiada del verbo **ser** o **estar**.

1. El jefe de la empresa _____ muy inteligente y responsable.

2. Debes llevar un paraguas contigo porque _____ lloviendo afuera.

3. Nuestros profesores _____ amigables e interesantes.

4. Hoy Luisa no _____ presente porque _____ enferma.

5. La fiesta de cumpleaños de Jorge _____ mañana a las siete.

2.7 Describa lo que cada persona está haciendo en este momento. Llene los espacios con las formas apropiadas del verbo **estar** + gerundio.

1. Juan _____ (**dormir**) una siesta en su cuarto.

2. Uds. _____ (**mirar**) un programa interesante en la televisión.

3. Felipe y su padre _____ (**jugar**) al fútbol con sus amigos.

4. Margarita _____ (**cocinar**) un pastel de cumpleaños para su tío.

5. Ellas _____ (**leer**) novelas en el jardín.

NOSTALGIA

I. EL PRETÉRITO

The preterite tense is used in Spanish to talk about completed past events.

> **Llegué** a este país el día quince de enero de mil novecientos setenta y cinco. Lo primero que **vi** desde el avión fue la Estatua de la Libertad y los grandes edificios de Manhattan. Los oficiales de inmigración **revisaron** mis documentos con cuidado y en la aduana **abrieron** todas mis maletas. Después de estos trámites **escuché** tres palabras inglesas, que **escribí** inmediatamente en mi diario para nunca olvidarlas: "Welcome to America!"

> *I **arrived** in this country on January 15, 1975. The first thing I **saw** from the plane was the Statue of Liberty and the big Manhattan skyscrapers. The immigration officials **checked** my documents carefully and at customs they **opened** all my suitcases. After completing the paperwork, I **heard** three English words, that I immediately **wrote** in my diary so as to never forget them: "Welcome to America!"**

*Notice that the time frame of the event is very clearly stated, that the beginning and/or the end of the action are specified, and that the event is viewed as "complete" ("over and done with").

A. Formación

The endings of regular verbs in the preterite can be divided into two sets: one for *–ar* verbs and one for *–er* and *–ir* verbs. Both sets of endings look similar, except for differences in the initial vowels:

–ar:	**-é**	**–a**ste	**-ó**	**–a**mos	**–a**steis	**–a**ron
–er, –ir:	**-í**	**–i**ste	**–i**ó	**–i**mos	**–i**steis	**–ie**ron

http://siempre.heinle.com

Verbos regulares en el pretérito			
	Verbos del grupo *-ar*	**Verbos del grupo** *-er*	**Verbos del grupo** *-ir*
Person	**Hablar** *(to speak)*	**Comer** *(to eat)*	**Escribir** *(to write)*
yo	habl**é**	com**í**	escrib**í**
tú	habl**aste**	com**iste**	escrib**iste**
usted, él, ella	habl**ó**	com**ió**	escrib**ió**
nosotros(as)	habl**amos**	com**imos**	escrib**imos**
vosotros(as)	habl**asteis**	com**isteis**	escrib**isteis**
ustedes, ellos, ellas	habl**aron**	com**ieron**	escrib**ieron**

B. Expresiones que se refieren al pasado

The following time expressions are used to talk about past events or conditions:

anteayer	*the day before yesterday*
ayer	*yesterday*
ayer por la mañana	*yesterday morning*
ayer por la tarde	*yesterday afternoon*
anoche	*last night*
el siglo pasado	*last century*
el año pasado	*last year*
el verano pasado	*last summer*
el mes pasado	*last month*
la semana pasada	*last week*
el fin de semana pasado	*last weekend*
el jueves (sábado, etc.) pasado	*last Thursday (Saturday, etc.)*
hace (quince días)	*(fifteen days) ago*

Self-check: Do Exercise 3.1 in the ***Cuaderno de ejercicios.***

C. Verbos irregulares en el pretérito

1. Verbos con cambio en la raíz

Some *-ir* verbs undergo stem changes in the preterite tense, but only in the third-person singular forms *(usted, él, ella)* and the third-person plural forms *(ustedes, ellos, ellas)*. The following are the most common verbs with these changes.

From e → i

Verbos *e → i*
Competir *(to compete)*
comp**e**tí
comp**e**tiste
comp**i**tió
comp**e**timos
comp**e**tisteis
comp**i**tieron

Other **e → i** verbs are **mentir** *(to lie),* **pedir** *(to ask for),* **preferir** *(to prefer),* **seguir** *(to continue, follow),* **sentir** *(to feel).*

From o → u

Verbos *o → u*	
Dormir *(to sleep)*	**Morir** *(to die)*
d**o**rmí	m**o**rí
d**o**rmiste	m**o**riste
d**u**rmió	m**u**rió
d**o**rmimos	m**o**rimos
d**o**rmisteis	m**o**risteis
d**u**rmieron	m**u**rieron

2. Verbos con cambios ortográficos

Remember that the letters *c* and *g* have a "soft" sound before *e*, as in *ceja* (eyebrow) and *gente*. To maintain their "hard" sound in the *yo* form of the preterite, *c* and *g* must change to *qu* and *gu*, respectively: *toqué, pagué.*

The letter *z* is spelled *c* before the *–é* of the *yo* form, but it remains *z* before other endings. In central and northern parts of Spain, *c* before *e* and *i* resembles the sound of *th* in the English word "clo**th**", while the letter *z* is always pronounced this way.

Verbos *c→ qu*	Verbos *g → gu*	Verbos *z → c*
Tocar *(to touch, play)*	**Pagar** *(to pay for)*	**Empezar** *(to begin)*
to**qu**é	pa**gu**é	empe**c**é
to**c**aste	pa**g**aste	empe**z**aste
to**c**ó	pa**g**ó	empe**z**ó
to**c**amos	pa**g**amos	empe**z**amos
to**c**asteis	pa**g**asteis	empe**z**asteis
to**c**aron	pa**g**aron	empe**z**aron

3. Verbos con *y* en el pretérito

The preterite third-person endings of *-er* and *-ir* verbs whose stems end in a vowel are *-yó* and *-yeron*. The rest of the endings have an accent on the *i*.

Verbos *i* → *y*	
Verbos del grupo -*er*	**Verbos del grupo -*ir***
Leer *(to read)*	**Oír** *(to hear)*
leí	oí
leíste	oíste
le**y**ó	o**y**ó
leímos	oímos
leísteis	oísteis
le**y**eron	o**y**eron

Other such verbs: **caer(se)** *(to fall)*, **creer** *(to believe)*, **(re)construir** *(to build)*, **concluir** *(to finish)*, **contribuir** *(to contribute)*, **incluir** *(to include)*, **influir** *(to have influence)*.

Self-check: Do Exercise 3.2 in the ***Cuaderno de ejercicios.***

4. Otros verbos irregulares

Many common Spanish verbs have irregular preterite forms.

Verbos irregulares en el pretérito					
Andar *(to walk)*	**Dar** *(to give)*	**Decir** *(to say)*	**Estar** *(to be)*	**Hacer** *(to do)*	**Poder** *(to be able)*
anduve	di	dije	estuve	hice	pude
anduviste	diste	dijiste	estuviste	hiciste	pudiste
anduvo	dio	dijo	estuvo	hizo	pudo
anduvimos	dimos	dijimos	estuvimos	hicimos	pudimos
anduvisteis	disteis	dijisteis	estuvisteis	hicisteis	pudisteis
anduvieron	dieron	dijeron	estuvieron	hicieron	pudieron

Verbos irregulares en el pretérito				
Poner *(to put)*	**Tener** *(to have)*	**Traer** *(to bring)*	**Venir** *(to come)*	**Ser** *(to be)* e **Ir** *(to go)*
puse	tuve	traje	vine	fui
pusiste	tuviste	trajiste	viniste	fuiste
puso	tuvo	trajo	vino	fue
pusimos	tuvimos	trajimos	vinimos	fuimos
pusisteis	tuvisteis	trajisteis	vinisteis	fuisteis
pusieron	tuvieron	trajeron	vinieron	fueron

Self-check: Do Exercises 3.3 and 3.4 in the ***Cuaderno de ejercicios.***

II. EL IMPERFECTO

The imperfect is also used in Spanish to refer to past events, but in a different way than the preterite. The main difference involves a distinction between perfective and imperfective *aspect*, that is, between actions that were or were not completed in the past. This difference is presented visually below:

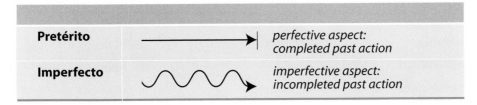

Pretérito	⟶	*perfective aspect:* *completed past action*
Imperfecto	〜〜〜➤	*imperfective aspect:* *incompleted past action*

Specifically, the imperfect may be used in the following ways:

1. To refer to habitual past actions (the things one "used to do").

> Cuando era chico, **acompañaba** a mi papá a **pescar** los fines de semana.
> *When I was a little boy, I **used to go fishing** with my dad on weekends.*

2. To talk about the background of past events or to provide descriptions.

> Cuando llegué al aeropuerto de Nueva York, **estaba** cansado y un poco nervioso. **Hacía** mucho frío y afuera **nevaba** fuertemente. **Eran** las tres de la tarde* y **tenía** mucha hambre. A pesar del clima, **quería** llegar a Manhattan lo antes posible para ir a comer algo en uno de sus famosos restaurantes.
> *When I arrived at the airport in New York, I **was** tired and a bit nervous. It **was** very cold outside and it **was snowing** very hard. It **was** 3 p.m. and I **was** very hungry. In spite of the weather, I **could not wait** to go to Manhattan to eat at one of its many famous restaurants.*

*Notice also that the imperfect is used **to tell time** in the past.

3. To talk about an action in progress in the past (an action that was in progress in the past when another action took place).

Mientras* **esperaba** un taxi, conocí a una muchacha muy simpática de Guatemala que me dio mucha información sobre la ciudad.
*While I **was waiting** for a taxi, I met a very nice girl from Guatemala, who gave me a lot of information about the city.*

*Notice that the notion of "action in progress" associated with the use of the imperfect tense is often reinforced by the use of the conjunction *mientras* ("while").

4. To indicate age in the past.

Tenía quince años cuando salí de mi tierra y vine a los Estados Unidos.
*I **was fifteen years old** when I left my homeland and came to the United States.*

A. Formación

The endings for the imperfect tense are as follows.

Verbos regulares en el imperfecto			
	Verbos del grupo -ar	**Verbos del grupo -er**	**Verbos del grupo -ir**
Person	**Hablar** *(to speak)*	**Comer** *(to eat)*	**Escribir** *(to write)*
yo	habl**aba**	com**ía**	escrib**ía**
tú	habl**abas**	com**ías**	escrib**ías**
usted, él, ella	habl**aba**	com**ía**	escrib**ía**
nosotros(as)	habl**ábamos**	com**íamos**	escrib**íamos**
vosotros(as)	habl**abais**	com**íais**	escrib**íais**
ustedes, ellos, ellas	habl**aban**	com**ían**	escrib**ían**

B. Verbos irregulares en el imperfecto

There are only three irregular verbs in the imperfect tense.

Verbos irregulares en el imperfecto		
Ir *(to go)*	**Ser** *(to be)*	**Ver** *(to see)*
iba	era	veía
ibas	eras	veías
iba	era	veía
íbamos	éramos	veíamos
ibais	erais	veíais
iban	eran	veían

Self-check: Do Exercises 3.5 and 3.6 in the **Cuaderno de ejercicios.**

III. RESUMEN DE LOS USOS DEL PRETÉRITO Y DEL IMPERFECTO

The uses of the preterite versus the imperfect are summarized below:

Uses of the preterite

1. To describe past actions begun or completed as single events

Entró en el restaurante. **Se sentó** y **pidió** un café.
*He **entered** the restaurant. He **sat down** and **ordered** a coffee.*

2. To describe actions repeated a certain number of times or limited in time

Alicia **fue** al supermercado tres veces. Roberto **leyó** toda la tarde.
*Alicia **went** to the supermarket three times. Robert **read** all afternoon.*

3. To indicate sudden emotional, physical, or mental changes

Los padres de Esteban se **alegraron** al oír las noticias.
*Esteban's parents **became happy** upon hearing the news.*

Uses of the imperfect

1. To describe actions that were repeated habitually

Siempre **comían** con sus abuelos.
*They always **used to eat** with their grandparents.*

2. To describe the background of past events

Era tarde. **Hacía** mucho frío.
*It **was** late. It **was** very cold.*

3. To describe an action in progress when another action took place

Mientras **cantaba**, llegó mi hermano.
*While I **was singing**, my brother arrived.*

4. To indicate age in the past

Elena **tenía** veinte años cuando llegó a los Estados Unidos.
*Elena **was** twenty years old when she arrived in the U.S.*

Self-check: Do Exercises 3.7 and 3.8 in the ***Cuaderno de ejercicios***.

IV. EL PRESENTE PERFECTO

The present perfect tense is the equivalent of the English "have + past participle" construction: "I have worked, I have played," etc. Like its English counterpart, the present perfect tense is used in Spanish to refer to actions or states that began in the past and continue into the present.

Desde que llegué a este país **he trabajado** fuertemente. **Ha sido** difícil a veces, pero **he podido** sobrevivir, gracias a Dios. **He tenido** suerte.
*Since I arrived in this country I **have worked** very hard. It **has been** difficult at times, but thank God, I **have been able** to survive. I **have been** lucky.*

A. Formación

To form the present perfect, use the present tense of the auxiliary verb *(haber)* with the past participle form of the main verb.

Auxiliary verb *haber*	+	Past participle of the main verb	
		-ar verbs	*-er / -ir* verbs
he			
has			
ha	+	habl**ar** / habl**ado**	com**er** / com**ido**
hemos			
habéis		pens**ar** / pens**ado**	viv**ir** / viv**ido**
han			

B. Verbos con irregularidades en el participio pasado

The following verbs have irregular past participle forms.

abrir	abierto	*opened*
cubrir	cubierto	*covered*
decir	dicho	*said*
describir	descrito	*described*
escribir	escrito	*written*
freír	frito (freído)	*fried*
hacer	hecho	*done*
morir	muerto	*died*
poner	puesto	*put, set*
resolver	resuelto	*resolved*
romper	roto	*broken*
satisfacer	satisfecho	*satisfied*
ver	visto	*seen*
volver	vuelto	*returned*

Self-check: Do Exercises 3.9 and 3.10 in the **Cuaderno de ejercicios.**

AUTO-PRUEBA

3.1   Complete cada oración para describir lo que hicieron las personas que siguen.

1. Nosotros _____ (**estudiar**) ayer por la tarde.

2. Esteban y Andrés _____ (**mirar**) la televisión el martes por la noche.

3. Yo _____ (**comer**) con mis abuelos anoche.

4. Luis _____ (**volver**) a España el mes pasado.

5. Tú _____ (**comprar**) unos libros el fin de semana pasado.

3.2   Reescriba las siguientes oraciones cambiando los verbos del presente al pretérito.

1. José prefiere salir a las nueve.

_____

2. Ellas duermen hasta las once de la mañana.

_____

3. Yo toco el piano en la escuela.

_____

4. Los estudiantes leen el texto antes de venir a clase.

_____

5. Yo pago las cuentas.

_____

3.3 La fiesta de cumpleaños de Jorge tuvo lugar el fin de semana pasado. Llene los espacios para describir lo que pasó en la fiesta.

El sábado pasado _____ (**ser**) el cumpleaños de Jorge. Muchos de sus amigos _____ (**venir**) a su casa para celebrarlo. Alicia y Ramón _____ (**hacer**) un pastel y lo _____ (**traer**) a la fiesta. Beatriz y Eduardo _____ (**ir**) a la tienda para comprar unos refrescos. A Jorge sus amigos le _____ (**dar**) muchos regalos. Jorge _____ (**ponerse**) muy feliz cuando todos le _____ (**decir**) "Feliz cumpleaños!"

3.4 Reescriba las siguientes oraciones cambiando los verbos del presente al imperfecto.

1. Tú hablas con la profesora.

_____

2. Andrés le escribe una carta a su mamá.

_____

3. Nosotros vamos a la tienda.

_____

4. Las niñas comen a las seis.

_____

3.5 Haga un círculo alrededor de la forma apropiada del verbo entre paréntesis.

Yo (**tuve / tenía**) diez años cuando (**conocí / conocía**) a Beatriz. Su familia (**se instaló / se instalaba**) en la casa al lado de la en que (**viví / vivía**) yo. Después de conocernos, Beatriz y yo (**empezamos / empezábamos**) a pasar tiempo jugando con los otros niños del barrio. Siempre (**caminamos / caminábamos**) en el parque, (**charlamos / charlábamos**) todos los días y a veces (**fuimos / íbamos**) al cine. Después de unos años, (**llegó / llegaba**) el día cuando Beatriz y su familia (**se fueron / se iban**) del barrio. Yo (**me puse / me ponía**) muy triste aquel día.

3.6   Reescriba las siguientes oraciones en el presente perfecto.

1. Ustedes vuelven temprano.

_____

2. Yo vivo en Nueva York.

_____

3. Juan no resuelve el problema.

_____

4. Los Pérez piensan en las vacaciones.

_____

5. Tú puedes trabajar en el verano.

_____

ESTRUCTURAS

ESTÁS EN TU CASA

I. EL SUBJUNTIVO

The subjunctive mood indicates the perspective of one speaker in relation to the actions or states of another subject. Although remnants of the subjunctive still exist in English (in sentences such as "She wishes I **were** there," "**Be** that as it may," "God **bless** you," "Long **live** the king"), it is used much more frequently in Spanish.

> **Estoy feliz** de que mi tía Ana **venga** a visitarnos la próxima semana.
> *I am happy that Aunt Ana is **coming** to visit next week.*

In the previous sentence we find a speaker expressing his or her emotions ("I am happy") about the actions ("come to visit") of another subject ("Aunt Ana").

> **Pase** a la sala por favor, tía Ana. Hace mucho calor. ¿Desea que le **preparemos** una limonada bien fría? Dudo que **quiera** una bebida caliente en este momento, ¿verdad? Nos alegra que **venga** a visitarnos. Por desgracia, no es posible que toda nuestra familia **se reúna** con frecuencia... Pero bueno, después que le **traiga** su limonada, espero que nos **cuente** todo sobre su viaje a la capital.
>
> *Please, **come into** the living room, Aunt Ana. It is hot out there. Would you like us to **prepare** you some cold lemonade? I doubt you **want** a hot beverage right now, right? We are glad that you've **come** to visit us. Unfortunately, it's not possible for our family **to get together** very frequently... But anyway, after I **bring** you your lemonade, I hope you **will tell** us everything about your trip to the capital.*

This example illustrates the most common situations that require the use of the subjunctive.

1. To express formal commands, directed at someone with whom you normally use the *usted* pronoun as opposed to the *tú* pronoun (***Pase a la sala, por favor.***).

2. In the dependent clauses of sentences where main verbs express desire (*¿**Desea** que le **preparemos** una limonada bien fría?*), emotion (***Nos alegra** que **venga** a visitarnos*), doubt (***Dudo** que **quiera**...*), or denial (***No es posible** que toda nuestra familia **se reúna**...*).*

* What is the difference between a dependent clause and a main clause? A dependent clause is a smaller sentence that has been embedded inside a larger sentence:

http://siempre.heinle.com

```
              S      V
        Yo le preparo una limonada bien fría.   (free-standing sentence)
```

↓

```
S       V        ┌─ S      V ──────────────────────┐
Ramón desea que  │ yo le prepare una limonada bien fría. │   (dependent clause within larger
                 └────────────────────────────────┘       sentence)
```

The first sentence above has its own subject (*yo*) and verb (*preparo*), which is in the present indicative. When this smaller free-standing sentence is embedded inside the second sentence, we can now distinguish between two clauses. The *main clause* is the entire sentence and contains its own subject (*Ramón*) and main verb (*desea*). The *dependent clause* is simply the original free-standing sentence, shown in the box. It is "dependent" because it is contained within the larger main clause.

3. After certain conjunctions (**Después que le *traiga* su limonada...**).

Use the subjunctive in the following constructions.

1. To express direct formal commands.
Prepárele una limonada a la tía Ana, por favor.
***Prepare** a lemonade for Aunt Ana, please.*

2. When there are two different subjects (one in the main clause, and another in the dependent clause) and the main verb expresses doubt, possibility, emotion, negation, or desire.
Me **alegra** que **venga** la tía Ana a visitarnos.
*I **am glad** that Aunt Ana **is coming** to visit us.*

3. After certain conjunctions: **cuando** *(when)* (if used in the future), **para que** *(in order that)*, **antes de que** *(before)*, **a menos que** *(unless)*.*
Ayúdame a arreglar el cuarto de huéspedes **para que** la tía Ana **esté** cómoda.
*Help me fix the guest room **so that** Aunt Ana can **be** comfortable.*

*For a more complete listing consult the section called *"El subjuntivo en cláusulas adverbiales"* in the following chapter.

Do not use the subjunctive in the following circumstances.

1. When the main verb expresses **certainty** *(es seguro que, es claro que, es evidente que, es verdad que),* unless the main verb is in the negative, in which case, the certainty is denied.
Es seguro que la tía Ana **va a venir** por avión. **No es verdad** que **tenga miedo** de volar.
***It's a sure thing** that Aunt Ana **is going to come** by plane. **It's not true** that she **is afraid** of flying.*

2. When the main verb is *pensar* or *creer* in the affirmative.*
Pienso que a la tía Ana le **gustan más** las rosas. Tú **no crees** que ella **sea*** alérgica a las flores, ¿verdad?
*I **think** that Aunt Ana **prefers** roses. You **don't think** she **is** allergic to flowers, do you?*

* The subjunctive may be used in negative or interrogative sentences where *pensar* or *creer* is the main verb since the idea of doubt or uncertainty is conveyed. Here are some more examples:

El profesor **no cree** que Juan **estudie** suficientemente para los exámenes.
*The professor **doesn't think** that Juan **studies** enough for the exams.*

¿**Creen** Uds. que **tengamos** bastante dinero para comprar ese televisor?
*Do you think that we **have** enough money to buy that television set?*

Use the **infinitive** when the subject of the main clause is the same as the subject of the dependent clause. In the following example, Elena is the subject of both the main verb *quiere* and the infinitive of the dependent clause *hablar.* That is, Elena is doing both the wanting and (eventually) the talking.

Elena **quiere hablar** con la tía Ana hoy mismo.
*Elena **wants to talk** to Aunt Ana today.*

Contrast this with the following sentence, in which there are two different subjects. Elena is still the subject of *quiere*, but Jorge is now the subject in the dependent clause. That is, Elena is doing the wanting, but Jorge is (eventually) doing the talking.

Elena **quiere** que Jorge **hable** con la tía Ana hoy mismo.
*Elena **wants** Jorge **to talk** to Aunt Ana today.*

Note that since the main verb *querer* expresses desire, the verb of the dependent clause appears in the subjunctive: *hable.*

Self-check: Do Exercises 4.1 and 4.2 in the ***Cuaderno de ejercicios.***

A. Formación

To form the present subjunctive, drop the *-o* ending of the first-person singular of the present tense and add the present subjunctive endings, which have the so-called "opposite vowel": *e* for *-ar* and *a* for *-er* and *-ir* verbs.

Verbos regulares en el presente del subjuntivo			
	Verbos del grupo -ar	**Verbos del grupo -er**	**Verbos del grupo -ir**
Person	**Hablar** *(to speak)*	**Comer** *(to eat)*	**Escribir** *(to write)*
yo	habl**o** → habl**e**	com**o** → com**a**	escrib**o** → escrib**a**
tú	habl**es**	com**as**	escrib**as**
usted, él, ella	habl**e**	com**a**	escrib**a**
nosotros(as)	habl**emos**	com**amos**	escrib**amos**
vosotros(as)	habl**éis**	com**áis**	escrib**áis**
ustedes, ellos, ellas	habl**en**	com**an**	escrib**an**

Notice that the present indicative and present subjunctive have opposite vowels:

Es cierto que   hablan mucho, comen pizza y escriben cartas. *(indicative)*
    Dudo que   hablen mucho, coman pizza y escriban cartas. *(subjunctive)*

Self-check: Do Exercise 4.3 in the ***Cuaderno de ejercicios.***

B. Verbos irregulares en el presente del subjuntivo

1. Verbos con cambios en la raíz

The changes in the present indicative of verbs with stressed *e* or *o* in their stems (e → ie, o → ue) occur as well in the present subjunctive.

Verb	Present indicative	Present subjunctive
pensar (to think)	pienso	piense
	piensas	pienses
	piensa	piense
	pensamos	pensemos
	pensáis	penséis
	piensan	piensen
entender (to understand)	entiendo	entienda
	entiendes	entiendas
	entiende	entienda
	entendemos	entendamos
	entendéis	entendáis
	entienden	entiendan

Stem changing *-ir* verbs have an additional change from e → i or o → u in the *nosotros* and *vosotros* forms only.

Verbos con cambios en la raíz en el presente del subjuntivo			
Verbos e → ie, i	Verbos e → i, i	Verbos o → ue, u	
Sentir (to feel)	**Pedir** (to ask for)	**Dormir** (to sleep)	**Morir** (to die)
sienta	pida	duermo	muera
sientas	pidas	duermas	mueras
sienta	pida	duerma	muera
sintamos	pidamos	durmamos	muramos
sintáis	pidáis	durmáis	muráis
sientan	pidan	duerman	mueran

2. Verbos con cambios ortográficos

Verbs ending in *–car*, *–gar*, *–guar*, and *–zar* undergo spelling changes to show the sound properly. Note that *gu* changes to *gü* before *e* in order to retain the [gw] sound that it normally has before *a*.

Verbos con cambios ortográficos en el presente del subjuntivo

Verbos -car → -que	Verbos -gar → -gue	Verbos -guar → -güe	Verbos -zar → -ce
Buscar *(to look for)*	**Pagar** *(to pay for)*	**Averiguar** *(to investigate)*	**Alcanzar** *(to reach)*
bus**que**	pa**gue**	averi**güe**	alcan**ce**
bus**que**s	pa**gue**s	averi**güe**s	alcan**ce**s
bus**que**	pa**gue**	averi**güe**	alcan**ce**
bus**que**mos	pa**gue**mos	averi**güe**mos	alcan**ce**mos
bus**qué**is	pa**gué**is	averi**güé**is	alcan**cé**is
bus**que**n	pa**gue**n	averi**güe**n	alcan**ce**n

Self-check: Do Exercise 4.4 in the **Cuaderno de ejercicios.**

3. Otros verbos irregulares

Verbs with irregular first-person singular forms in the present indicative show the same irregularity in the present subjunctive conjugation.

Verbos irregulares en el presente del subjuntivo

Conocer *(to know)*	Decir *(to say, tell)*	Tener *(to have)*	Recoger *(to pick up, gather)*
conozca	**dig**a	**teng**a	**recoj**a
conozcas	**dig**as	**teng**as	**recoj**as
conozca	**dig**a	**teng**a	**recoj**a
conozcamos	**dig**amos	**teng**amos	**recoj**amos
conozcáis	**dig**áis	**teng**áis	**recoj**áis
conozcan	**dig**an	**teng**an	**recoj**an

The following verbs have irregular stems in the present subjunctive. Note that none of these verbs end in *-o* in the first person of the subjunctive.

Verbos irregulares en el presente del subjuntivo

Dar → doy	Estar → estoy	Haber → he	Ir → voy	Saber → sé	Ser → soy
dé	esté	haya	vaya	sepa	sea
des	estés	hayas	vayas	sepas	seas
dé	esté	haya	vaya	sepa	sea
demos	estemos	hayamos	vayamos	sepamos	seamos
deis	estéis	hayáis	vayáis	sepáis	seáis
den	estén	hayan	vayan	sepan	sean

Self-check: Do Exercises 4.5 and 4.6 in the **Cuaderno de ejercicios.**

C. El uso del subjuntivo en consejos y sugerencias

The subjunctive is often used in the dependent clause of sentences in which the main verb conveys suggestion or advice.

> Tenemos que celebrar el cumpleaños de la tía Ana. He oído que le gusta mucho la música salsa, así que **te sugiero que salgas** a buscar unos cassettes hoy mismo (o si prefieres, le puedo pedir a mi amiga Marta que te preste algunos. Ella tiene muy buena música.). **Es preciso que llames** a nuestros amigos esta misma noche, ah, y no te olvides de **decirle a Mario que compre** bastantes refrescos.

> *We have to celebrate Aunt Ana's birthday. I have heard that she really likes salsa music, so **I suggest that you go out** to look for some cassettes today (or if you prefer, I can ask my friend Marta to lend you some. She has great music.). **You need to call** our friends tonight, oh, and don't forget to **tell Mario to buy** plenty of soft drinks.*

Main clause	Que	Subordinate clause (verb in the subjunctive)
Verbs of advice (such as *sugerir, pedir, recomendar,* or *decir*)		
Te sugiero	*que*	*salgas a buscar unos cassettes.*
Impersonal expressions*		
Es preciso	*que*	*llames a todos sus amigos.*

*Some of the most common impersonal expressions used to convey the idea of suggestion or advice include the following:

es bueno	*it is good*
es importante	*it is important*
es justo	*it is fitting*
es mejor	*it is better*
es necesario	*it is necessary*
es preciso	*it is necessary, essential*
es urgente	*it is urgent*

Self-check: Do Exercises 4.7, 4.8, and 4.9 in the ***Cuaderno de ejercicios.***

II. MANDATOS

A. Mandatos formales

A more direct way of influencing other people's behavior is through direct commands ("Do this," "Don't do that," etc.). In Spanish there is a distinction between commands given to friends and family, and those given to people with whom there is a more formal social relationship.

Limpie el cuarto de los invitados, María, por favor. **No se olvide** de abrir las ventanas y de pasar la aspiradora. **Compre** unas flores y **póngalas*** en el jarrón verde frente a la ventana. **No cambie** la manta, pero **lávela*** bien antes de tender la cama. Finalmente quiero que prepare un buen plato de moros y cristianos porque a la tía Ana le fascinan.

*María, please **clean** the guest room. **Don't forget** to open the windows and to vacuum. **Buy** some flowers and **put them** in the green vase in front of the window. **Don't change** the blanket, but **wash it** before you make the bed. Finally, I want you to prepare some good "moros and cristianos", because Aunt Ana loves them.*

* Notice that a written accent shows that the stress pattern of the command is not affected by the attachment of pronouns to the end of the conjugated verb. The written accent serves as a reminder that the first syllable should be stressed in pronunciation.

Direct formal commands are sometimes strong imperatives. (In some contexts they could be interpreted as rude, if not followed by the expression *por favor*.) Since these utterances reflect status and authority, tactful use of these commands is advised.

1. Mandatos formales afirmativos

To give an affirmative command, use the corresponding *Ud.* or *Uds.* form of the subjunctive for the desired action. Just as in English, the subject is often omitted. All pronouns (reflexive, direct, and indirect) must be attached at the end of the conjugated verb form. If necessary, an accent mark must be placed on the word to show its original stress pattern.

Singular *Ud.* command (given to a single individual):
> **Corte** el pimiento en trozos pequeños. **Cocínelo** en una sartén por tres minutos y luego **añada** los aliños.
> *Cut the pepper in small chunks. Cook it in a pan for three minutes and then season to taste.*

Plural *Uds.* command (given to a group of people):
> **Cocinen** la pasta primero y luego **añadan** la salsa.
> *Cook the pasta first and then add the sauce.*

2. Mandatos formales negativos

To give a negative command, place the negative word before the *Ud.* or *Uds.* form of the present subjunctive. All pronouns are placed **before** the conjugated verb as separate words.

Singular *Ud.* command:
> Corte y mezcle los ingredientes y después caliente a fuego lento en la estufa. **No se olvide** de añadir el vino en este momento. Después de cinco minutos, ponga la mezcla en un molde y déjela reposar en el refrigerador por dos horas. **No la sirva** hasta que esté totalmente fría.
> *Cut and mix the ingredients, and then heat on a low flame on the stove. Do not forget to add the wine at this point. After five minutes, put the mixture in a baking dish and let it cool in the refrigerator for two hours. Don't serve it until it's completely chilled.*

Plural *Uds.* command:

> **Nunca cocinen** la mezcla por más de una hora. **No** le **añadan** la salsa hasta que esté lista para servir.
>
> ***Never cook*** *the mixture for more than an hour.* ***Do not add*** *the sauce until ready to serve.*

Self-check: Do Exercise 4.10 in the ***Cuaderno de ejercicios.***

B. Mandatos informales

When giving instructions to those close to us, such as to family and friends, an informal command is required.

1. Mandatos informales afirmativos

Affirmative singular *tú* commands coincide with the *Ud.* form of the **present indicative** of the verb. All pronouns are also attached to the end of these conjugated forms.

> Cuando llegue la tía Ana, **llévala** a la sala y **ofrécele** una taza de café. **Muéstrale** la casa y **dile** dónde están las toallas. (Ella tal vez querrá tomar una ducha antes de cenar.)
>
> *When Aunt Ana arrives,* ***take her*** *to the living room and* ***offer her*** *a cup of coffee.* ***Show her*** *the house and* ***tell her*** *where the towels are. (She may want to take a shower before dinner.)*

Careful! These common verbs have irregular *tú* command forms in the affirmative. They are irregular in the sense that they do not coincide with the third-person singular of the present tense.

decir	→	di	salir	→	sal
hacer	→	haz	ser	→	sé
ir	→	ve	tener	→	ten
poner	→	pon	venir	→	ven

2. Mandatos informales negativos

To give negative commands, use the *tú* form of the **present subjunctive** preceded by the negative word and any of the pronouns involved.

> **No te olvides** de llamarme a la oficina cuando llegue la tía Ana. ¡Ah, y **no** le **digas** nada acerca de la fiesta que hemos preparado para celebrar su cumpleaños!
>
> ***Don't forget*** *to call me at the office when Aunt Ana arrives. Oh, and* ***don't*** *tell her anything about the party we've prepared to celebrate her birthday!*

Self-check: Do Exercise 4.11 in the ***Cuaderno de ejercicios.***

III. EL USO DE LA *SE* PARA DAR INSTRUCCIONES

> Para preparar esta receta, primero **se calienta el aceite*** y luego **se pelan** y **se cortan las papas.***
>
> *To prepare this recipe, **the oil is heated** first, and then **the potatoes are peeled and cut**.*

* Verbs agree with subjects, not objects. Although they follow the verbs that agree with them, *el aceite* and *las papas* are subjects.

The passive *se* construction focuses on the action itself and is used in Spanish when the doer is irrelevant.

Se	Third-person form of the main verb	Singular or plural
Se	**calienta** la sartén. **hornea** el pollo.	*singular verb / singular noun*
Se	**cortan** las papas. **pelan** las cebollas.	*plural verb / plural noun*

Self-check: Do Exercises 4.12 and 4.13 in the **Cuaderno de ejercicios.**

IV. LOS USOS DE LAS PREPOSICIONES *POR* Y *PARA*

The prepositions *por* and *para* both often mean "for" in English; however, they are not interchangeable in Spanish.

A. Por

Por is used:

1. to indicate "by means of"

> La tía Ana viaja mañana **por** avión.
> *Aunt Ana is flying tomorrow (lit. "is traveling **by** plane").*

2. to indicate "along" or "through"

> En su viaje, va a pasar **por** las nubes.
> *On her trip, she will go **through** the clouds.*

3. to indicate "by"

> Antes de venir, ella piensa pasar **por** la casa de los abuelos.
> *Before coming here, she plans to stop **by** our grandparents' house.*

4. to indicate the cause of something (the equivalent of "due to" or "because of")

> **Por** sus problemas de salud, mis abuelos no pudieron venir esta vez.
> *Due to their medical problems, my grandparents couldn't come this time.*

5. to refer to a duration of time

> La tía Ana va a estar con nosotros **por** dos semanas.
> *Aunt Ana will stay with us for two weeks.*

6. to indicate "in exchange for"

> ¡Mi tía pagó casi mil dólares **por** su boleto!
> *My aunt paid almost a thousand dollars for her ticket!*

7. with certain expressions

por ciento	*percent*	por favor	*please*
por cierto	*by the way*	por fin	*finally*

> Ayúdale a tu tía con sus maletas, **por favor.**
> *Help your aunt with her bags, **please**.*

B. Para

Para is used in the following contexts:

1. when introducing the recipient of an action

> La tía Ana trajo dos suéteres **para** mi mamá y una pipa **para** mi papá.
> *Aunt Ana brought two sweaters **for** my mother and a pipe **for** my dad.*

2. to indicate destination

> Mis hermanos no están en casa. Salieron **para** la costa de vacaciones.
> *My brothers and sisters are not at home. They went **to** the shore on vacation.*

3. to indicate purpose ("in order to")

> Llamaré a mis hermanos más tarde **para** saludarlos.
> *I will call my brothers and sisters later **(in order to)** say hello.*

Self-check: Do Exercise 4.14 in the **Cuaderno de ejercicios.**

AUTO-PRUEBA

4.1 Llene los espacios con la forma apropiada (subjuntivo o indicativo) de los verbos entre paréntesis.

1. No estoy seguro que nosotros _____ (**poder**) quedarnos aquí.

2. Creo que mi hermano _____ (**conducir**) muy bien.

3. Dudo que los conductores *(drivers)* de Nueva York _____ (**respetar**) las leyes.

4. Juana teme *(fears)* que sus amigos _____ (**salir**) a bailar sin ella.

5. No creo que el examen _____ (**ser**) fácil.

6. Estamos seguros que el español _____ (**ser**) muy divertido.

7. No quieres que ella _____ (**acostarse**).

8. Voy a acostarme después de que papá _____ (**apagar**) las luces.

4.2 Haga oraciones completas con **por** o **para**.

1. Ese televisor es demasiado grande / la mesa

_____

2. Salimos / Buenos Aires el sábado

_____

3. Vamos a Madrid / una semana

_____

4. Fue a la universidad / hablar con el profesor

_____

5. Pagué demasiado / la computadora

_____

4.3 Dígale a su profesor que haga ciertas cosas. Siga el ejemplo:

MODELO: no cantar en clase
– *No cante en clase.*

1. escribir las instrucciones

_____

2. buscar las llaves

_____

3. no trabajar mucho

_____

4. tener paciencia

_____

5. recoger los papeles

_____

4.4 Aquí tiene una receta para hacer una tarta de manzana. Reescriba cada frase usando la **se** para dar instrucciones.

MODELO: pelar las manzanas
– *Se pelan las manzanas.*

1. cortar las manzanas

_____

2. mezclar las manzanas cortadas con azúcar y canela *(cinnamon)*

_____

3. preparar la masa *(dough)*

_____

4. poner la masa en la cazuela *(pan)*

_____

5. agregar las manzanas a la masa en la cazuela

_____

6. meter todo en el horno

_____

7. dejar hornear por cuarenta minutos

_____

4.5 Dígale a su amigo que haga o no haga ciertas cosas. Siga el ejemplo:

MODELO: ir al cine con Ana
         – *Ve al cine con Ana.*

1. bailar en la discoteca

_____

2. buscar libros en la biblioteca

_____

3. no dormir hasta las dos de la tarde

_____

4. hacer la tarea

_____

5. respetar las leyes

_____

LA DIFUSIÓN MASIVA

I. PALABRAS NEGATIVAS

The following is a list of some of the most common negative words used in Spanish.

nadie	*no one, nobody*
ninguno(a)(os*)(as*)	*no one, none*
nada	*nothing*
nunca	*never*
tampoco	*neither*
ni... ni	*neither... nor*

*The plural forms of *ninguno* are rarely used.

> En esta novela no pasa **nada nunca**. **Nadie** muere, **ninguno** se casa, **nadie** hace **nada** espectacular. **No** cambian **ni** los personajes **ni** las situaciones. **Ningún*** episodio me ha gustado. Es definitivamente una novela muy aburrida. No se la recomiendo **a nadie**.
>
> *In this soap opera **nothing ever happens**. **No one dies, no one gets married, no one** ever does **anything** spectacular. **Neither** the characters **nor** the situations ever change. I didn't like **any** of the episodes. It is definitely a very boring soap. I don't recommend it to **anyone**.*

* *Ningún* is the short form of *ninguno,* used before masculine singular nouns.

As can be seen in the previous example, negative subjects can be placed before or after the conjugated verb. When placed after, a "no" always comes before the verb (double negatives are correct in Spanish).

> **Nadie** vio esa película anoche.* / **No** vio **nadie** esa película anoche. Fue terrible.
>
> ***Nobody** saw that movie last night. It was terrible.*

*The placement of the negative words *nadie, nada,* and *ninguno* before the verb is preferred whenever they are the subjects of a sentence.

> **Nunca** voy a la ópera. / **No** voy a la ópera **nunca.**
>
> *I **never** go to the opera.*

Self-check: Do Exercise 5.1 in the ***Cuaderno de ejercicios.***

http://siempre.heinle.com

II. TRES TIPOS DE CLÁUSULAS

Do you remember the difference between a main clause and a dependent (or subordinate) clause? A dependent clause is simply one sentence inserted into another. There are three main types of dependent clause: nominal, adjectival, and adverbial.

1. *Nominal* dependent clauses appear where *nouns* do in the main clause. In the following example, the noun phrase *el café* appears in the same position as the dependent clause *que la dejemos en paz*.

Alicia prefiere	**que la dejemos en paz**.
Alicia prefers	*that we leave her in peace.*

Alicia prefiere	**el café**.
Alicia prefers	*coffee.*

2. *Adjectival* dependent clauses appear where *adjectives* do in the main clause and can be replaced by adjectives.

Pablo quiere ver una película	**que tenga actores famosos**.
Pablo wants to see a movie	*that has famous actors.*

Pablo quiere ver una película	**interesante**.
Pablo wants to see an interesting movie.	

3. *Adverbial* dependent clauses appear where *adverbs* do in the main clause and can be replaced by adverbs.

¡Llámame	**en cuanto llegues a casa!**
Call me	*as soon as you get home!*

¡Llámame	**rápidamente!**
Call me	*quickly!*

What nominal, adjectival, and adverbial dependent clauses have in common is that they often require the subjunctive depending on certain conditions. These conditions are described in the sections III, IV, and V.

III. EL SUBJUNTIVO EN CLÁUSULAS NOMINALES

The subjunctive is used in the subordinate clause when the verb in the main clause expresses advice, suggestion, request, doubt, denial, emotion, and other similar semantic categories.

A. Consejos y sugerencias

The following are common verbs used in main clauses to express advice, to give suggestions, or to make requests.

aconsejar	*to advise*	prohibir	*to forbid, prohibit*
desear	*to want*	querer	*to want*
insistir en	*to insist on*	recomendar	*to recommend*
pedir	*to ask for, request*	rogar	*to beg*
permitir	*to allow, permit*	sugerir	*to suggest*
preferir	*to prefer*		

Debes ver mi nuevo equipo; es increíble. **Insisto en** que *vengas* a mi casa a verlo. No **quiero** que me *des* ninguna excusa esta vez.

*You ought to see my new stereo; it's incredible. I **insist** that you **come** to my place to see it. I don't **want** you to **give** me any excuses this time.*

Self-check: Do Exercise 5.2 in the ***Cuaderno de ejercicios.***

B. Duda o negación

The following are common verbs used in main clauses to express doubt or denial.

dudar	*to doubt*
negar	*to deny*
no creer	*not to believe, think*

Dudo que este actor *gane* un Óscar este año por esta película. **No dudo** que *sea* bueno, pero ésta no fue su mejor actuación. ¿Es verdad que se va a divorciar? Su esposa **niega** que su matrimonio *tenga* problemas, pero por lo que he escuchado, él ya tiene otra novia en Hollywood.

*I **doubt** that this actor **will get** an Oscar for this movie this year. I **don't doubt** that he **is** good, but this wasn't his best performance. Is it true that he is getting a divorce? His wife **denies** that their marriage **is** in trouble, but from what I have heard he already has a new girlfriend in Hollywood.*

Self-check: Do Exercise 5.3 in the ***Cuaderno de ejercicios.***

C. Emoción

The following are common verbs used in main clauses to express emotion.

alegrarse de	*to be glad*	sentir	*to feel, be sorry*
doler	*to hurt*	temer	*to fear*
esperar	*to hope*	tener miedo de	*to be afraid of*
gustar	*to please*		

Me alegro mucho de que *quieras* aprender a bailar merengue. Vas a aprender muy pronto, si te dedicas. **Espero** que *practiques* los pasos todos los días y que *vengas* a mis fiestas latinas de vez en cuando. **Siento** que no *tengas* un equipo en tu casa, por eso insisto en que vengas aquí a menudo. Ya sabes que ésta es tu casa.

*I'm **glad** that you **want** to learn to dance the merengue. You're going to learn fast, if you apply yourself. I **hope** that you **practice** the steps every day, and that you'll **come** to my Latino parties from time to time. I'm **sorry** that you **do** not **have** a stereo at home; that's why I insist that you come here often. You know you can consider this your home too.*

Self-check: Do Exercise 5.4 in the **Cuaderno de ejercicios.**

IV. EL SUBJUNTIVO EN CLÁUSULAS ADJETIVALES

The subjunctive is used in subordinate clauses that describe nonexistent or hypothetical situations or objects.

—Mira, ¿por qué no vemos una película que **no sea** demasiado vieja, para variar? Tú sabes que me gustan las que son más recientes. No quiero una que **sea** muy triste, ni tampoco una que **sea** muy sentimental. Prefiero una que **tenga** mucha acción o tal vez una que **sea** cómica. Necesito una película que me **distraiga** y me **entretenga.** ¿Qué piensas?

—No sé... ¿Por qué mejor no vemos una película que nos **haga** pensar, una que **presente** ideas, más que acción..., una que **tenga** actores desconocidos?

*Look, why don't we watch a movie that **is not** too old for a change? You know that I prefer the recent releases. I don't want one that **is** too sad nor very sentimental. I prefer one that **has** a lot of action or perhaps one that **is** funny. I need a movie that **would get my mind off** things and **entertain** me. What do you think?*

*I don't know... Instead, why don't we watch a movie that **makes** us think, one that has ideas rather than action..., one that **has** unknown actors?*

Notice that in the phrase *me gustan las que son más recientes* the verb *son* in the subordinate clause is not in the subjunctive mood. Only those subordinate verbs that refer to negative or nonexistent situations or objects are in the subjunctive.

Tengo muchos amigos que **van a fiestas** frecuentemente conmigo, pero me gustaría tener al menos uno que **sea** más estudioso y disciplinado que yo.
*I have many friends who **party** with me frequently, but I would like to have at least one who **is** more studious and disciplined than I am.*

En esta universidad hay algunos conciertos que **son** gratis o donde se ofrecen descuentos para estudiantes. No hay nadie que no **pueda** disfrutar de buena música en esta institución a un bajo costo.
*At this university there are some concerts that **are** free or that offer special discounts for students. There is no one at this institution who **cannot** enjoy good music at a low cost.*

Self-check: Do Exercises 5.5, 5.6, and 5.7 in the **Cuaderno de ejercicios.**

V. EL SUBJUNTIVO EN CLÁUSULAS ADVERBIALES

The subjunctive mood is required in the subordinate clauses after certain conjunctions.

A. Para expresar propósito

The following conjunctions introduce dependent clauses that express purpose.

a fin de que	*in order that, so that*
para que	*in order that, so that*

Voy a pasar por tu casa a las siete **para que** *vayamos* al cine juntos. Pienso llegar temprano **a fin de que** *tengamos* tiempo para comer algo antes de la película.

*I'll stop by your house at seven **so** we **can go** to the movies together. I plan to arrive early **so that** we **have** time to eat something before the movie.*

B. Para expresar condición

The following conjunctions introduce dependent clauses that express stipulation.

con tal de que	*provided that*
en caso (de) que	*in case, in the event that*
a menos que	*unless*

Te llamo esta tarde desde mi oficina **a menos que** *tenga* mucho trabajo. **En caso de que esté** muy ocupado y no te *pueda* llamar, prepárate para salir temprano de todas formas. Debes estar lista a las siete, **a menos que** algo inesperado *ocurra* y *tengamos* que cancelar o posponer nuestra cita.

*I'll call you this afternoon from my office, **unless** I **have** a lot of work. Get ready to leave early anyway, **in case** I **am** busy and I **can't** call you. You should be ready by seven, **unless** something unexpected **comes up** and we **have to** cancel or postpone our date.*

C. Para expresar futuro

The following conjunctions sometimes introduce dependent clauses that express a future time frame. These dependent verbs are in the subjunctive when they express a future time frame.

antes (de) que	*before*
cuando	*when, by the time*
después (de) que	*after*
en cuanto	*as soon as*
hasta que	*until*
mientras (que)	*while*

Llámame **en cuanto** *llegues* a casa. Saldré de mi oficina **después de que** me *llames*. Espero que estés lista **cuando** *pase* por tu casa.

*Call me **as soon as** you **get** home. I will leave the office **after** you **call** me. I hope you will be ready **by the time** I **stop by** your house.*

Self-check: Do Exercises 5.8, 5.9, 5.10, 5.11, and 5.12 in the ***Cuaderno de ejercicios.***

AUTO-PRUEBA

5.1 Exprese negativamente las ideas a continuación.

MODELO: Jorge va a ese restaurante **todos los días**.
Jorge nunca va a ese restaurante.

1. Roberto va a mirar televisión **también**.

_____

2. **Todos** quieren jugar al fútbol.

_____

3. Julia come ensaladas **todos los días**.

_____

4. **Tres** de mis amigos van al cine el viernes.

_____

5. **Ricardo o Alberto** van a ir al mercado.

_____

5.2 Marta siempre les pide consejos a sus amigos y a sus familiares. Escriba oraciones completas para expresar los consejos que le dan.

MODELO: María / recomendar / yo / estudiar más para el examen
María recomienda que yo estudie más para el examen.

1. Mi padre / insistir en / yo / ahorrar más dinero

_____

2. Mi amigo Miguel / sugerir / yo / ir al concierto con él

_____

3. Mi madre / querer / yo / la visitar más frecuentemente

_____

4. Mis abuelos / rogar / yo / no gastar todo mi dinero

_____

5. Ana y Josefina / pedir / yo / les comprar unos regalos

_____

5.3 Escriba respuestas a las preguntas que siguen.

MODELO: ¿Quieres el sombrero que cuesta $200? (**menos**)
        – *No, quiero un **sombrero** que cueste menos.*

1. ¿Quieres ir al restaurante donde siempre hay mucha gente? (**poca gente**)

_____

2. ¿Prefieres la ensalada que tiene frutas y verduras? (**sólo frutas**)

_____

3. ¿Buscas la camisa que va con estos pantalones? (**esos pantalones**)

_____

4. ¿Deseas comprar la computadora que tiene poca memoria RAM? (**mucha memoria**)

_____

5. ¿Quieres comprar el teléfono que es rojo? (**portátil**)

_____

5.4 Llene los espacios con la forma apropiada de los verbos entre paréntesis.

1. A la profesora no le gusta que los estudiantes _____ (**comer**) en clase.

2. Voy a llevar mi paraguas en caso de que _____ (**empezar**) a llover.

3. Felipe tiene miedo de que su mejor amigo _____ (**cambiar**) de universidad.

4. Mis padres desean que yo _____ (**ir**) de vacaciones con ellos.

5. Yo me quedo en casa hasta que Alejandro _____ (**regresar**) de la oficina.

6. Espero que los invitados _____ (**poder**) encontrar la casa.

7. Ella se alegra de que nosotros _____ (**cenar**) con la familia.

ESTRUCTURAS

UNA CARRERA LUCRATIVA

I. EL FUTURO

The *ir a* + *infinitive* construction (see *Capítulo preparatorio*) is commonly used in everyday speech to refer to future plans; the future tense in Spanish is more frequent in written and formal speech.

> El próximo semestre los estudiantes de último año **tendrán** que completar sus tesis y presentar sus exámenes. Los consejeros **distribuirán** los formularios correspondientes y las secretarias **estarán** disponibles durante sus horas regulares de oficina para responder a cualquier pregunta.
>
> *Next semester, all senior students **will have** to complete their theses and take their exams. Advisors **will distribute** the corresponding forms, and secretaries **will be** available during regular office hours to answer any questions.*

A. Formación

The future tense is formed by attaching identical endings for *-ar*, *-er*, and *-ir* verbs directly to the infinitive.

Verbos regulares en el futuro			
	Verbos del grupo -*ar*	**Verbos del grupo -*er***	**Verbos del grupo -*ir***
Person	**Hablar** *(to speak)*	**Comer** *(to eat)*	**Escribir** *(to write)*
yo	hablar**é**	comer**é**	escribir**é**
tú	hablar**ás**	comer**ás**	escribir**ás**
usted, él, ella	hablar**á**	comer**á**	escribir**á**
nosotros(as)	hablar**emos***	comer**emos***	escribir**emos***
vosotros(as)	hablar**éis**	comer**éis**	escribir**éis**
ustedes, ellos, ellas	hablar**án**	comer**án**	escribir**án**

*Notice that the only form without a written accent mark is the *nosotros* form, since this is the only form where the stress falls on the next-to-last, rather than the last, syllable.

http://siempre.heinle.com

B. Verbos irregulares en el futuro

Some verbs undergo some changes in their infinitive forms when conjugated in the future tense.

1. Verbos de raíz corta

Verbos de raíz corta en el futuro		
Infinitivo	Raíz del futuro	Conjugación
decir	dir-	**dir**é, **dir**ás, **dir**á, **dir**emos, **dir**éis, **dir**án
hacer	har-	**har**é, **har**ás, **har**á, **har**emos, **har**éis, **har**án

2. Verbos que eliminan la -*e*-

Verbos que eliminan la -*e*- en el futuro		
Infinitivo	Raíz del futuro	Conjugación
caber	cabr-	**cabr**é, **cabr**ás, **cabr**á, **cabr**emos, **cabr**éis, **cabr**án
haber	habr-	**habr**é, **habr**ás, **habr**á, **habr**emos, **habr**éis, **habr**án
poder	podr-	**podr**é, **podr**ás, **podr**á, **podr**emos, **podr**éis, **podr**án
querer	querr-	**querr**é, **querr**ás, **querr**á, **querr**emos, **querr**éis, **querr**án
saber	sabr-	**sabr**é, **sabr**ás, **sabr**á, **sabr**emos, **sabr**éis, **sabr**án

3. Verbos que cambian a -*dr*-

Verbos que cambian a -*dr*- en el futuro		
Infinitivo	Raíz del futuro	Conjugación
poner	pondr-	**pondr**é, **pondr**ás, **pondr**á, **pondr**emos, **pondr**éis, **pondr**án
salir	saldr-	**saldr**é, **saldr**ás, **saldr**á, **saldr**emos, **saldr**éis, **saldr**án
tener	tendr-	**tendr**é, **tendr**ás, **tendr**á, **tendr**emos, **tendr**éis, **tendr**án
valer	valdr-	**valdr**é, **valdr**ás, **valdr**á, **valdr**emos, **valdr**éis, **valdr**á
venir	vendr-	**vendr**é, **vendr**ás, **vendr**á, **vendr**emos, **vendr**éis, **vendr**án

¿**Cabrá** todo eso en la maleta?
*Will all that **fit** in the suitcase?*

Habrá mucho que hacer este fin de semana.
***There will be** a lot to do this weekend.*

Este reloj **valdrá** más de mil dólares en el futuro.
*This watch **will be worth** more than a thousand dollars in the future.*

Self-check: Do Exercises 6.1, 6.2, 6.3, and 6.4 in the *Cuaderno de ejercicios*.

II. EL CONDICIONAL

The conditional tense is the equivalent of the "would" + *verb* construction in English and it is used to refer to what **would** happen if a certain condition(s) existed.

> Me **gustaría** trabajar en una empresa multinacional, porque así **viajaría** mucho y **practicaría** mis conocimientos de lenguas extranjeras. También creo que **tendría** la oportunidad de avanzar mucho más en mi carrera.
> *I'd **like** to work for a multinational corporation, because I **would** therefore **travel** quite a bit and **practice** my foreign languages. I also believe that I **would have** the opportunity to advance professionally.*

> Si pudiera tomar dos clases más este semestre, **podría** graduarme en la primavera.
> *If I took [could take] two more classes this semester, I **would be able** to graduate in the spring.*

The conditional tense is also used to express politeness when making a request or giving a suggestion.

> ¿**Podría** Ud. darme alguna información sobre programas de estudio en el extranjero?
> *Could you give me some information about study abroad programs?*

> ¿**Querría** Ud. decirme dónde se encuentra la oficina del jefe de personal?
> *Would you please tell me where the office of the personnel manager is?*

> Ud. **debería** llamar a su consejero ahora mismo.
> *You **should** call your advisor right away.*

A. Formación

Just like the future tense, the conditional is formed by attaching the endings directly to the infinitive. Again, the endings are identical for all three verb forms.

Verbos regulares en el condicional			
	Verbos del grupo -ar	**Verbos del grupo -er**	**Verbos del grupo -ir**
Person	**Hablar** *(to speak)*	**Comer** *(to eat)*	**Escribir** *(to write)*
yo	hablar**ía**	comer**ía**	escribir**ía**
tú	hablar**ías**	comer**ías**	escribir**ías**
usted, él, ella	hablar**ía**	comer**ía**	escribir**ía**
nosotros(as)	hablar**íamos**	comer**íamos**	escribir**íamos**
vosotros(as)	hablar**íais**	comer**íais**	escribir**íais**
ustedes, ellos, ellas	hablar**ían**	comer**ían**	escribir**ían**

B. Verbos irregulares en el condicional

The irregular stems of the future and the conditional tenses are the same: *cabré / cabría, pondré / pondría, diré / diría,* etc.

¿**Cabría** todo eso en una maleta más grande?
Would all that fit in a bigger suitcase?

Habría mucho más que hacer este fin de semana si fuéramos a la playa.
There would be a lot more to do this weekend if we went to the beach.

Este reloj **valdría** más si no fuera tan deteriorado.
This watch would be worth more if it were not so damaged.

Self-check: Do Exercises 6.5, 6.6, and 6.7 in the *Cuaderno de ejercicios*.

III. EL IMPERFECTO DEL SUBJUNTIVO

The imperfect subjunctive is the past counterpart of the present subjunctive. It is required in the following circumstances.

- The verb in the main clause is preterite or imperfect.
- The subject of the main clause is different from the subject of the dependent clause.
- The verb in the main clause or the conjunction that introduces the dependent clause requires the use of the subjunctive after verbs of advice, request, doubt, denial, emotion, etc. (See Chapter Five for a review of these concepts.)
- It expresses the condition in a past tense *si*-clause.

A. El imperfecto del subjuntivo en cláusulas nominales

1. Sugerencias y consejos

El profesor nos *dijo** que **estudiáramos** los tres primeros capítulos del libro para el examen de mañana.
*The professor **told** us to **study** the first three chapters of the book for tomorrow's test.*

También nos *recomendó** que **repasáramos** las lecturas.
*He also **recommended** that we **go over** the readings.*

2. Duda y negación

Dudé* que él **terminara** el trabajo a tiempo.
*I **doubted** that he **would finish** the paper on time.*

Nunca *dudé** que **ganaras** esa beca.
*I never **had** any **doubt** that you **would get** that scholarship.*

3. Emoción

Me *alegré** mucho de que **consiguieras** un empleo tan bien remunerado.
*I **was** very **glad** to hear that you **would get** such a well-paying job.*

Yo *esperaba** que ella **se graduara** más temprano.
*I **was hoping** that she **would graduate** sooner.*

B. El imperfecto del subjuntivo en cláusulas adjetivales

*Buscaba** una especialidad que **fuera** interesante y llena de desafíos; por eso decidí estudiar ciencias políticas.
*I **was looking for** a major that **was** interesting and challenging; that's why I chose political science.*

Sus padres *buscaban** una computadora que **tuviera** bastante memoria.
*His parents **were looking for** a computer that **had** enough memory.*

C. El imperfecto del subjuntivo en cláusulas adverbiales

1. Propósito

El decano le *dio** una beca a fin de que **pudiera** completar su carrera sin tener que trabajar.
*The Dean **gave** him a scholarship so he **could** finish his degree without having to get a job.*

Juan me *prestó** su libro para que **pudiera** estudiar para el examen.
*Juan **lent** me his book so that I **could** study for the exam.*

2. Condición

Alberto no *podía** estudiar en su cuarto a menos que las luces **fueran** ténues y el equipo de sonido **estuviera** encendido.
*Alberto **couldn't** study in his room unless the lights **were** low and the stereo **was** on.*

Cada verano *íbamos** de vacaciones con tal de que mis padres **tuvieran** bastante dinero.
*Each summer we **would go** on vacation provided that my parents **had** enough money.*

*Notice that all the verbs in the main clause are in either the preterite or the imperfect tense.

3. Posibilidad en el futuro

Mi abuelo *iba** a trabajar hasta que **reuniera** suficiente dinero para independizarse, pero nunca lo logró.
*My grandfather **was going** to work until he **saved** enough money to start his own business, but he never succeeded in doing so.*

Yo *iba** a descansar después de que **termináramos** el trabajo.
*I **was going** to rest after we **finished** the work.*

* Notice that the verb in the main clause is in the imperfect tense.

D. El imperfecto del subjuntivo en las cláusulas condicionales (*si* [if]-clauses)

The imperfect subjunctive is also used in *si*-clauses to refer to nonexistent, unlikely, or hypothetical conditions necessary for the actions or states in the dependent clause to occur. To create a situation that is nonexistent or unlikely, the verb following the *si* must be in the past subjunctive.

Si **ganara** la lotería, podría hacer un viaje a España.
*If I **won** the lottery, I would be able to visit Spain.*

Si la economía **fuera** más sólida en México, habría más empleos y menos migración ilegal hacia los Estados Unidos.
*If the economy **were** more solid in Mexico, there would be more jobs and less illegal immigration into the United States.*

When the condition expressed in the main clause is considered as existing or likely to be true in the present time, the present or future tense is used instead.

Si **mantengo** un promedio de 3.5, mis padres me regalarán un viaje al Caribe para las vacaciones de primavera.
*If I **maintain** a GPA of 3.5, my parents will pay for my trip to the Caribbean for spring break.*

E. Formación

The imperfect subjunctive is formed by taking the third-person plural of the preterite tense, removing the *-ron* ending, and replacing it with the imperfect subjunctive endings. They are the same for all three verb types.

Verbos regulares en el imperfecto del subjuntivo			
Person	**Verbos del grupo *-ar*** **Hablar** *(to speak)*	**Verbos del grupo *-er*** **Comer** *(to eat)*	**Verbos del grupo *-ir*** **Escribir** *(to write)*
(*ellos* form of preterite)	(habla**ron**)	(comie**ron**)	(escribie**ron**)
yo	habla**ra**	comie**ra**	escribie**ra**
tú	habla**ras**	comie**ras**	escribie**ras**
usted, él, ella	habla**ra**	comie**ra**	escribie**ra**
nosotros(as)	hablá**ramos***	comié**ramos***	escribié**ramos***
vosotros(as)	habla**rais**	comie**rais**	escribie**rais**
ustedes, ellos, ellas	habla**ran**	comie**ran**	escribie**ran**

*Notice that a marked accent is needed in the *nosotros* form because this is the only form where the stress falls on the third-from-the-last syllable.

F. Verbos irregulares en el imperfecto del subjuntivo

Since the preterite is the basis for the formation of the imperfect subjunctive, all the irregularities in the preterite occur as well in the imperfect subjunctive.

1. Verbos con cambios en la raíz

Verbos con cambios en la raíz en el imperfecto del subjuntivo (ejemplos)		
Infinitivo	Pretérito	Conjugación
competir	compitieron	compitiera, compitieras, compitiera, compitiéramos, compitierais, compitieran
dormir	durmieron	durmiera, durmieras, durmiera, durmiéramos, durmierais, durmieran
mentir	mintieron	mintiera, mintieras, mintiera, mintiéramos, mintierais, mintieran

2. Verbos con cambios ortográficos

Verbos con cambios ortográficos en el imperfecto del subjuntivo (ejemplos)		
Infinitivo	Pretérito	Conjugación
caer	cayeron	cayera, cayeras, cayera, cayéramos, cayerais, cayeran
leer	leyeron	leyera, leyeras, leyera, leyéramos, leyerais, leyeran
oír	oyeron	oyera, oyeras, oyera, oyéramos, oyerais, oyeran

3. Otros verbos irregulares

Verbos irregulares en el imperfecto del subjuntivo (ejemplos)		
Infinitivo	Pretérito	Conjugación
estar	estuvieron	estuviera, estuvieras, estuviera, estuviéramos, estuvierais, estuvieran
hacer	hicieron	hiciera, hicieras, hiciera, hiciéramos, hicierais, hicieran
ir / ser	fueron	fuera, fueras, fuera, fuéramos, fuerais, fueran

Self-check: Do Exercises 6.8 and 6.9 in the *Cuaderno de ejercicios.*

In Spain an alternative and equivalent form for the imperfect subjunctive is commonly used.

Verbos regulares en el imperfecto del subjuntivo en España			
	Verbos del grupo -*ar*	Verbos del grupo -*er*	Verbos del grupo -*ir*
Person	**Hablar** *(to speak)*	**Comer** *(to eat)*	**Escribir** *(to write)*
yo	habla**se**	comie**se**	escribie**se**
tú	habla**ses**	comie**ses**	escribie**ses**
usted, él, ella	habla**se**	comie**se**	escribie**se**
nosotros(as)	hablá**semos***	comié**semos***	escribié**semos***
vosotros(as)	habla**seis**	comie**seis**	escribie**seis**
ustedes, ellos, ellas	habla**sen**	comie**sen**	escribie**sen**

Verbo irregular (ejemplo) en el imperfecto del subjuntivo en España	
Person	**Decir** *(to say, tell)*
yo	dije**se**
tú	dije**ses**
usted, él, ella	dije**se**
nosotros(as)	dijé**semos***
vosotros(as)	dije**seis**
ustedes, ellos, ellas	dije**sen**

*Notice that a marked accent is needed in the *nosotros* form because it is the only one in which the stressed syllable is the third-from-the-last syllable.

Self-check: Do Exercise 6.10 in the ***Cuaderno de ejercicios.***

AUTO-PRUEBA

6.1 Reescriba las oraciones a continuación cambiando el verbo del presente al futuro.

1. Yo trabajo en la universidad.

_____

2. Julia viene a la fiesta a las diez de la noche.

_____

3. Nosotros hacemos un viaje por los Estados Unidos.

_____

4. Tú sabes usar las computadoras.

_____

5. Elena le escribe una carta a su abuela.

_____

6.2 ¿Qué haría cada persona si fuera posible? Llene los espacios con la forma apropiada de los verbos entre paréntesis.

MODELO: Yo __*trabajaría*__ (**trabajar**) en el banco si fuera posible.

1. Bill _____ (**vivir**) en Francia si fuera posible.

2. Nosotros _____ (**salir**) temprano si fuera posible.

3. Ana y Jorge _____ (**ir**) de vacaciones ahora si fuera posible.

4. Yo _____ (**quedarme**) aquí si fuera posible.

5. Tú _____ (**comprar**) esa computadora si fuera posible.

6.3 Llene los espacios con la forma apropiada de los verbos entre paréntesis.

MODELO: Yo iría de vacaciones si _*tuviera*_ (**tener**) más tiempo.

1. Ud. se sentiría mejor si _____ (**acostarse**) más temprano cada noche.

2. Mis padres me dieron un poco de dinero para que _____ (**poder**) pagar las cuentas.

3. Al profesor no le gustaba que los estudiantes _____ (**faltar**) tantas clases.

4. No tendríamos que levantarnos tan temprano si no _____ (**tener**) clase mañana.

5. Jill no podía estudiar a menos que no _____ (**haber**) ningún ruido en el apartamento.

6. Esteban compraría ese televisor si _____ (**ganar**) más dinero.

7. María nunca dudó que yo _____ (**sacar**) una buena nota en el examen.

8. Yo estaría más contento si mis profesores no _____ (**darme**) tanta tarea para el fin de semana.

ESTRUCTURAS

LA INTEGRACIÓN INTERAMERICANA

I. LA VOZ PASIVA

Previous chapters have dealt with sentences in which the subject is the agent or "doer of the action."

> **El presidente** firmó el decreto.
> *The president signed the decree.*

> **El pueblo** eligió al presidente a pesar de las amenazas de los narcotraficantes.
> *The people elected the president in spite of the threats of the drug dealers.*

> **El canal 5** transmitirá el discurso presidencial el día viernes.
> *Channel 5 will broadcast the presidential address on Friday.*

> **El congreso** típicamente discute una ley por una semana antes de aprobarla.
> *Congress usually discusses a law for a week before passing it.*

However, for reasons of style, the direct object may be emphasized by turning it into the subject of the action. The resulting construction is then said to be in the "passive voice."

> El decreto fue firmado **por el presidente**.
> *The decree was signed **by the president**.*

> El presidente fue elegido **por el pueblo** a pesar de las amenazas de los narcotraficantes.
> *The president was elected **by the people** in spite of the threats of the drug dealers.*

> El discurso presidencial será transmitido el viernes **por el canal 5**.
> *The presidential address will be broadcast Friday **on channel 5**.*

> Las leyes son discutidas **por el congreso** antes de ser aprobadas.
> *The laws are discussed **by Congress** before being passed.*

A. Formación

The verb *ser*, along with the past participle (see Chapter Three) of the main verb, is used to form the passive voice. The tense of *ser* is the same as the tense that the main verb in the active voice would be. The former subject or agent now occurs after the preposition *por*.

Subject	*ser* + past participle	*por* + agent
El decreto	**fue firmado**	por el presidente.
El discurso	**será transmitido**	por el canal 5.
Las leyes	**son discutidas**[*]	por el congreso.

Estructura de la voz pasiva

*Notice that the past participle form agrees with the new subject.

Self-check: Do Exercise 7.1 in the ***Cuaderno de ejercicios.***

B. Uso de la voz pasiva

In Spanish the passive voice is much less frequently used than in English and is often limited to formal and written discourse.

1. Habla informal

En la sesión de ayer en el Congreso Nacional, los representantes discutieron las ventajas y desventajas de la propuesta, pero postergaron su votación hasta el día 15 de este mes.

Yesterday in Congress, the representatives discussed the advantages and disadvantages of the proposal but postponed their vote until the 15th of this month.

2. Versión escrita / periodística

Las ventajas y desventajas de la propuesta **fueron discutidas** por los representantes en la sesión de ayer en el Congreso Nacional. Sin embargo, la votación sobre el particular **fue postergada** hasta la sesión del día 15 del mes en curso.

*The advantages and disadvantages of the proposal **were discussed** in Congress by the representatives. However, voting on this matter **was postponed** until the session on the 15th of this month.*

II. LA *SE* PASIVA

In general, the true passive voice is used only when the doer of the action is expressed. If there is no doer, the passive voice is expressed with the pronoun *se*.

Los vasos fueron rotos por los niños. *The glasses were broken by the children.*	The children did the breaking, so the true passive is used.
Se rompieron los vasos. *The glasses were broken.*	The doers of the action are not mentioned, so the passive *se* is used.

The passive voice in Spanish is most often rendered with the pronoun *se* followed by the third-person (singular or plural) form of the main verb, depending on the number of the following noun.

La construcción pasiva con *se*	
Se	**Main verb in the third-person (singular or plural) form**
Se	venden* libros.
Se	necesita* más información.
Se	prefiere* este tipo de construcción.

* Notice that the verb agrees with the subject, which generally follows it in this construction.

Spanish Translation (with *se*)	**English Passive Voice**
El cabildeo no se permite aquí.	*Lobbying is not permitted here.*
Los bonos se venden en la bolsa de valores.	*Bonds are sold on the stock market.*
Aquí se habla inglés.	*English is spoken here.*
Se promulgaron varias leyes.	*Several laws were published.*
Los cangrejos se cuecen en vino blanco.	*The crabs are cooked in white wine.*

Self-check: Do Exercise 7.2 in the **Cuaderno de ejercicios**.

AUTO-PRUEBA

7.1 Reescriba las oraciones a continuación cambiando los verbos a la voz pasiva.

MODELO: José vendió la casa.
La casa fue vendida por José.

1. La compañía pagará las cien mil pesetas.

_____

2. Una familia de Madrid abrió la tienda de ropa.

_____

3. La familia Morales vendió la casa.

_____

4. El pueblo elige al primer ministro.

_____

5. Miguel diseñó los anuncios.

_____

7.2 Use el *se* para cambiar los verbos de las siguientes oraciones a la voz pasiva.

MODELO: Le compañía anunciará el nuevo producto la semana que viene.
Se anunciará el nuevo producto la semana que viene.

1. Los estudiantes escriben los ejercicios en clase.

_____

2. El estado abrió dos nuevas escuelas cerca de mi casa.

_____

3. El señor Ruiz vendió el coche ayer.

_____

4. El país exportaba varios productos al extranjero.

_____

5. Los trabajadores construirán un nuevo edificio.

_____

Respuestas

Capítulo preparatorio

I. Cómo, De dónde, Cuál, Cuántas, Qué

II.
1. Hay trece estudiantes en la clase del Profesor González.
2. Hay tres estudiantes de lingüística.
3. Hay un estudiante de nutrición.
4. Hay tres especialidades en las humanidades. (4 estudiantes de ciencias políticas, 2 de periodismo y 3 de lingüística)
5. No hay ninguna especialidad en las ciencias.

III. estas, esas, ese, Este, aquella

IV.
1. Su, su
2. Nuestros
3. mi

V. lo, los, la, la, Me, Te

VI.
1. les
2. me
3. se lo
4. nos, nos
5. le

VII.
1. debe buscar otro apartamento más cerca.
2. debemos escuchar al profesor cuando habla.
3. deben buscar oportunidades para practicar la conversación.
4. debo investigar el tema en Internet.
5. debes repasar los ejercicios en el cuaderno.

VIII. piensa, van a, piensan, planean, va a

Capítulo uno

1.1
1. limpian
2. corta
3. saca
4. cuida
5. preparan

1.2
empieza
muerde
quiere
Prefiere
puede

enciende
empieza
recuerda
vuelve
duerme

1.3

1. cocino
2. envío
3. me pongo
4. me gradúo
5. recojo

1.4

te quejas, probarme, quitarte, me pongo, nos queremos

1.5

1. le gusta, Le gustan
2. le gusta, Le gusta
3. le gustan
4. les gusta
5. les gusta

Capítulo dos

2.1

1. El apartamento de John está cerca de la universidad.
2. El edificio Sparks está al lado de (junto a) la biblioteca Pattee.
3. Hay un café dentro del edificio Kern.
4. Hay una alfombra debajo del sillón.
5. El Sr. Andrade toma café con leche antes de ir al trabajo cada mañana.

2.2

1. Ramón y Esteban son extrovertidos.
2. La profesora Martínez es amigable pero muy seria.
3. Esas chicas son despreocupadas e irresponsables.
4. Juana es atlética y fuerte.
5. Los estudiantes de mi clase son simpáticos y generosos.

2.3

1. Alicia tiene más libros que Javier.
2. Javier tiene tantos cuadernos como Miguel.
3. Miguel tiene menos revistas que Alicia.
4. Javier tiene menos libros que Miguel.
5. Alicia tiene tantas revistas como Javier.

2.4

1. María es la amiga más leal de todos sus compañeros de clase.
2. María es la más considerada de la clase.
3. María es la habitante menos ruidosa de la residencia escolar.
4. María es la estudiante más ambiciosa de la clase de administración de empresas.
5. María es la más popular de los estudiantes de tercer año.

2.5

1. frecuentemente
2. rápidamente
3. inmediatamente
4. tranquilamente
5. normalmente

2.6

1. es
2. está
3. son
4. está, está
5. es

2.7

1. está durmiendo
2. están mirando
3. están jugando
4. está cocinando
5. están leyendo

Capítulo tres

3.1

1. estudiamos
2. miraron
3. comí
4. volvió
5. compraste

3.2

1. José prefirió salir a las nueve.
2. Ellas durmieron hasta las once de la mañana.
3. Yo toqué el piano en la escuela.
4. Los estudiantes leyeron el texto antes de venir a clase.
5. Yo pagué las cuentas.

3.3

fue, vinieron, hicieron, trajeron, fueron, dieron, se puso, dijeron

3.4

1. Tú hablabas con la profesora.
2. Andrés le escribía una carta a su mamá.
3. Nosotros íbamos a la tienda.
4. Las niñas comían a las seis.

3.5

tenía, conocí, se instaló, vivía, empezamos, caminábamos, charlábamos, íbamos, llegó, se fueron, me puse

3.6

1. Ustedes han vuelto temprano.
2. Yo he vivido en Nueva York.
3. Juan no ha resuelto el problema.
4. Los Pérez han pensado en las vacaciones.
5. Tú has podido trabajar en el verano.

Capítulo cuatro

4.1

1. podamos
2. conduce
3. respeten
4. salgan
5. sea
6. es
7. se acueste
8. apague

4.2

1. Ese televisor es demasiado grande para la mesa.
2. Salimos para Buenos Aires el sábado.
3. Vamos a Madrid por una semana.
4. Fue a la universidad para hablar con el profesor.
5. Pagué demasiado por la computadora.

4.3

1. Escriba las instrucciones.
2. Busque las llaves.
3. No trabaje mucho.
4. Tenga paciencia.
5. Recoja los papeles.

4.4

1. Se cortan las manzanas.
2. Se mezclan las manzanas cortadas con azúcar y canela.
3. Se prepara la masa.
4. Se pone la masa en la cazuela.
5. Se agregan las manzanas a la masa en la cazuela.
6. Se mete todo en el horno.
7. Se deja hornear por cuarenta minutos.

4.5

1. Baila en la discoteca.
2. Busca libros en la biblioteca.
3. No duermas hasta las dos de la tarde.
4. Haz la tarea.
5. Respeta las leyes.

Capítulo cinco

5.1

1. Roberto no va a mirar televisión tampoco.
2. Nadie quiere jugar al fútbol.
3. Julia no come ensaladas nunca.
4. Ninguno de mis amigos va al cine el viernes.
5. Ni Ricardo ni Alberto van a ir al mercado.

5.2

1. Mi padre insiste en que yo ahorre más dinero.
2. Mi amigo Miguel sugiere que yo vaya al concierto con él.
3. Mi madre quiere que yo la visite más frecuentemente.
4. Mis abuelos ruegan que yo no gaste todo mi dinero.
5. Ana y Josefina piden que yo les compre unos regalos.

5.3

1. No, quiero ir a un restaurante donde siempre haya poca gente.
2. No, prefiero una ensalada que tenga sólo frutas.
3. No, busco una camisa que vaya con esos pantalones.
4. No, deseo comprar una computadora que tenga mucha memoria.
5. No, quiero comprar un teléfono que sea portátil.

5.4

1. coman
2. empiece
3. cambie
4. vaya
5. regrese
6. puedan
7. cenemos

Capítulo seis

6.1

1. Yo trabajaré en la universidad.
2. Julia vendrá a la fiesta a las diez de la noche.
3. Nosotros haremos un viaje por los Estados Unidos.
4. Tú sabrás usar las computadoras.
5. Elena le escribirá una carta a su abuela.

6.2

1. viviría
2. saldríamos
3. irían
4. me quedaría
5. comprarías

6.3

1. se acostara
2. pudiera
3. faltaran
4. tuviéramos
5. hubiera
6. ganara
7. sacara
8. me dieran

Capítulo siete

7.1

1. Las cien mil pesetas serán pagadas por la compañía.
2. La tienda de ropa fue abierta por una familia de Madrid.
3. La casa fue vendida por la familia Morales.
4. El primer ministro es eligido por el pueblo.
5. Los anuncios fueron diseñados por Miguel.

7.2

1. Se escriben los ejercicios en clase.
2. Se abrieron dos nuevas escuelas cerca de mi casa.
3. Se vendió el coche ayer.
4. Se exportaban varios productos al extranjero.
5. Se construirá un nuevo edificio.

APÉNDICE A

Acentos

Words ending in a vowel, *n*, or *s* are normally stressed on the next to the last syllable. Words ending in a consonant other than *n* or *s* are normally stressed on the final syllable. Words that are pronounced according to this pattern *do not* require a written accent. The basic rules to place a written accent on a Spanish word follow.

Type	Stress	Example	Rules
Aguda	last syllable	ca / mi / **né**	only on vowel, *n*, or *s*
Llana	next-to-last syllable	**lá** / piz	consonants other than *n* or *s*
Esdrújula	third-to-last syllable	**quí** / mi / ca	always requires accent
Sobresdrújula	fourth-to-last syllable	**cóm** / pre / me / lo	always requires accent

Special cases

1. Adverbs ending in *-mente* (adjective + *mente*): rápido + mente = **rápidamente**

2. Monosyllables—if they have homonyms:

el (article) **mas** *(but)*
él (subject pronoun) **más** *(more)*

3. Nonsyllabic homonyms:
   a. **Aun** vs. **aún**—when **aún** means *still*.
   b. **Solo** vs. **sólo**—when **sólo** means *only*.
   c. Demonstrative pronouns: **ése, ésa, éste, ésta, aquél, aquélla.**
   d. Exclamative pronouns and adverbs: **¡Qué día! ¡Cómo trabajas! ¡Cuánto comes!**
   e. Interrogative pronouns and adverbs: **¿Qué? ¿Por qué? ¿Cómo? ¿Cuánto? ¿Dónde? ¿Cuándo?**

Silabeo

Consonants

One consonant between two vowels joins the following vowel to form a syllable:

ta/za   me/sa   ba/rro   ma/ce/ta

Two consonants are separated:

per/so/na   com/pu/ta/do/ra   dic/cio/na/rio

Do not separate the consonants *b, c, f, g,* and *p* followed by *l, r, dr* and *tr:*

fe/**bre**/ro   con/**flic**/to   a/**gri**/cul/tu/ra

With three or more consonants between vowels, only the last consonant joins the next vowel (unless it is *l* or *r*):

com/prar   ins/ti/tu/ción   ins/pi/ra/ción

The *h* in Spanish is not pronounced.

Vowels

Strong vowels: *a, e, o*
Weak vowels: *i, u*

Diptongo *(Diphthong):* combination into one syllable of two weak vowels or one strong and one weak vowel:

bai/le   **vie**/nen   **ciu**/dad   **rui**/do   **cuan**/do   **deu**/da

If the strong vowel is stressed, there is no separation:

tam/**bién**   na/**ció**

Hiato *(Hiatus):* separation when one strong vowel is combined with another:

ca/e/mos   le/en   em/ple/o   em/ple/a/do

If a weak vowel is stressed, there is a separation:

ca/í/da   re/í/mos   tí/os   pro/hí/bo

Triptongo *(Triphthong):* combination of three vowels into one syllable:

a/ve/ri/**guáis**   lim/p**iéis**

APÉNDICE C

Conjugaciones verbales

Simple Tenses

Infinitive	Present Indicative	Imperfect	Preterite	Future	Conditional	Present Subjunctive	Imperfect Subjunctive	Commands
hablar	hablo	hablaba	hablé	hablaré	hablaría	hable	hablara	habla
to speak	hablas	hablabas	hablaste	hablarás	hablarías	hables	hablaras	(no hables)
	habla	hablaba	habló	hablará	hablaría	hable	hablara	hable
	hablamos	hablábamos	hablamos	hablaremos	hablaríamos	hablemos	habláramos	
	habláis	hablabais	hablasteis	hablaréis	hablaríais	habléis	hablarais	
	hablan	hablaban	hablaron	hablarán	hablarían	hablen	hablaran	hablen
aprender	aprendo	aprendía	aprendí	aprenderé	aprendería	aprenda	aprendiera	aprende
to learn	aprendes	aprendías	aprendiste	aprenderás	aprenderías	aprendas	aprendieras	(no aprendas)
	aprende	aprendía	aprendió	aprenderá	aprendería	aprenda	aprendiera	aprenda
	aprendemos	aprendíamos	aprendimos	aprenderemos	aprenderíamos	aprendamos	aprendiéramos	
	aprendéis	aprendíais	aprendisteis	aprenderéis	aprenderíais	aprendáis	aprendierais	
	aprenden	aprendían	aprendieron	aprenderán	aprenderían	aprendan	aprendieran	aprendan
vivir	vivo	vivía	viví	viviré	viviría	viva	viviera	vive
to live	vives	vivías	viviste	vivirás	vivirías	vivas	vivieras	(no vivas)
	vive	vivía	vivió	vivirá	viviría	viva	viviera	viva
	vivimos	vivíamos	vivimos	viviremos	viviríamos	vivamos	viviéramos	
	vivís	vivíais	vivisteis	viviréis	viviríais	viváis	vivierais	
	viven	vivían	vivieron	vivirán	vivirían	vivan	vivieran	vivan

Compound Tenses

Present progressive	estoy	estamos			
	estás	estáis	hablando	aprendiendo	viviendo
	está	están			

Present perfect indicative	he	hemos			
	has	habéis	hablado	aprendido	vivido
	ha	han			

Present perfect subjunctive	haya	hayamos			
	hayas	hayáis	hablado	aprendido	vivido
	haya	hayan			

Past perfect indicative	había	habíamos			
	habías	habíais	hablado	aprendido	vivido
	había	habían			

Verbos con cambios en la raíz

Infinitive / Present Participle / Past Participle	Present Indicative	Imperfect	Preterite	Future	Conditional	Present Subjunctive	Imperfect Subjunctive	Commands
pensar	**pienso**	pensaba	pensé	pensaré	pensaría	**piense**	pensara	**piensa**
to think	**piensas**	pensabas	pensaste	pensarás	pensarías	**pienses**	pensaras	**(no pienses)**
e → ie	**piensa**	pensaba	pensó	pensará	pensaría	**piense**	pensara	**piense**
pensando	pensamos	pensábamos	pensamos	pensaremos	pensaríamos	pensemos	pensáramos	
pensado	pensáis	pensabais	pensasteis	pensaréis	pensaríais	penséis	pensarais	
	piensan	pensaban	pensaron	pensarán	pensarían	**piensen**	pensaran	**piensen**
acostarse	me **acuesto**	me acostaba	me acosté	me acostaré	me acostaría	me **acueste**	me acostara	**acuéstate**
to go to bed	te **acuestas**	te acostabas	te acostaste	te acostarás	te acostarías	te **acuestes**	te acostaras	**(no te acuestes)**
o → ue	se **acuesta**	se acostaba	se acostó	se acostará	se acostaría	se **acueste**	se acostara	**acuéstese**
acostándose	nos acostamos	nos acostábamos	nos acostamos	nos acostaremos	nos acostaríamos	nos acostemos	nos acostáramos	
acostado	os acostáis	os acostabais	os acostasteis	os acostaréis	os acostaríais	os acostéis	os acostarais	
	se **acuestan**	se acostaban	se acostaron	se acostarán	se acostarían	se **acuesten**	se acostaran	**acuéstense**
sentir	**siento**	sentía	sentí	sentiré	sentiría	**sienta**	sintiera	**siente**
to be sorry	**sientes**	sentías	sentiste	sentirás	sentirías	**sientas**	sintieras	**(no sientas)**
e → ie, i	**siente**	sentía	**sintió**	sentirá	sentiría	**sienta**	sintiera	**sienta**
sintiendo	sentimos	sentíamos	sentimos	sentiremos	sentiríamos	**sintamos**	sintiéramos	
sentido	sentís	sentíais	sentisteis	sentiréis	sentiríais	**sintáis**	sintierais	
	sienten	sentían	**sintieron**	sentirán	sentirían	**sientan**	sintieran	**sientan**
pedir	**pido**	pedía	pedí	pediré	pediría	**pida**	pidiera	**pide**
to ask for	**pides**	pedías	pediste	pedirás	pedirías	**pidas**	pidieras	**(no pidas)**
e → i, i	**pide**	pedía	**pidió**	pedirá	pediría	**pida**	pidiera	**pida**
pidiendo	pedimos	pedíamos	pedimos	pediremos	pediríamos	**pidamos**	pidiéramos	
pedido	pedís	pedíais	pedisteis	pediréis	pediríais	**pidáis**	pidierais	
	piden	pedían	**pidieron**	pedirán	pedirían	**pidan**	pidieran	**pidan**
dormir	**duermo**	dormía	dormí	dormiré	dormiría	**duerma**	durmiera	**duerme**
to sleep	**duermes**	dormías	dormiste	dormirás	dormirías	**duermas**	durmieras	**(no duermas)**
o → ue, u	**duerme**	dormía	**durmió**	dormirá	dormiría	**duerma**	durmiera	**duerma**
durmiendo	dormimos	dormíamos	dormimos	dormiremos	dormiríamos	**durmamos**	durmiéramos	
dormido	dormís	dormíais	dormisteis	dormiréis	dormiríais	**durmáis**	durmierais	
	duermen	dormían	**durmieron**	dormirán	dormirían	**duerman**	durmieran	**duerman**

APÉNDICE E

Verbos con cambios ortográficos

Infinitive Present Participle Past Participle	Present Indicative	Imperfect	Preterite	Future	Conditional	Present Subjunctive	Imperfect Subjunctive	Commands
comenzar (e→ie) *to begin* z→c before e comenzando comenzado	**comienzo** **comienzas** **comienza** comenzamos comenzáis **comienzan**	comenzaba comenzabas comenzaba comenzábamos comenzabais comenzaban	**comencé** comenzaste comenzó comenzamos comenzasteis comenzaron	comenzaré comenzarás comenzará comenzaremos comenzaréis comenzarán	comenzaría comenzarías comenzaría comenzaríamos comenzaríais comenzarían	**comience** **comiences** **comience** **comencemos** **comencéis** **comiencen**	comenzara comenzaras comenzara comenzáramos comenzarais comenzaran	**comienza** **(no comiences)** **comience** **comiencen**
conocer *to know* c→zc before a, o conociendo conocido	**conozco** conoces conoce conocemos conocéis conocen	conocía conocías conocía conocíamos conocíais conocían	conocí conociste conoció conocimos conocisteis conocieron	conoceré conocerás conocerá conoceremos conoceréis conocerán	conocería conocerías conocería conoceríamos conoceríais conocerían	**conozca** **conozcas** **conozca** **conozcamos** **conozcáis** **conozcan**	conociera conocieras conociera conociéramos conocierais conocieran	conoce **(no conozcas)** conozca **conozcan**
construir *to build* i→y; y inserted before a, e, o **construyendo** construido	**construyo** **construyes** **construye** construimos construís **construyen**	construía construías construía construíamos construíais construían	construí construiste **construyó** construimos construisteis **construyeron**	construiré construirás construirá construiremos construiréis construirán	construiría construirías construiría construiríamos construiríais construirían	**construya** **construyas** **construya** **construyamos** **construyáis** **construyan**	**construyera** **construyeras** **construyera** **construyéramos** **construyerais** **construyeran**	construye (no construyas) construya construyan
leer *to read* i→y; stressed i→í **leyendo** leído	leo lees lee leemos leéis leen	leía leías leía leíamos leíais leían	leí **leíste** **leyó** **leímos** **leísteis** **leyeron**	leeré leerás leerá leeremos leeréis leerán	leería leerías leería leeríamos leeríais leerían	lea leas lea leamos leáis lean	**leyera** **leyeras** **leyera** **leyéramos** **leyerais** **leyeran**	lee (no leas) lea lean
pagar *to pay* g→gu before e pagando pagado	pago pagas paga pagamos pagáis pagan	pagaba pagabas pagaba pagábamos pagabais pagaban	**pagué** pagaste pagó pagamos pagasteis pagaron	pagaré pagarás pagará pagaremos pagaréis pagarán	pagaría pagarías pagaría pagaríamos pagaríais pagarían	**pague** **pagues** **pague** **paguemos** **paguéis** **paguen**	pagara pagaras pagara pagáramos pagarais pagaran	paga **(no pagues)** **pague** **paguen**

Infinitive Present Participle Past Participle	Present Indicative	Imperfect	Preterite	Future	Conditional	Present Subjunctive	Imperfect Subjunctive	Commands
seguir	**sigo**	seguía	seguí	seguiré	seguiría	**siga**	**siguiera**	**sigue**
(e → i, i)	**sigues**	seguías	seguiste	seguirás	seguirías	**sigas**	**siguieras**	(no sigas)
to follow	**sigue**	seguía	**siguió**	seguirá	seguiría	**siga**	**siguiera**	siga
gu → g	seguimos	seguíamos	seguimos	seguiremos	seguiríamos	**sigamos**	**siguiéramos**	
before a, o	seguís	seguíais	seguisteis	seguiréis	seguiríais	**sigáis**	**siguierais**	
siguiendo	**siguen**	seguían	**siguieron**	seguirán	seguirían	**sigan**	**siguieran**	**sigan**
seguido								
tocar	toco	tocaba	**toqué**	tocaré	tocaría	**toque**	tocara	toca
to play, touch	tocas	tocabas	tocaste	tocarás	tocarías	**toques**	tocaras	(no toques)
c → qu	toca	tocaba	tocó	tocará	tocaría	**toque**	tocara	toque
before e	tocamos	tocábamos	tocamos	tocaremos	tocaríamos	**toquemos**	tocáramos	
tocando	tocáis	tocabais	tocasteis	tocaréis	tocaríais	**toquéis**	tocarais	
tocado	tocan	tocaban	tocaron	tocarán	tocarían	**toquen**	tocaran	**toquen**

APÉNDICE F

Verbos irregulares

Infinitive / Present Participle / Past Participle	Present Indicative	Imperfect	Preterite	Future	Conditional	Present Subjunctive	Imperfect Subjunctive	Commands
andar	ando	andaba	**anduve**	andaré	andaría	ande	**anduviera**	anda
to walk	andas	andabas	**anduviste**	andarás	andarías	andes	**anduvieras**	(no andes)
andando	anda	andaba	**anduvo**	andará	andaría	ande	**anduviera**	ande
andado	andamos	andábamos	**anduvimos**	andaremos	andaríamos	andemos	**anduviéramos**	
	andáis	andabais	**anduvisteis**	andaréis	andaríais	andéis	**anduvierais**	
	andan	andaban	**anduvieron**	andarán	andarían	anden	**anduvieran**	anden
caer	**caigo**	caía	caí	caeré	caería	**caiga**	cayera	cae
to fall	caes	caías	**caíste**	caerás	caerías	**caigas**	cayeras	(no caigas)
cayendo	cae	caía	**cayó**	caerá	caería	**caiga**	cayera	**caiga**
caído	caemos	caíamos	**caímos**	caeremos	caeríamos	**caigamos**	cayéramos	
	caéis	caíais	**caísteis**	caeréis	caeríais	**caigáis**	cayerais	
	caen	caían	**cayeron**	caerán	caerían	**caigan**	cayeran	caigan
dar	**doy**	daba	**di**	daré	daría	**dé**	diera	da
to give	das	dabas	**diste**	darás	darías	des	dieras	(no des)
dando	da	daba	**dio**	dará	daría	**dé**	diera	**dé**
dado	damos	dábamos	**dimos**	daremos	daríamos	demos	diéramos	
	dais	dabais	**disteis**	daréis	daríais	**deis**	dierais	
	dan	daban	**dieron**	darán	darían	den	dieran	den
decir	**digo**	decía	**dije**	**diré**	**diría**	diga	dijera	**di**
e → i, i	**dices**	decías	**dijiste**	**dirás**	**dirías**	digas	dijeras	(no digas)
to say, tell	**dice**	decía	**dijo**	**dirá**	**diría**	diga	dijera	diga
diciendo	decimos	decíamos	**dijimos**	**diremos**	**diríamos**	digamos	dijéramos	
dicho	decís	decíais	**dijisteis**	**diréis**	**diríais**	digáis	dijerais	
	dicen	decían	**dijeron**	**dirán**	**dirían**	digan	dijeran	digan
estar	**estoy**	estaba	**estuve**	estaré	estaría	**esté**	estuviera	**está**
to be	**estás**	estabas	**estuviste**	estarás	estarías	**estés**	estuvieras	(no estés)
estando	**está**	estaba	**estuvo**	estará	estaría	**esté**	estuviera	**esté**
estado	estamos	estábamos	**estuvimos**	estaremos	estaríamos	estemos	**estuviéramos**	
	estáis	estabais	**estuvisteis**	estaréis	estaríais	estéis	estuvierais	
	están	estaban	**estuvieron**	estarán	estarían	**estén**	estuvieran	estén
haber	**he**	había	**hube**	habré	habría	haya	hubiera	
to have	**has**	habías	**hubiste**	habrás	habrías	hayas	hubieras	
habiendo	**ha [hay]**	había	**hubo**	habrá	habría	haya	hubiera	
habido	**hemos**	habíamos	**hubimos**	habremos	habríamos	hayamos	hubiéramos	
	habéis	habíais	**hubisteis**	habréis	habríais	hayáis	hubierais	
	han	habían	**hubieron**	habrán	habrían	hayan	hubieran	

Infinitive / Present Participle / Past Participle	Present Indicative	Imperfect	Preterite	Future	Conditional	Present Subjunctive	Imperfect Subjunctive	Commands
hacer *to make, do* haciendo **hecho**	**hago** haces hace hacemos hacéis hacen	hacía hacías hacía hacíamos hacíais hacían	**hice** **hiciste** **hizo** **hicimos** **hicisteis** **hicieron**	**haré** **harás** **hará** **haremos** **haréis** **harán**	**haría** **harías** **haría** **haríamos** **haríais** **harían**	**haga** **hagas** **haga** **hagamos** **hagáis** **hagan**	hiciera hicieras hiciera hiciéramos hicierais hicieran	**haz** **(no hagas)** **haga** **hagan**
ir *to go* **yendo** ido	**voy** **vas** **va** **vamos** **vais** **van**	**iba** **ibas** **iba** **íbamos** **ibais** **iban**	**fui** **fuiste** **fue** **fuimos** **fuisteis** **fueron**	iré irás irá iremos iréis irán	iría irías iría iríamos iríais irían	**vaya** **vayas** **vaya** **vayamos** **vayáis** **vayan**	**fuera** **fueras** **fuera** **fuéramos** **fuerais** **fueran**	**ve** **(no vayas)** **vaya** **vayan**
oír *to hear* **oyendo** **oído**	**oigo** **oyes** **oye** **oímos** **oís** **oyen**	oía oías oía oíamos oíais oían	**oí** **oíste** **oyó** **oímos** **oísteis** **oyeron**	oiré oirás oirá oiremos oiréis oirán	oiría oirías oiría oiríamos oiríais oirían	**oiga** **oigas** **oiga** **oigamos** **oigáis** **oigan**	**oyera** **oyeras** **oyera** **oyéramos** **oyerais** **oyeran**	**oye** **(no oigas)** **oiga** **oigan**
poder o → ue *can, to be able* **pudiendo** podido	**puedo** **puedes** **puede** podemos podéis **pueden**	podía podías podía podíamos podíais podían	**pude** **pudiste** **pudo** **pudimos** **pudisteis** **pudieron**	**podré** **podrás** **podrá** **podremos** **podréis** **podrán**	**podría** **podrías** **podría** **podríamos** **podríais** **podrían**	**pueda** **puedas** **pueda** podamos podáis **puedan**	**pudiera** **pudieras** **pudiera** **pudiéramos** **pudierais** **pudieran**	
poner *to place, put* poniendo **puesto**	**pongo** pones pone ponemos ponéis ponen	ponía ponías ponía poníamos poníais ponían	**puse** **pusiste** **puso** **pusimos** **pusisteis** **pusieron**	**pondré** **pondrás** **pondrá** **pondremos** **pondréis** **pondrán**	**pondría** **pondrías** **pondría** **pondríamos** **pondríais** **pondrían**	**ponga** **pongas** **ponga** **pongamos** **pongáis** **pongan**	**pusiera** **pusieras** **pusiera** **pusiéramos** **pusierais** **pusieran**	**pon** **(no pongas)** **ponga** **pongan**
querer e → ie *to want, wish* queriendo querido	**quiero** **quieres** **quiere** queremos queréis **quieren**	quería querías quería queríamos queríais querían	**quise** **quisiste** **quiso** **quisimos** **quisisteis** **quisieron**	**querré** **querrás** **querrá** **querremos** **querréis** **querrán**	**querría** **querrías** **querría** **querríamos** **querríais** **querrían**	**quiera** **quieras** **quiera** queramos queráis **quieran**	**quisiera** **quisieras** **quisiera** **quisiéramos** **quisierais** **quisieran**	**quiere** **(no quieras)** **quiera** **quieran**

Infinitive Present Participle Past Participle	Present Indicative	Imperfect	Preterite	Future	Conditional	Present Subjunctive	Imperfect Subjunctive	Commands
reír **e → i, i** *to laugh* **riendo** **reído**	**río** **ríes** **ríe** **reímos** reís **ríen**	reía reías reía reíamos reíais reían	reí **reíste** rió **reímos** **reísteis** **rieron**	reiré reirás reirá reiremos reiréis reirán	reiría reirías reiría reiríamos reiríais reirían	**ría** **rías** **ría** **ríamos** **ríais** **rían**	riera rieras riera riéramos rierais rieran	**ríe** (no rías) ría rían
saber *to know* sabiendo sabido	**sé** sabes sabe sabemos sabéis saben	sabía sabías sabía sabíamos sabíais sabían	**supe** **supiste** **supo** **supimos** **supisteis** **supieron**	**sabré** **sabrás** **sabrá** **sabremos** **sabréis** **sabrán**	**sabría** **sabrías** **sabría** **sabríamos** **sabríais** **sabrían**	**sepa** **sepas** **sepa** **sepamos** **sepáis** **sepan**	**supiera** **supieras** **supiera** **supiéramos** **supierais** **supieran**	**sabe** (no sepas) **sepa** **sepan**
salir *to go out* saliendo salido	**salgo** sales sale salimos salís salen	salía salías salía salíamos salíais salían	salí saliste salió salimos salisteis salieron	**saldré** **saldrás** **saldrá** **saldremos** **saldréis** **saldrán**	**saldría** **saldrías** **saldría** **saldríamos** **saldríais** **saldrían**	**salga** **salgas** **salga** **salgamos** **salgáis** **salgan**	saliera salieras saliera saliéramos salierais salieran	**sal** (no salgas) **salga** **salgan**
ser *to be* siendo sido	**soy** **eres** **es** **somos** **sois** **son**	**era** **eras** **era** **éramos** **erais** **eran**	**fui** **fuiste** **fue** **fuimos** **fuisteis** **fueron**	seré serás será seremos seréis serán	sería serías sería seríamos seríais serían	**sea** **seas** **sea** **seamos** **seáis** **sean**	**fuera** **fueras** **fuera** **fuéramos** **fuerais** **fueran**	**sé** (no seas) **sea** **sean**
tener **e → ie** *to have* teniendo tenido	**tengo** **tienes** **tiene** tenemos tenéis **tienen**	tenía tenías tenía teníamos teníais tenían	**tuve** **tuviste** **tuvo** **tuvimos** **tuvisteis** **tuvieron**	**tendré** **tendrás** **tendrá** **tendremos** **tendréis** **tendrán**	**tendría** **tendrías** **tendría** **tendríamos** **tendríais** **tendrían**	**tenga** **tengas** **tenga** **tengamos** **tengáis** **tengan**	**tuviera** **tuvieras** **tuviera** **tuviéramos** **tuvierais** **tuvieran**	**ten** (no tengas) **tenga** **tengan**
traer *to bring* **trayendo** **traído**	**traigo** traes trae traemos traéis traen	traía traías traía traíamos traíais traían	**traje** **trajiste** **trajo** **trajimos** **trajisteis** **trajeron**	traeré traerás traerá traeremos traeréis traerán	traería traerías traería traeríamos traeríais traerían	**traiga** **traigas** **traiga** **traigamos** **traigáis** **traigan**	**trajera** **trajeras** **trajera** **trajéramos** **trajerais** **trajeran**	trae (no traigas) **traiga** **traigan**

Infinitive Present Participle Past Participle	Present Indicative	Imperfect	Preterite	Future	Conditional	Present Subjunctive	Imperfect Subjunctive	Commands
venir e→ ie, i *to come* **viniendo** venido	**vengo** **vienes** **viene** venimos venís **vienen**	venía venías venía veníamos veníais venían	**vine** **viniste** **vino** **vinimos** **vinisteis** **vinieron**	**vendré** **vendrás** **vendrá** **vendremos** **vendréis** **vendrán**	**vendría** **vendrías** **vendría** **vendríamos** **vendríais** **vendrían**	**venga** **vengas** **venga** **vengamos** **vengáis** **vengan**	**viniera** **vinieras** **viniera** **viniéramos** **vinierais** **vinieran**	**ven** **(no vengas)** **venga** **vengan**
ver *to see* viendo **visto**	**veo** ves ve vemos **veis** ven	**veía** **veías** **veía** **veíamos** **veíais** **veían**	**vi** viste **vio** vimos visteis vieron	veré verás verá veremos veréis verán	vería verías vería veríamos veríais verían	**vea** **veas** **vea** **veamos** **veáis** **vean**	viera vieras viera viéramos vierais vieran	ve **(no veas)** **vea** **vean**

LÉXICO ESPAÑOL-INGLÉS

Abbreviations:

Am.	Spanish-American	conj.	conjunction	interj.	interjection
adv.	adverb	f.	feminine	inv.	invariable
adv. phrase	adverbial phrase	inf.	informal	m.	masculine
coll.	colloquial				

A

a escondidas (adv.), *secretly*

a menos que (conj.), *unless*

abeja (f.), *bee*

abrazar, *to hug*

aburrimiento (m.), *boredom*

acceder, *to achieve, reach, obtain*

aceite (m.), *oil*

acero (m.), *steel*

acordarse, *to remember*

acostumbrarse, *to get used to*

acudiente (m.), *guardian*

acuerdo prenupcial (m.), *pre-nuptial agreement*

adelante (siga, entre, pase), *come in*

además de, *in addition to, besides*

además, *moreover, besides*

adiós, chau, *bye*

adivinar, *to guess*

administración (f.), *management*

administración de empresas (f.), *business administration*

afán (m.), *eagerness, hurry, rush*

afilador(a), *sharpener*

afrodisíaco (m.), *aphrodisiac*

agarrar, *to grasp, capture*

agilizar(se), *to speed up*

agudizar, *to make more acute*

ajeno(a), *another's; foreign*

ají (m.), *hot chili*

ajo (m.), *garlic*

al revés (adv.), *upside down, backwards*

alcance (m.), *reach*

aliño (m.), *salad dressing; condiment*

alistarse, *to get ready*

almendra (f.), *almond*

alojamiento (m.), *lodging*

alquilar, *to rent*

alto(a), *tall*

amante (m./f.), *lover*

amar, *to love*

amargado(a), *one who is bitter*

ámbito (m.), *limit, boundary line; scope*

amigable, *friendly*

antaño (adv.), *days gone by, long ago*

antecedente académico (m.), *academic record*

antropología (f.), *anthropology*

anuncio (m.), *ad, commercial*

anuncio clasificado (m.), *classified ad*

aportar, *to contribute*

apoyar, *to support (emotionally)*

apoyo (m.), *support*

aprendiz (m./f.), *apprentice*

aprendizaje (m.), *learning*

aprovechar, *to make use of, benefit from, take advantage of*

arancel (m.), *tariff*

arqueología (f.), *archeology*

arreglar, *to fix up*

arriesgarse, *to risk, take a chance*

artesano(a), *artisan*

asar, *to broil, roast*

ascenso (m.), *promotion*

asegurarse, *to make sure*

asentarse, *to settle down, establish oneself*

asistencia pública (f.), *welfare*

aspirar (pasar la aspiradora), *to vacuum*

astilla (f.), *chip, splinter*

atlético(a), *athletic*

atractivo(a), *attractive*

audiencia (f.), *audience*

aumento (m.), *increase*

ave (m.), *fowl*

averiguar, *to ascertain, find out*

ayudante (m.), *helper*

azahar (m.), *orange blossom*

azúcar (m.), *sugar*

B

bachiller (m.), *high school graduate*

bachillerato (m.), *high school*

bajar los humos, *to take down a peg*

bajel (m.), *boat*

bajo(a), *short (height); low*

bajos recursos (m.), *low income*

balancearse, *to rock, swing*

barba (f.), *beard*

barrera (f.), *barrier*

basura (f.), *garbage*

baúl (m.), *trunk*

beca (f.), *scholarship*

beneficiar, *to benefit*

besar, *to kiss*

bienestar social (m.), *welfare*

bienvenido(a), *welcome*

bigote (m.), *mustache*

biología marina (f.), *marine biology*

bioquímica (f.), *biochemistry*

blanco(a), *pale (skin tone)*

blanco, *gray, white (hair)*

boda (f.), *wedding*

bolsa (f.), *bag*

borde (m.), *edge*

bosque (m.), *forest*

botella (f.), *bottle*

brindar, *to offer; to toast*

bronceado(a), *tanned*

buche (m.), *craw, stomach*

burdo(a), *coarse*

burlarse, *to make fun of*

C

caballería (f.), *cavalry*

caballo (m.), *horse*

cabello (m.), *hair*

cabeza (f.), *head*

cable (m.), *cable TV*
cadena (f.), *chain/network*
café (inv.), *brown (light brown eyes)*
caja (f.), *box*
calibrar, *to calibrate, gauge*
callado(a), *quiet*
calva (f.), *bald spot*
calvo(a), *bald*
cano, *gray, white (hair only)*
capacitación (f.), *qualification, (act of) qualifying*
capataz (m./f.), *foreman*
carácter (m.), *personality*
carbón (m.), *coal*
carga (f.), *load, burden*
carné de conducir (m.), *driver's license*
carta náutica (f.), *ocean chart*
casado(a), *married*
casarse, *to marry*
cáscara (f.), *rind, peel*
castaño, *brown (hair only)*
castaño claro, *hazel*
cebolla (f.), *onion*
ceder, *to compromise*
cedro (m.), *cedar*
celos (m.), *jealousy*
centro nocturno (m.), *night club*
cerámica (f.), *ceramics*
chauvinista (m./f.), *chauvinist*
chaval (m.), *boy, young man (slang/ Spain)*
Chimborazo (m.), *mountain peak in Ecuador*
chupa (f.), *jacket (slang/Spain)*
chusma (f.), *low life*
ciencias políticas (f.), *political science*
cifra (f.), *figure, number*
cocinar, *to cook*
cocinero(a), *cook*
codorniz (f.), *cornish hen*
colaborar, *to collaborate, help*
colgar, *to hang*
color marrón, *brown (light brown eyes)*
comedia (f.), *sitcom*
comensal (m./f.), *table companion*
comercial (m.), *ad, commercial*
compañero(a), *companion*
compañero(a) de clase, *classmate*
compañero(a) de cuarto, *roommate*
comportamiento (m.), *behavior*
comprender, *to understand*

comprometerse, *to be committed, involved*
comprometido(a), *engaged, committed*
computador (m.), *computer*
computadora (f.), *computer*
comulgar, *to take communion*
comunicaciones (f.), *communications*
comunicar, *to communicate*
con tal (de) que (conj.), *provided that*
concientización (f.), *consciousness-raising*
concurso (m.), *game show*
condenable (inv.), *reprehensible*
condimento (m.), *condiment*
confiable (inv.), *trustworthy*
confianza (f.), *trust*
configurar, *to form, shape*
consejo (m.), *advice*
conservador(a), *conservative*
considerado(a), *considerate*
contabilidad (f.), *accounting*
contaduría (f.), *accounting*
contaminación (f.), *contamination, pollution*
cónyuge (m./f.), *spouse*
copa (f.), *stemmed glass, goblet*
copa mundial (f.), *World Cup (soccer)*
corriente del golfo (f.), *Gulf Stream*
cortar el césped, *to mow the lawn*
corto(a), *short (length)*
coser, *to sew*
cosquilleo (m.), *tickling sensation*
costumbre (f.), *habit, custom*
cotorra (f.), *parrot*
COU (Curso de Orientación Universitaria) (m.), *12th grade in Spain*
crío (m.), *young child*
criollo(a), *creole; native*
cubiertos (m.), *silverware*
cubitera (f.), *ice bucket*
cuchara (f.), *tablespoon*
cucharada (f.), *tablespoon (measurement)*
cucharadita (f.), *teaspoon (measurement)*
cucharita (f.), *teaspoon*
cuchillo (m.), *knife*
cuenta (f.), *bill*
cuero (m.), *leather*
cuidar del jardín, *to take care of the garden; yard*

D

dar la gana, *to want, please*
darse cuenta, *to realize*
datos (m.), *data*
de buen temperamento (inv.), *even-tempered*
de mediana edad (inv.), *middle-aged*
débil (inv.), *weak*
decepción (f.), *disappointment*
delgado(a), *thin*
deporte (m.), *sport*
derecho (m.), *law*
derramar, *to spill*
desafio (m.), *challenge*
desarrollo (m.), *development*
descarcarado(a), *chipped enamel*
descubrir, *to discover*
desempeñar(se), *to fill a function, carry out a role*
desempleado(a), *unemployed*
desempleo (m.), *unemployment*
desenmarañar, *to disentangle, to unravel*
desfile (m.), *parade*
deshacerse, *to get rid of*
deshidratar, *to dehydrate*
deshonestidad (f.), *dishonesty*
desilución (f.), *disillusion*
desocupación (f.), *unemployment*
desparpajo (m.), *pertness, flippancy*
desparramar, *to spread, to scatter*
despedida (f.), *farewell*
despedir, *to dismiss, discharge*
desplazamiento (m.), *move*
desplumar, *to pluck*
despreocupado(a), *carefree*
después (adv.), *after, afterwards, later, next*
destartalado(a), *shabby*
desventaja (f.), *disadvantage*
detalle (m.), *nice gesture; detail*
deterioro (m.), *deterioration*
diario (m.), *newspaper; diary*
dictadura (f.), *dictatorship*
diente (m.), *clove (of garlic, etc.); tooth*
difusión masiva (f.), *mass media*
dignidad (f.), *dignity*
disco compacto (m.), *CD*
discriminación (f.), *discrimination*
discúlpame (inf.), *Excuse me, Forgive me*
diseñado(a), *designed*
diseño (industrial) (m.), *design (industrial design)*

divorciado(a), *divorced*
divorciarse, *to get divorced*
documentación (f.), *documents*
documental (m.), *documentary*
dueña (f.), *landlady, owner*
dueño (m.), *landlord, owner*
duro(a), *hard*

E

echar, *to throw; to kick out,*
    dismiss
edad media (f.), *Middle Ages*
educación física (f.), *physical*
    education
egoísta (inv.), *selfish*
ejército (m.), *army*
emanciparse, *to become financially*
    independent
embarcar, *to embark, become entan-*
    gled
emigrante (m./f.), *emigrant*
emisora (f.), *radio station*
emocionado(a), *excited*
emotivo(a), *emotional*
emparentar, *to relate, to connect*
empleo (m.), *employment*
empresa (f.), *company, enterprise*
empuñar, *to clutch, grasp*
en marcha (adv. phrase), *in*
    progress
en regla (adv. phrase), *in order*
encuesta (f.), *survey*
enfermedades venereas (f.), *sexually*
    transmitted diseases
enfermería (f.), *nursing*
enfriar, *to chill*
enojarse, *to get annoyed*
enrollar, *to roll*
ensoñación (f.), *dream, fantasy*
enterarse de, *to find out about*
enterrar, *to bury*
entonces (adv.), *then, and so*
entregado(a), *selfless*
entregar, *to hand in, to deliver*
entresemana (f.), *weekday*
entretenimiento (m.), *entertain-*
    ment
entrevista (f.), *interview*
envase (m.), *container*
equipo de sonido (m.), *stereo*
erosión (f.), *erosion*
escaso(a), *scant*
esfuerzo (m.), *effort*
esparcimiento (m.), *diversion*
especialidad (f.), *major*
esperanza (f.), *hope*
esposa (f.), *wife*
esposo (m.), *husband*
estable (inv.), *stable*

establecerse, *to establish oneself*
estadística (f.), *statistics*
estado civil (m.), *marital status*
estancia (f.), *stay; (Am.) country*
    place
estaño (m.), *tin*
estar de acuerdo, *to agree*
estar de prueba, *to be on a trial*
    basis
estelarizado(a) por, *starring*
estéreo (m.), *stereo*
estrenarse, *to wear something for the*
    first time
estuche (m.), *case*
estudiante de intercambio (m./f.),
    exchange student
estudios legales (m.), *legal*
    studies
estudios postsecundarios (m.), *college*
    studies
estúpido(a), *stupid*
etiqueta (f.), *label*
éxito (m.), *success*
expediente (m.), *academic record*
experiencia laboral (f.), *work experi-*
    ence
explotación (f.), *exploitation*
explotar, *to exploit*
expresión de cortesía, *courtesy expres-*
    sion
expulsar, *to expel, drive out*
extrañar, *to miss*
extranjero (m.), *abroad; foreigner*
extranjero(a), *foreign*
extrovertido(a), *extroverted/out-*
    going

F

facsimil (m.), *fax*
faisan (m.), *pheasant*
falsedad (f.), *dishonesty*
falta de honradez (f.), *dishonesty*
fama (f.), *fame*
familia de acogida (f.), *host*
    family
fanático(a), *bigot*
fe (f.), *faith*
feminista (inv.), *feminist*
feo(a), *ugly*
fértil (inv.), *fertile*
fijarse, *to pay attention*
filibustero (m.), *pirate*
finalmente (adv.), *finally*
finca (f.), *farm*
física (f.), *physics*
fisioterapia (f.), *physical therapy*
flaco(a), *thin*
flipar, *to please, make someone happy*
    (slang)

fortuna (f.), *fortune*
fracaso (m.), *failure*
freír, *to fry*
frontera (f.), *border*
fuente (f.), *source; fountain*
fuerte (inv.), *strong*
fuerza (f.), *strength*
fuerza laboral (f.), *work force*
fuga (f.), *escape*
funcionario (m.), *public official*

G

gallina (f.), *hen*
ganarse la vida, *to earn a living*
ganzo (m.), *goose*
gasolina sin plomo (f.), *unleaded*
    gasoline
gato (m.), *cat*
generoso(a), *generous*
gerencia (f.), *management*
gitano(a), *gypsy*
golpe (m.), *blow*
gordo(a), *fat*
gota (f.), *drop*
gracioso(a), *funny*
graduarse, *to graduate*
grande (inv.), *big*
gratuito(a), *free (of charge)*
gritar, *to shout*
guardarropa (m.), *wardrobe*
guía de televisión (f.), *TV guide*
guión (m.), *script*

H

hacer la compra, *to shop for groceries*
hacer trampa, *to cheat*
hacha (m.), *axe*
hámster (m.), *hamster*
harina (f.), *flour*
hasta la vista, *see you*
hasta luego, *see you later*
hasta que (conj.), *until*
hermanastra (f.), *step-sister*
hermanastro (m.), *step-brother*
herramienta (f.), *tool*
hervir, *to boil*
hija adoptiva (f.), *adoptive*
    daughter
hijo adoptivo (m.), *adoptive son*
hijo(a) único(a), *only child*
hombro (m.), *shoulder*
hongo (m.), *mushroom*
horario (m.), *schedule*
hornear, *to bake*
hostelería (f.), *hotel management*
hotelería y turismo (f.), *hotel man-*
    agement
huevo tibio (m.), *hard-boiled egg*
humo (m.), *smoke*

I

idioma (m.), *language*
igualdad (f.), *equality*
ilegal (inv.), *illegal immigrant*
ilusión (f.), *illusion, dream*
imprenta (f.), *press*
imprescindible (inv.), *essential*
impuesto (m.), *tax*
incendio (m.), *fire*
incertidumbre (f.), *uncertainty*
inculcar, *to inculcate, teach*
indeciso(a), *undecided*
índices de sintonía (m.), *ratings*
indígena (inv.), *Indian, native*
individual (m.), *placemat; individual*
infidelidad (f.), *infidelity*
informática (f.), *computer science*
ingeniería (f.), *engineering*
ingeniería civil (f.), *civil engineering*
ingeniería eléctrica (f.), *electrical engineering*
ingeniería industrial (f.), *industrial engineering*
ingreso (m.), *income*
inmadurez (f.), *immaturity*
inmigrante (m./f.), *immigrant*
insensible (inv.), *insensitive*
instalarse, *to get settled*
intercambiar, *to exchange*
intercambio (m.), *exchange*
inundación (f.), *flood*
irresponsable, *irresponsible*

J

jactarse, *to brag*
jornada laboral (f.), *workday*
jubilarse, *to retire*
juez (m./f.), *judge*
jurar, *to swear, take an oath*
justicia criminal (f.), *criminal justice*
juzgar, *to judge*

L

lagartija (f.), *lizard*
largo(a), *long*
largometraje (m.), *full-length film*
lata (m.), *can*
lavar, *to wash*
lavar los platos, *to do the dishes*
lazos familiares (m.), *family ties*
leal (inv.), *loyal*
lectura (f.), *reading*
león (m.), *lion*

ley (f.), *law*
libertad (f.), *freedom*
libra (f.), *pound*
libre (inv.), *free*
licenciado(a), *licentiate (lawyer/Mexico)*
licenciatura (f.), *licentiate (professional degree similar to the B.A. or B.S.)*
líder (m./f.), *leader*
limitación jurídica (f.), *legal constraint*
limpiar, *to clean*
lingüística, *linguistics*
liso(a), *straight (hair)*
litro (m.), *liter*
llenar, *to fill*
llevarse bien (mal, más o menos), *to get along (badly, more or less)*
llorar, *to cry*
lluvia ácida (f.), *acid rain*
loco(a), *crazy*
locutor (m.), *announcer*
logro (m.), *achievement*
luchador(a), *fighter*
luchar, *to fight, struggle*

M

madrastra, *stepmother*
madre soltera (f.), *single mother*
madresolterismo (m.), *single motherhood*
madrugón (m.), *(coll.) very early rising*
maestría (f.), *master's degree*
malgeniado(a), *ill-tempered*
malo(a), *bad, evil, mean*
manchar, *to stain*
mandar, *to command; to send*
manejo (m.), *handling; management*
mano de obra (f.), *work force*
mantel (m.), *tablecloth*
mantener, *to support (financially); to maintain, to keep*
manzana (f.), *city block; apple*
mariposa (f.), *butterfly*
mascota (f.), *pet*
master (m.), *master's degree*
matemáticas (f.), *mathematics*
materia prima (f.), *raw material*
matorral (m.), *bush*
matrimonio (m.), *marriage, wedding*
mecedora (f.), *rocking chair*
mediano(a), *medium, average*
medida (f.), *measurement*
medio ambiente (m.), *the environment*
medio tiempo (m.), *part-time*
medio-hermana (f.), *half-sister*

medio-hermano (m.), *half-brother*
medios de comunicación (m.), *media*
mercado laboral (m.), *job market*
meritoriaje (m.), *merit system*
meta (f.), *goal*
miel (f.), *honey*
migra (f.), *U.S. Immigration and Naturalization Service (slang)*
mili (f.), *military service*
mimbre (m.), *wicker*
minusválido(a), *handicapped*
mirada (f.), *glance, look*
moderno(a), *modern*
moler, *to grind*
moreno(a), *dark-complexioned*
mosca (f.), *fly*
mostrar, *to show*
mudarse, *to move*
muerto(a), *dead*
multa (f.), *fine*
mundano(a), *mundane, worldly*
musculoso(a), *muscular*

n

naranjal (m.), *orange grove*
naturaleza (f.), *nature*
neblina (f.), *fog*
negocio (m.), *business*
negro(a), *black*
negros, *brown (eyes)*
nido (m.), *nest*
nombre (m.), *noun; name*
nómina (f.), *payroll*
noticias (f.), *news*
noticiero (m.), *newscast*
novia (f.), *girlfriend, bride*
novio (m.), *boyfriend, groom*
nutrición (f.), *nutrition*

o

obedecer, *to obey*
obeso(a), *fat*
ocupado(a), *busy*
odiar, *to hate*
odontología (f.), *dentistry*
oferta (f.), *offer*
oficio (m.), *occupation*
ola (f.), *wave*
ordenador (m.), *computer*
orgullo (m.), *pride*
orgulloso(a), *proud*
oscuro(a), *dark*
oyente (inv.), *listener*

P

padecer, *to suffer, endure*

padrastro (m.), *stepfather*

padre soltero (m.), *single father*

padres (m.), *parents*

padresolterismo (m.), *single parent-hood*

país (m.), *country*

palancas (f.), *connections (literally, "levers")*

palangana (f.), *basin, pitcher*

pantalla (f.), *screen*

pañuelo (m.), *handkerchief*

papel estelar (m.), *leading role*

papeles (m.), *documents*

paro (m.), *layoff, unemployment*

pasota (inv.), *dropout (Spain)*

pato (m.), *duck*

patria (f.), *homeland*

patrocinador (f.), *sponsor*

patrón (m.), *boss*

pavo (m.), *turkey*

peaje (m.), *toll*

pecaminoso(a), *sinful*

pecho (m.), *chest*

pelar, *to peel, skin*

pelear, *to fight (argue)*

película (f.), *movie*

peligro (m.), *danger*

peligroso(a), *dangerous*

pelirrojo(a), *red*

peluca (f.), *wig*

peluquero (m.), *barber*

perder el pelo, *to lose one's hair*

perfil (m.), *profile*

periódico (m.), *newspaper*

periodismo (m.), *journalism*

perjudicar, *to harm*

pero (conj.), *but*

perro (m.), *dog*

personaje (m.), *character*

pescuezo (m.), *neck*

pesimista (inv.), *pessimist*

pez (m.), *fish*

PIB (Producto Interno Bruto) (m.), *Gross National Product*

piedad (f.), *mercy*

piel (f.), *skin*

pimienta (f.), *pepper*

pinchar, *to prick*

piso (m.), *apartment, flat; floor*

pista de carreras (f.), *racetrack*

pizca (f.), *pinch*

planchar, *to iron*

población (f.), *population*

poder (m.), *power; to be able to*

poner, *to put, add*

por ciento, *percent*

porcentaje (m.), *percentage*

posiblemente (adv.), *perhaps, maybe*

postgrado (m.), *postgraduate work (master's or doctoral degrees)*

pregrado (m.), *undergraduate program*

pregraduado(a), *undergraduate*

prejuicio (m.), *prejudice*

prensa (f.), *newspaper*

prerequisito (m.), *requirement*

presentador (m.), *spokesperson, MC*

prestación (f.), *job benefit; service*

préstamo (m.), *loan*

presupuesto (m.), *budget*

primera dama (f.), *first lady*

primero(a), *first*

programa (m.), *program*

promedio (de notas) (m.), *G.P.A.*

prometida (f.), *fiancée*

prometido (m.), *fiancé*

propina (f.), *tip*

prudente (inv.), *prudent*

publicidad (f.), *advertising; publicity*

público (m.), *audience*

puerta de embarque (f.), *departure gate*

puerto (m.), *port*

pues (interj.), *(coll.) well!*

puesto (m.), *position; place*

puesto que (adv.), *now that*

punto de vista (m.), *point of view*

Q

quebrado(a), *broken, broke*

quedar, *to remain, be left*

quehacer doméstico (m.), *house chore*

quemado(a), *sunburned*

química (f.), *chemistry*

quitar, *to take away*

R

racismo (m.), *racism*

racista (inv.), *racist*

radio (f.), *radio (the medium)*

radio (m.), *radio (the machine)*

raíces (f.), *roots*

raíz (f.), *root*

ramo (m.), *bouquet*

ratificar, *to ratify*

razón (f.), *reason; rate*

realidad (f.), *reality*

realizarse, *to become fulfilled*

rebanada (f.), *slice (bread)*

recaudar, *to gather, collect*

receta (f.), *recipe*

recio(a), *strong*

recoger, *to pick up*

recuerdo (m.), *memory*

recurso natural (m.), *natural resource*

red (f.), *network*

reforestación (f.), *reforestation*

regañar, *to scold*

regimiento (m.), *regiment*

reír, *to laugh*

reivindicación (f.), *replevin; claim, demand*

reluciente (inv.), *shiny*

remolcador (m.), *tugboat*

remolcar, *to tow*

rentable (inv.), *profitable*

repartidor (m.), *distributor*

repasar, *to review*

residente (inv.), *resident*

responsable (inv.), *responsible*

resumen (m.), *summary*

retador(a), *challenging*

riesgo (m.), *risk*

río (m.), *river*

rizado(a), *curly*

roble (m.), *oak*

rodar, *to shoot a film; to roll*

rubio(a), *blonde*

ruidoso(a), *loud*

S

saborear, *to taste*

sabroso(a), *delicious*

sacar la basura, *to take out the garbage; trash*

sacar, *to take out, remove*

sal (f.), *salt*

salario (m.), *salary, wage*

salir juntos, *to go out with one another (date)*

salud (f.), *health*

saludo (m.), *greetings*

sangre (f.), *blood*

secar, *to dry*

segundo(a), *second*

seguro (m.), *insurance*

seguro social (m.), *social security*

selva (f.), *jungle*

sembrar, *to plant*

seña (f.), *sign, signal, indication*

Sendero Luminoso (m.), *Shining Path*

sensible (inv.), *sensitive*

sentimiento (m.), *feeling*

separado(a), *separated*

ser unido, *to be close*

serio(a), *serious*

serpiente (f.), *snake*

servicios y el comercio (m.), *services and commerce*

servilleta (f.), *napkin*

sicología (f.), *psychology*
SIDA (m.), *AIDS*
simpático(a), *nice*
sindicato (m.), *union*
sinsabor (m.), *displeasure, trouble, worry*
socarrón(a), *sly*
sociología (f.), *sociology*
soga (f.), *rope*
soldado (m.), *soldier*
solo(a), *alone*
soltero(a), *single*
solterón(a), *old single person*
son (m.), *rhythm*
sonreír, *to smile*
soportar, *to put up with*
sospechar, *to suspect*
sostener, *to hold*
subdesarrollo (m.), *underdevelopment*
subir, *to go up, lift*
subrayar, *to underline*
subvencionado(a), *subsidized*
suceso (m.), *event*
sudor (m.), *sweat*
sueldo (m.), *salary, wage*
suelo (m.), *soil*
sueño (m.), *dream*
sufragio (m.), *vote*
sufrir, *to suffer, endure*
superarse, *to better oneself*
sustentar, *to support*

T

tajada (f.), *cut, slice*
también (adv.), *also, too*
tampoco (adv.), *neither, not either*
tardar en, *to take a long time, to take time to*
tasa (f.), *rate*

taza (f.), *cup*
tejanos (m.), *blue jeans*
teléfono inalámbrico (m.), *cordless (portable) phone*
teléfono portátil (m.), *cordless (portable) phone*
telenovela (f.), *soap opera*
televidente (m./f.), *viewer*
televisión (f.), *television*
televisor (m.), *TV set*
temor (m.), *fear*
tenedor (m.), *fork*
tener éxito, *to succeed*
tercero(a), *third*
tiempo completo (m.), *full-time*
tiempo parcial (m.), *part-time*
tierra (f.), *land; country, nation; earth*
tierra caliente (f.), *hot or warm land*
tieso(a), *rigid*
tímido(a), *shy*
TLC (m.), *NAFTA*
tomar del pelo, *to pull someone's leg*
tonto(a), *silly*
toro (de lidia) (m.), *bull*
traba (f.), *tie, bond, obstacle*
trabajo social (m.), *social work*
trampa (f.), *trap*
tratado (m.), *treaty*
trigo (m.), *wheat*
tropelía (f.), *mad rush*
tumbar, *to knock down*
turista (m./f.), *tourist*

U

unión libre (f.), *cohabitation*
untar, *to spread, smear*

V

vaca (f.), *cow*
vale (adv.), *(coll.) okay (Spain)*
valiente (inv.), *brave*
valor (m.), *value; courage*
vapulear, *to whip, to flog*
variable (inv.), *moody*
vaso (m.), *glass (tumbler)*
velar, *to watch, to guard*
vengar, *to avenge, to take revenge*
ventaja (f.), *advantage*
vestido de luces (m.), *nightgown*
veterinaria (f.), *veterinary medicine*
viaje (m.), *trip*
vida (f.), *life*
vida en familia (f.), *family life*
video cassette (m.), *video tape*
video grabadora, *VCR*
video musical, *music video*
videocasetera (f.), *VCR*
vigésimo(a), *twentieth*
villista (inv.), *follower of Pancho Villa*
vincular, *to join*
visa (f.), *visa*
viuda, *widow*
viudo, *widower*
vivir juntos, *to live together*
voto (m.), *vote*

X

xenofobia (f.), *xenophobia (fear of foreigners)*

Z

zumbido (m.), *buzz*
zumo (m.), *juice*

ÍNDICE

RECONOCIMIENTOS

TEXT CREDITS

Capítulo Preparatorio, p. 11, «Lo que hay que saber acerca de…», *El País,* March 1994, p. 4, reprinted by permission of *El País;* **p. 12,** Escuela de idiomas "Nerja", *Hispania.* Vol. 80, Num. 1, March 1997. **Capítulo 1, pp. 21–22,** «Aniversarios», *Diario de las Américas,* September 1994, Section C, p. 1, reprinted by permission of *Diario de las Américas;* **p. 23,** «Del frente con amor» by Freddie Ordones, *Más,* March 1991, p. 17; **p. 25,** «Padres e hijos», *El País,* August 1994, p. 15, reprinted by permission of the Ministerio de Asuntos Sociales, Spain; **pp. 26–28,** «Estadísticas», U.S. Bureau of the Census; **pp. 32–34,** «Naranjas» by Angela McEwan-Alvarado, *Cuentos Hispanos de los Estados Unidos, pp. 22–25,* reprinted by permission of *Arte Publico Press.* **Capítulo 2, pp. 39–40** «Las inventamos por ustedes», *Cromos,* January 1994; «Jóvenes», *Eres,* June 1994; «Royal», *Cromos,* January 1994; «Samsonite» *Cromos,* January 1994; **p. 44,** «El molde original» by Luis Vinalopo, *Cambio 16-Colombia,* June 1993, p. 38; **p. 46,** «¿Venganza?» by Raúl Gonzáles, *Quehacer,* September 1988, p. 54, reprinted by permission of *Revista Quehacer;* **pp. 55–57,** «Los escolares», *Quehacer,* May 6, 1998, reprinted by permission of *Revista Quehacer.* **Capítulo 3, pp. 64–65,** «Estadísticas», U.S. Immigration and Naturalization Service, *Annual Report: Legal Immigration, Fiscal Year 1997;* **p. 70** «Ballet mexicano nacido en Texas» by Susan Tubert, *Más,* 1993, p. 63; «Al rescate de la antigüedad» by Albor Ruiz, *Más,* December 1992, p. 58; **p. 71,** «Una colección de todos» by Cristina Simon, *Más,* March, 1993, p. 63; **pp. 73–77,** «Raining backwards» by Roberto Fernández, *Revista Chicano-Riqueña,* 1986, pp. 32–37, reprinted by permission of *Arte Publico Press.* **Capítulo 4, pp. 88–89,** «Etiqueta» *Más,* October 1992, p. 22; December 1992, p. 22; March 1993, p. 22; April 1993, p. 2; **pp. 93–96,** «Como agua para chocolate (fragmento)» by Laura Esquivel, *Como agua para chocolate,* pp. 47–53, reprinted by permission of *Doubleday.* **Capítulo 5, p. 103,** «El español dedica una media de siete horas diarias a los medios de información»,

El País, December, pp. 14–15, reprinted by permission of *El País;* **pp. 105–106,** «Tele-Menú» from *Cromos,* February 1994, pp. 76–77, reprinted by permission of *Inversiones Cromos SA,* p. 114; **p. 109,** «Fenómeno 'Expediente X' la verdad está en la calle», *El País Semanal,* p. 20; **p. 111,** «Unidos por la onda musical» by Albor Ruiz, *Más,* April 1993, p. 73; «Cartelera cinematográfica», *El Norte de Castilla,* May 2, 1998, p. 59; **p. 115,** «El mariachi que llega hasta Hollywood» by Fausto Canel, *Más,* March 1993 p. 59; **p. 115,** «Agua, chocolate y un amor dificil» by Luis Tapia, *Más,* March 1993, p. 59. **Capítulo 6, p. 122,** «Porcentaje de hispanos empleados por tipo de actividad», U.S. Bureau of Labor Statistics, Employment and Earnings; **p. 123,** «Anuncios clasificados», *El Diario de las Américas,* December 1994, reprinted by permission of *El Diario de las Américas;* **p. 123,** «Salarios medianos-Estados Unidos», reprinted by permission of Hispanic Link News Service, http:// www.latinolink.com; **p. 126,** «Las universidades, siempre a la vanguardia», *Eres,* June 1994, reprinted by permission of *Editorial Eres, S.A.;* **pp. 129–131,** «Aprendices de pobre» by Inmaculada de la fuente, *El País,* March 1994, reprinted by permission of *El País.* **Capítulo 7, p. 138,** «México y Estados Unidos eliminarán sus aranceles», *La Prensa,* December 1993, p. 11A, reprinted by permission of *The Associated Press;* **p. 139,** «El sueño americano» by Maria Aldave, *Cambio 16,* Enero, 1995, p. 20; **pp. 142–143,** «La mujer latinoamericana protagonista», *Latinoamérica Internacional,* April 1993, p. 34, reprinted by permission of *Latinoamérica Internacional;* **p. 147,** «¿Es amigo de la naturaleza?», by María Dueñas, *El País;* **p. 149,** «Credo»by Miguel Ángel Asturias, *Antología de la Poesía Hispano-americana,* p. 117, reprinted by permission of *Ediciones y Distribuciones Alba, S.A.*

CARTOON CREDTS

p. 83 «Cambio» *Condorito;* **p. 101,** «Reparación» *Condorito.*